2014年全国会计从业资格无纸化考试系列丛书

历年真题与最新考点题库精析及上机实训——
财经法规与会计职业道德

天合会计从业资格考试研究委员会　编写

中国劳动社会保障出版社

图书在版编目(CIP)数据

历年真题与最新考点题库精析及上机实训.财经法规与会计职业道德/天合会计从业资格考试研究委员会编写.—北京:中国劳动社会保障出版社,2013

2014年全国会计从业资格无纸化考试系列丛书

ISBN 978-7-5167-0842-2

Ⅰ.①历… Ⅱ.①天… Ⅲ.①财政法-中国-会计-资格考试-题解 ②经济法-中国-会计-资格考试-题解 ③会计人员-职业道德-资格考试-题解 Ⅳ.①F23-44

中国版本图书馆CIP数据核字(2013)第315264号

中国劳动社会保障出版社出版发行

(北京市惠新东街1号 邮政编码:100029)

*

新华书店经销

保定市中画美凯印刷有限公司印刷装订

787毫米×1092毫米 16开本 19.5印张 424千字

2014年1月第1版 2014年1月第1次印刷

定价:39.80元

读者服务部电话:(010)64929211/64921644/84643933

发行部电话:(010)64961894

出版社网址:http://www.class.com.cn

版权专有 侵权必究

如有印装差错,请与本社联系调换:(010)80497374

我社将与版权执法机关配合,大力打击盗印、销售和使用盗版图书活动,敬请广大读者协助举报,经查实将给予举报者奖励。

举报电话:(010)64954652

前　言

当前,会计从业资格考试制度,是我国会计职业准入制度的重要组成部分,也是取得会计从业资格证书、从事会计工作的必备条件。

为配合全国各省(区、市)顺利开展会计从业资格考试,方便广大考生学习、理解和掌握会计从业资格考试最新大纲的内容,我们从"紧扣大纲变化"的理念出发,组织会计理论、实务和考务的相关学者与专家编写了本套丛书,供各有关部门和各地会计管理机构及广大考生参考选用。

本套丛书包括《历年真题与最新考点题库精析及上机实训——会计基础》《会计基础标准命题预测试卷及专家详解(2014)》《历年真题与最新考点题库精析及上机实训——财经法规与会计职业道德》《财经法规与会计职业道德标准命题预测试卷及专家详解(2014)》《历年真题与最新考点题库精析及上机实训——初级会计电算化》和《初级会计电算化标准命题预测试卷及专家详解(2014)》,共六册。概括来讲,本套丛书的特点主要体现在以下几个方面:

一、紧扣大纲,全面覆盖

本系列丛书严格依据财政部实施的最新考试大纲与无纸化上机考试模式的特点编写,在各省(区、市)历年真题的基础上,组织相关专业人士充分调研各省(区、市)历年命题热点,精确预测常考、易考知识点,全面筛选考纲题库。

二、配套专题,自成体系

本系列丛书严格按照财政部最新考试大纲编撰,并同步于各省(区、市)财政部门的推荐教材。另外,本系列丛书自成体系,全程将复习指导、同步强化训练与权威、精准的"标准命题预测试卷"完美结合,使阶段备考与临考冲刺相得益彰。

三、体例简洁,深层辅导

本系列丛书的内容讲解与试卷安排,均立足于最新大纲,从题量、题型、考点等各个方面进行深层预测,从临考经验、心理素质等不同方面对考生进行培养。

四、最新趋势,超值回馈

本系列丛书在全国统一考试大纲的基础上,深入追踪会计从业资格考试的考查深度与命题规律,针对最新的考情变化,在考点讲解和试卷编排方面着力贴近考试最新命题趋势。凡购买本系列丛书的考生读者,除随书获取免费赠送的上机模拟考试题库光盘外,还可以登录我们的专业网站(www.thjy888.com)免费下载更多复习备考资料。

参加本系列丛书编写的人员有:王建昌、刘月、李玮、李俊颖等。全套丛书由天合会计从业资格考试研究委员会总撰,李俊颖统筹。在此,我们对在编写、出版过程中,对本系列丛书给予大力支持和悉心指点的任荒越、苗永晴等专业人士和相关组织单位表示诚挚的感谢。

由于时间仓促,本系列丛书在编写过程中难免有不足之处,敬请广大读者、同仁不吝指正。

天合会计从业资格考试研究委员会
2013 年 12 月

目 录

上机模拟实战软件安装及使用说明 ……………………………………………………… I
财政部关于推进会计从业资格无纸化考试的指导意见 …………………………………… Ⅶ
会计从业资格无纸化考试改革简述 ………………………………………………………… Ⅺ

第一章 会计法律制度 ………………………………………………………………… 1

一、单项选择题 …………………………………………………………………………… 1
二、多项选择题 ………………………………………………………………………… 25
三、判断题 ……………………………………………………………………………… 55

第二章 支付结算法律制度 …………………………………………………………… 80

一、单项选择题 ………………………………………………………………………… 80
二、多项选择题 ………………………………………………………………………… 100
三、判断题 ……………………………………………………………………………… 128

第三章 税收法律制度 ………………………………………………………………… 148

一、单项选择题 ………………………………………………………………………… 148
二、多项选择题 ………………………………………………………………………… 161
三、判断题 ……………………………………………………………………………… 177

第四章 财政法律制度 ………………………………………………………………… 189

一、单项选择题 ………………………………………………………………………… 189
二、多项选择题 ………………………………………………………………………… 200
三、判断题 ……………………………………………………………………………… 212

第五章 会计职业道德 ………………………………………………………………… 219

一、单项选择题 ………………………………………………………………………… 219
二、多项选择题 ………………………………………………………………………… 226
三、判断题 ……………………………………………………………………………… 233

综合题（不定项选择）题库 …………………………………………………………… 237

第一章 会计法律制度 ………………………………………………………………… 237

第二章 支付结算法律制度 …………………………………………………… 242
第三章 税收法律制度 ………………………………………………………… 247
第四章 财政法律制度 ………………………………………………………… 253
第五章 会计职业道德 ………………………………………………………… 259

标准命题预测试卷及参考答案 …………………………………………………… 266
附　录 《财经法规与会计职业道德》最新考试大纲 ………………………… 278

上机模拟实战软件安装及使用说明

(一)正常系统环境下的安装步骤

将光盘插入光驱,打开光盘,如图1—1所示。双击图1—1中的"会计从业资格考试实战软件.exe"安装文件(带天合教育字样图标),进入软件安装界面。然后,根据安装系统智能提示,单击(或勾选)相应按钮(或选项)即可完成本考试系统安装。

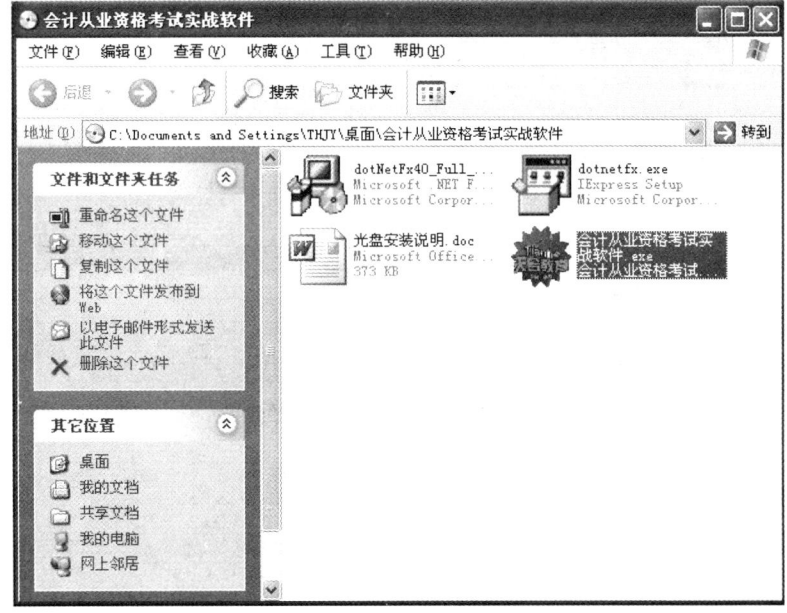

图1—1

(二)系统环境异常时的处理方法

1.如果本考试系统安装完成后不能正常运行,出现如图1—2所示错误提示,请安装我们为您提供的环境(dotnetfx.exe),如图1—3所示。

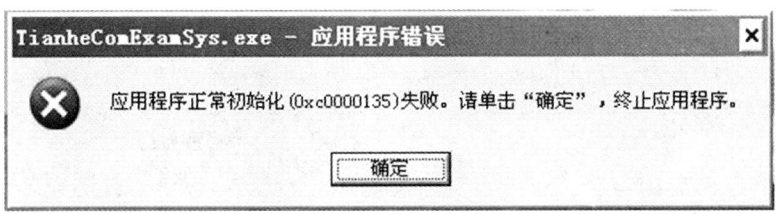

图1—2

I

图 1—3

2. 图 1—3 中的环境（dotnetfx.exe）安装完成后，再运行已安装的"会计从业资格考试实战软件"，即可进入考试界面，如图 1—4 所示。

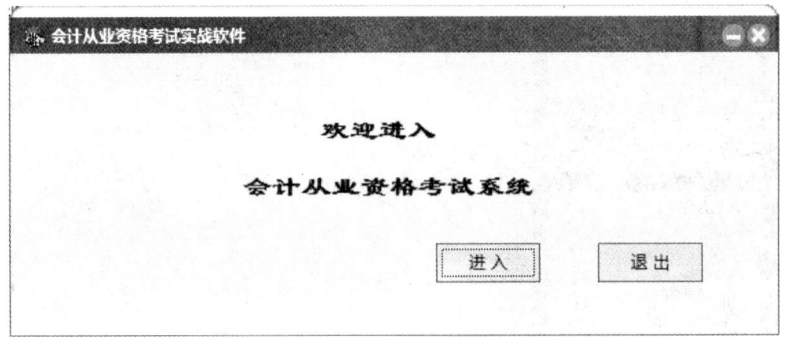

图 1—4

本软件全部内容均经江民杀毒软件、瑞星杀毒软件、诺顿杀毒软件 3 大软件最新版本监测无毒，请放心使用。

版权所有　侵权必究

1. 运行"会计从业资格考试实战软件",如图2—1所示。

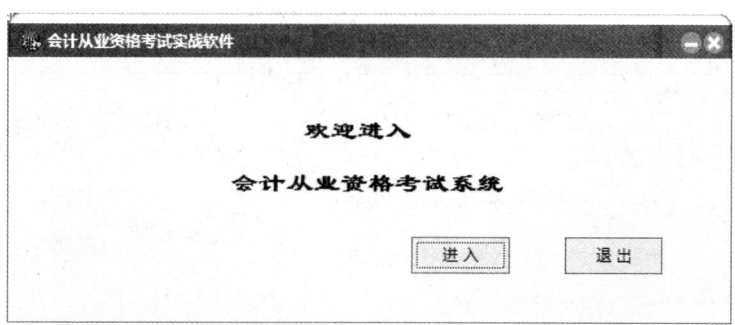

图 2—1

2. 单击图2—1中的"进入"按钮,进入本考试系统,将安装序列号输入界面,如图2—2所示。

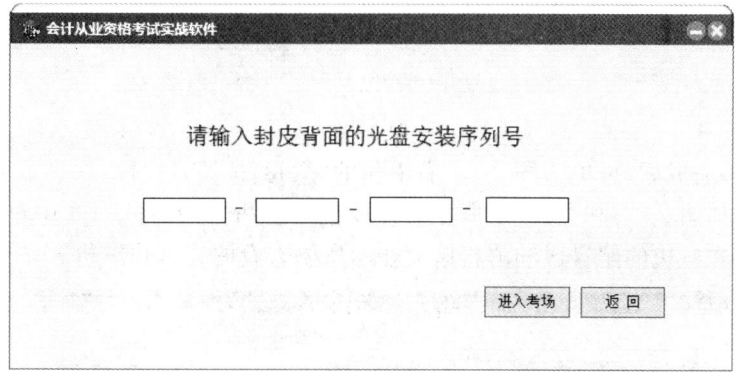

图 2—2

3. 请在图2—2中输入所购图书封皮背面(即封底)对应的光盘安装序列号(要求美式键盘下大写输入),然后单击"进入考场"按钮或者按键盘上的"Enter"键进入考试,如图2—3所示。

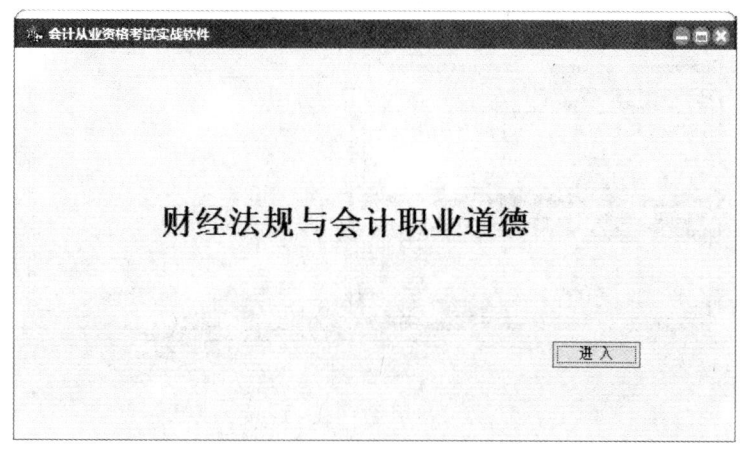

图 2—3

4.在图2—3中单击"进入"按钮,进入答题界面,如图2—4所示。此界面主要分为试题区和作答区两部分。

试题区左上角位置列示了组成本套试卷所有题型的选项按钮,如单项选择题、多项选择题、判断题、计算分析题,用户可单击相应题型按钮,在试题区进行阅卷;阅卷后,按照题目序号在作答区点选相应选项。

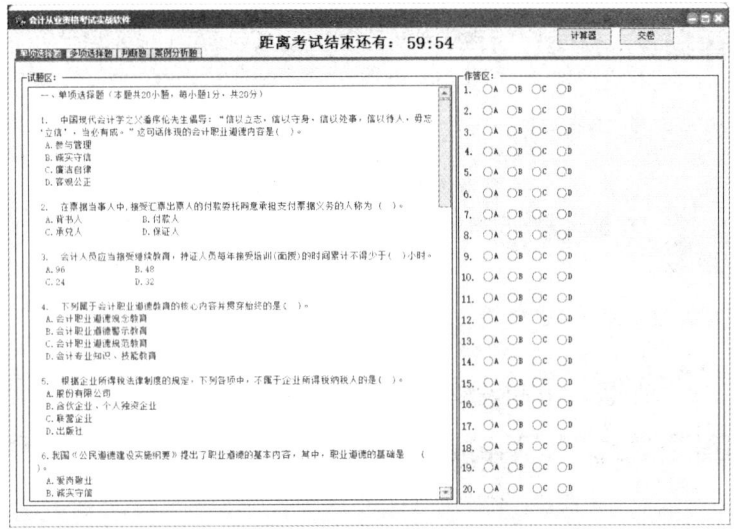

图2—4

5.题目作答完成后,可单击图2—4右上角的"交卷"按钮,进行本次考试的评分,并查看题目解析,分别如图2—5和图2—6所示。需要查看解析时,在图2—5中单击左边区域表格内的相应项,在右边的题目区和解析区会显示所要查看的题目和解析。

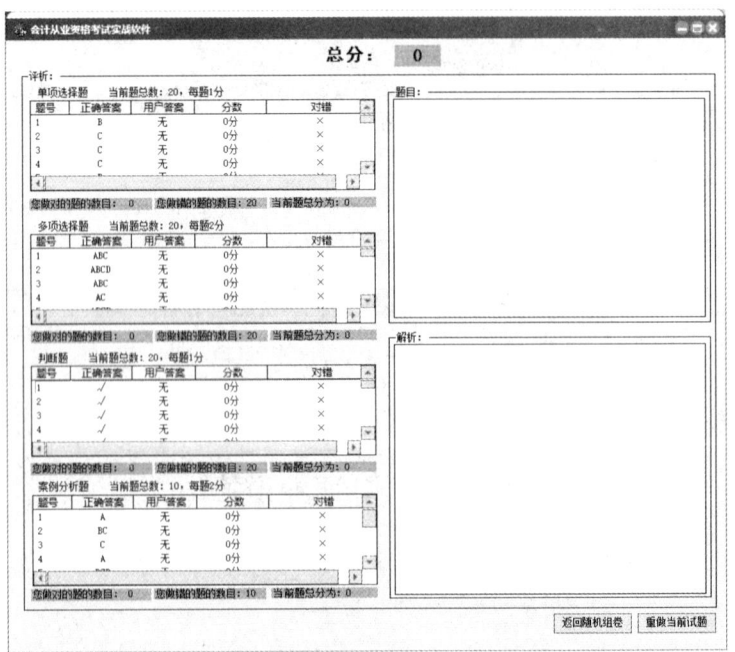

图2—5

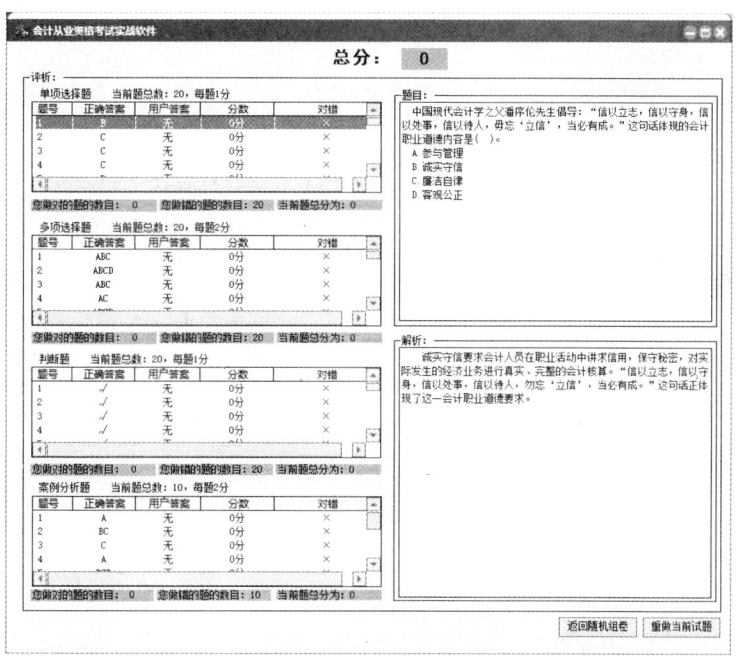

图 2—6

6.在图 2—5 和图 2—6 中用户还可以继续进行"返回随机组卷"和"重做当前试题"操作。用户只需单击图中相应按钮即可。

7.如果要退出本考试系统,用户可直接单击或双击任意界面右上角的关闭按钮。

财政部关于推进会计从业资格无纸化考试的指导意见

财会[2008]16号

中共中央直属机关事务管理局,铁道部(财务司)、国务院机关事务管理局(财务管理司),解放军总后勤部、武警部队后勤部,各省、自治区、直辖市、计划单列市财政厅(局),新疆生产建设兵团财务局:

会计从业资格考试是我国会计人员的准入资格考试,具有基础性强和考生人数众多的特点。在传统考试模式下,开展会计从业资格考试,通常具有组织难度大、投入成本高、运转周期长等弊端。与传统考试模式相比,无纸化考试能够更加有效地确保考试的客观性、公正性、实时性,具有提高会计管理工作效率、节约考试资源、规范考试管理、方便考生应考等传统考试不可替代的优势,是贯彻落实科学发展观,积极构建节约型政府的有力举措,是会计从业资格考试发展的必然趋势。为此,根据《中华人民共和国会计法》和《会计从业资格管理办法》(财政部令第26号),我部决定在全国范围内有序推广和规范会计从业资格无纸化考试(以下简称无纸化考试)工作。现提出如下指导意见,请遵照执行。各部门、各地区会计从业资格管理机构在推进无纸化考试工作中有何问题,请及时反馈。

一、会计从业资格无纸化考试的目标和原则

(一)按照科学发展观要求,争取用3~5年的时间,逐步在全国范围内推进无纸化考试工作,提高会计从业资格管理工作效率和水平,进一步规范会计从业资格考试工作,提升考试权威性和公正性,甄选优秀的人才加入会计人员队伍。

(二)开展无纸化考试工作,必须遵循以下原则:

1."依法开展"原则。各会计从业资格管理机构应当严格按照《行政许可法》《会计法》和《会计从业资格管理办法》等法律法规的要求组织开展无纸化考试,做到方式合法、程序合法、结果合法。

2."以人为本"原则。各会计从业资格管理机构应当全面树立服务考生、方便考生的理念,以考生为中心,结合本地实际情况,研究、制定无纸化考试管理办法和考务规则,简化报名手续,优化网络服务、咨询平台,合理规划考试时间,科学设置考试场所。

3."因地制宜"原则。各会计从业资格管理机构应当综合利用现有条件,加强基础调查、研究,在充分借鉴无纸化考试试点地区(或部门)经验的基础上,结合本地区、本部门、本系统的实际情况,稳步推进无纸化考试工作,避免盲目上马和重复开发。

4."安全可靠"原则。各会计从业资格管理机构应当按照无纸化考试的特点,统筹安排考务工作流程,合理配置软、硬件环境,提前设置预防考试过程中出现死机、断电等突发事件的应急预案,确保无纸化考试环境的安全、可靠。同时,各会计从业资格管理机构应当加强对考试纪律的监管,严肃考风考纪,确保无纸化考试过程的平稳、安全。

二、会计从业资格无纸化考试的具体要求

(三)无纸化考试,是以财政部印发的《会计从业资格考试大纲》为依据、以优化的题库资源为基础、以现代信息技术为手段,通过随机组卷生成无纸化考试试卷(包括会计基础、财经法规与会计职业道德和初级会计电算化)进行考试,并及时生成考试成绩,集考试报名、试卷生成、上机考试、阅卷、成绩生成、合格证(单)打印等为一体的、多元化、新型的会计从业考试管理模式。

(四)系统的建设与维护。开展无纸化考试的地区和部门,应当确保无纸化考试基本的软、硬件建设资金要求,加强系统的基础建设、后期维护和人员培训,严格内部管理及保密制度,确保无纸化考试系统的稳定、安全、有效。

(五)题库的开发建设。题库是实施无纸化考试的关键环节。各会计从业资格管理机构应当重视无纸化考试题库的开发建设工作。

题库的开发建设应当完全覆盖《会计从业资格考试大纲》中所有的知识点。现阶段可由各地自行组织专家开发建设题库;随着此项工作的推进,财政部将统一组织专家开发建设题库。

题库中题目的类型可以是单选题、多选题、不定项选择题、判断题、计算题、案例题、情景题等,其中,单选题、多选题、不定项选择题的各选项在组卷时,应能做到随机排列出现。

各会计从业资格管理机构应当重视题库的保密工作和后期管理,制定题库的保密规则,建立题库定期更新机制,更新的周期一般不超过1年,以确保会计从业资格考试的前瞻性、时效性、先导性、权威性和优质性。

(六)考试报名工作的安排。各会计从业资格管理机构应当将无纸化考试报名时间和程序在当地财政网站、考试管理机构网站和相关新闻媒体上予以公告,并保留足够的公告期。

采用现场报名方式的,报名现场应当配备具有直接读取二代身份证或其他有效证件存储信息功能的设备、采集考生影像的设备和采集考生指纹信息的设备等,增强考生信息录入的准确性,加强对考生信息的审核程序,有效杜绝可能发生的舞弊行为。

采用网上报名方式的,应当在网上报名页面上告知网上报名具体流程,具备网上申请、图片数据上传、网上审核、在线支付、准考证下载打印等功能。同时,各会计从业资格管理机构应当加强对考生网上报名信息的审核程序,采取现场复核考生身份信息、现场采集考生指纹信息、现场核对考生影像等有效方式核实考生报名信息的真实性,有效杜绝可能发生的舞弊行为。

(七)考试费用的确定。由于需要利用计算机考场组织无纸化考试,可能导致会计从业资格考试前期成本增加。会计从业资格管理机构应当及时会同所在地或具有管辖权的发展改革委员会和物价管理部门研究制定考试收费标准,并及时予以公布。

(八)考试周期。在确保考生考试权利的基础上,各会计从业资格管理机构应当根据本地区、本部门、本系统的无纸化考试考场数量和考生数量,合理确定无纸化考试周期。

(九)考场的部署。无纸化考试需要部署计算机考场组织考试工作,各会计从业资格管理机构应当以建立自有计算机考试基地为主;在安全可控的条件下,可适当利用社会资源部署计算机考场。

(十)考场的监管。无纸化考试现场应当设置巡考和监考人员,严格执行有关考务工作要求。有条件的地区,可以同时采用考场视频监控系统对考场进行监管。

(十一)电子试卷的生成、下载、发放和成绩判定。电子试卷应由无纸化考试系统随机生成。各地会计从业资格管理机构应当严格控制无纸化考试电子试卷的生成、下载和发放。

电子试卷生成时间，应当在充分考虑所需生成试卷数量和服务器工作性能的基础上，合理加以确定，一般不超过 24 小时，允许各计算机考场在考试开始前的 24 小时之内下载。电子试卷在生成时应自动加密，在开考前保持加密状态。只有在指定的考试时间内，考生登录考试系统后，电子试卷方可自动解密打开。考试终端设备应当与服务器保持时间同步，不得在考试开始后作任何调整。规定的考试结束时间到达后，考试系统应能立即强制中止考试并收卷。考生成绩应由考试系统自动判定生成。

（十二）考生试卷和成绩的保存。考试过程中，无纸化考试系统能够定期自动保存考生答题情况，以预防死机、断电、误操作等突发事件而造成的考试中断。考试结束后，考生的考试成绩应由考场统一回收至数据库并永久保存，考生的电子试卷应当在数据库中至少保存 1 年；有条件的地区，可专设一台服务器作为考试试卷和考试成绩数据库的备份设备。

（十三）考试软件标准化接口要求。各会计从业资格管理机构在自行开发、使用无纸化考试软件系统时，应当留有与财政部或本省、自治区、直辖市会计人员管理系统或信息平台的标准化接口，为实现全国会计从业资格网络化管理创造条件。

三、会计从业资格无纸化考试的组织领导

（十四）无纸化考试工作按照会计从业资格管理体制进行归口管理。

财政部统筹领导全国无纸化考试工作。按照《会计法》《会计从业资格管理办法》的要求，提出无纸化考试指导性意见，督促、协调、检查各地会计从业资格管理机构无纸化考试工作，并负责全国会计从业资格信息化管理接口建设等工作。

各省级财政部门、新疆生产建设兵团财务局和中共中央直属机关事务管理局、铁道部财务司、国务院机关事务管理局财务管理司、解放军总后勤部、武警部队后勤部等会计从业资格管理机构分别负责本地区、本部门、本系统的无纸化考试工作。各会计从业资格管理机构按照本指导意见，结合本地区、本部门、本系统的实际，提出开展无纸化考试的实施方案，制定无纸化考试的规章、制度，具体组织无纸化考试工作，定期将有关情况报财政部备案。

财政部（章）

二〇〇八年十二月十八日

会计从业资格无纸化考试改革简述

为了进一步提高会计管理工作的效率,促进会计管理信息化,节约会计从业资格考试资源,保障会计从业资格考试质量,提升会计从业人员整体素质,根据《会计从业资格管理办法》(财政部令26号)、《财政部关于推进会计从业资格无纸化考试的指导意见》(财会[2008]16号)要求,财政部决定开发建立全国统一的会计从业资格无纸化考试题库。

一、题库建设设计原则

1. 全面性原则。题库建设完全覆盖《会计从业资格考试大纲》中的所有知识点,试卷的组织涵盖该考试科目的各个章节,实现对考生的全面考查。

2. 科学性原则。题库在科学分析当前会计实务工作和操作中具体要求的基础上建立,合理安排试题的题型和内容,避免了文字游戏和歧义,做到试题题干严密,答案正确、唯一,科学评价考生的会计实务工作能力,并突出对考生会计及相关基础知识和实际操作、分析能力的考察。

3. 难易适中原则。题库中试题按照难、易两种难度系数进行编制,其中,难度系数为难的题目占试题总数的40%;难度系数为易的题目占试题总数的60%。

4. 灵活性原则。题库中试题的类型主要是单项选择题、多项选择题、判断题、计算分析题、案例分析题和实务操作题(仅限于初级会计电算化科目的考试)。在命题过程中,充分考虑各种题型的运用,使试题直观、生动,增强考试的实战性。

二、题库试题类型与分值

1. 单项选择题。包括题干和选项两个部分,只有一个正确选项,选对得分,选错、不选均不得分。其中,选项为A、B、C、D四个选项。

2. 多项选择题。包括题干和选项两个部分,有两个或两个以上正确选项,选对得分,多选、少选、不选均不得分。其中,选项为A、B、C、D四个选项。

3. 判断题。包括题干和答案两个部分,只有一个正确选项,选对得分,选错、不选均不得分。其中,选项为正确、错误两个选项。

4. 计算分析题。包括题干和一个或多个计算要求两个部分,直接填写答案,答对得分,答错、不答均不得分。

5. 案例分析题。包括题干和一个或多个提问两个部分,其中,提问可能采取判断、填空、计算等形式出现,直接填写答案,答对得分,答错、不答均不得分。

6. 实务操作题。包括题干和实际操作两个部分。其中,题干为一个或多个操作要求,正确完成规定的操作步骤即得分,否则不得分。按每个操作步骤计分。

三、题库试题题量

《会计基础》一般由单项选择题、多项选择题、判断题和计算分析题组成,主要考查考生会计专业基础知识掌握情况和分析运用能力。《财经法规与会计职业道德》一般由单项选择题、多项选择题、判断题和案例分析题组成,主要考查考生相关法规基础知识的掌握情况和职业道德素养。《初级会计电算化》一般由理论知识部分和实际操作部分组成,其中,理论知识部分由单项选择题、多项选择题、判断题组成。实务操作考试按照实际电算化会计工作流程,模拟真实工作环境,考查考生实际上机操作能力。少数省份可能会出现题型的增减。

目前,多数省份的考试题型分值分布为:

《会计基础》满分为100分,其中,单项选择题占20%,多项选择题占40%,判断题占20%,计算分析题占20%。

《财经法规与会计职业道德》满分为100分,其中,单项选择题占20%,多项选择题占40%,判断题占20%,案例分析题占20%。

《初级会计电算化》满分100分,其中,单项选择题占10%,多项选择题占20%,判断题占10%,实务操作题占60%。

部分地区的题型与题量在此基础上可能有所微调,具体参见本省(区、市)财政厅(局)考试相关文件。

四、本书特色

1. 体例内容简洁合理。本书严格依据会计从业资格考试最新考试大纲编写,将内容按照章节与考试大纲对应提取考点,并在题目后以"★"号标示难度系数,方便考生有重点地学习和参考;本书将历年真题题库中的典型题目加入其中,方便考生掌握会计从业资格无纸化考试的趋势。

2. 超值软件赠送。随书附赠超值光盘,内含无纸化上机考试软件及权威试题题库,以便考生进行上机实战演练。

温馨提示

1. 由于目前会计从业资格无纸化考试改革尚处于初级阶段,初级会计电算化的实务操作题目命题范围,在全国各地暂不统一,实务操作题目题库尚待组建。故本系列丛书中初级会计电算化科目题库仅含初级理论知识部分。

2. 会计基础科目中的"计算分析题",财经法规与会计职业道德科目中的"案例分析题",部分地区在考试中也称为"综合题"或"不定项选择题"。

第一章 会计法律制度

一、单项选择题

1.( )是指由全国人民代表大会及其常务委员会经过一定立法程序制定的有关会计工作的法律。
   A.审计法律   B.会计法律
   C.财经法规   D.会计制度
   【难度系数】★★★★★
   【专家解读】会计法律是指由全国人民代表大会及其常务委员会经过一定立法程序制定的有关会计工作的法律。会计制度是进行会计工作所应遵循的规则、方法、程序的总称。财经法规分为会计法规、税收征收管理法律制度、其他相关法律制度和会计职业道德四个部分,主要内容包括会计机构、会计人员、会计核算的法律规定、会计监督的法律规定、违反《会计法》的法律责任、企业会计准则、会计档案管理办法、税收征收管理法律制度、支付结算法律制度、票据法律制度和会计职业道德。

2.会计行为是( )。
   A.会计机构和会计人员有目的的财务收支活动
   B.会计信息的载体
   C.运用货币量度对经济活动过程中使用的财产物资和发生的劳动耗费等进行的系统的计算的活动
   D.它的对象仅仅是经济活动过程中使用的财产物资
   【难度系数】★★★★
   【专家解读】会计行为是指会计机构和会计人员有目的的财务收支活动,即运用货币量度对经济活动过程中使用的财产物资和发生的劳动耗费等进行的系统的计算、记录、分析和检查等活动。会计资料是会计信息的载体。

3.( )能否做到真实、完整,对国家的宏观调控、企业的经营管理及投资者的正确决策,有重大影响。
   A.会计行为   B.会计资料
   C.会计信息   D.会计法
   【难度系数】★★★★
   【专家解读】会计资料是会计信息的载体,能否做到真实、完整,对国家的宏观调控、企业的经营管理及投资者的正确决策,都有重大影响。会计行为是指会计机构和会计人员有目的的财务收支活动。

4.账外设账、会计造假等问题十分突出,为了使法律更具有针对性,《会计法》提出

在今天和明天之间,有一段很长的时间,趁你还有精神的时候,学习迅速地办事。——歌德

了( )。

A.保证会计精确性的要求   B.保证会计专业性的要求
C.保证会计制度化的要求   D.保证会计资料真实、完整的要求

【难度系数】★★★★

【专家解读】为了使法律更具有针对性,尽量减少会计资料失真的社会条件和计划,堵住法律上存在的漏洞,《会计法》提出了保证会计资料真实、完整的要求。而提高会计资料真实性与精确性、制度化、专业性都无关。

5.( )通过规范会计行为和保证会计资料真实、完整,促进会计工作更好地为维护社会主义市场经济秩序服务。

A.《总会计师条例》   B.《审计法》
C.《会计法》   D.《企业财务会计报告条例》

【难度系数】★★

【专家解读】《会计法》通过规范会计行为和保证会计资料真实、完整,促进会计工作更好地为维护社会主义市场经济秩序服务。

6.( )是依法取得注册会计师证书并接受委托从事审计和会计咨询、会计服务业务的执业人员。

A.会计师   B.中级会计师
C.高级会计师   D.注册会计师

【难度系数】★★

【专家解读】注册会计师是依法取得注册会计师证书并接受委托从事审计和会计咨询、会计服务业务的执业人员。

7.《注册会计师法》是为了发展( )在社会经济活动中的审计、鉴证和服务作用,维护社会公共利益和投资者的合法权益,促进我国社会主义市场经济的健康发展而颁布的。

A.会计从业人员   B.会计服务对象
C.注册会计师   D.会计证持有者

【难度系数】★★★

【专家解读】《注册会计师法》是为了发展注册会计师在社会经济活动中的审计、鉴证和服务作用,维护社会公共利益和投资者的合法权益,促进我国社会主义市场经济的健康发展而颁布的。

8.会计行政法规是用于调整( )。

A.经济生活中所有方面会计关系的法律规范
B.经济生活中某些方面会计关系的法律规范
C.生活中某些方面会计关系的法律规范
D.生活中所有方面会计关系的法律规范

【难度系数】★★★★

【专家解读】会计行政法规是指由国务院制定颁布或者国务院有关部门拟定并经国务院批准颁布,用于调整经济生活中某些方面会计关系的法律规范。

学习要有三心,一信心,二决心,三恒心。——陈景润

第一章 会计法律制度

9.会计行政法规的制定依据是( )。
A.《经济法》 B.《公司法》
C.《会计法》 D.《会计从业资格证管理办法》
【难度系数】★★★
【专家解读】会计行政法规的制定依据是《会计法》,是会计法律的补充和具体化。

10.总会计师是主管本单位财务会计工作的( )。
A.行政领导成员 B.主要负责人
C.行政领导人 D.行政领导成员的参谋和助手
【难度系数】★★★★★
【专家解读】总会计师是主管本单位财务会计工作的行政领导成员,是单位财务会计工作的主要负责人,全面负责财务会计管理和经济核算,参与单位的重大经营决策活动,是单位主要行政领导人的参谋和助手,直接对单位主要行政领导人负责。

11.财会机构负责人或者会计主管人员的选择应当由( )进行业务考核,依照有关规定审批。
A.总会计师 B.注册会计师
C.会计从业人员 D.会计师
【难度系数】★★★
【专家解读】财会机构负责人或者会计主管人员的选择应当由总会计师进行业务考核,依照有关规定审批。

12.总会计师由( )任命或者聘任。
A.行政领导人 B.行政领导成员
C.政府主管部门 D.单位经理
【难度系数】★★★★
【专家解读】总会计师由本单位主要行政领导人提名,政府主管部门任命或者聘任;免职或者解聘程序与任命或者聘任程序相同。

13.《企业财务会计报告条例》要求( );强调任何组织或者个人不得授意、指使、强令企业编制和对外提供虚假的或者隐瞒重要事实的财务会计报告;规定有关部门或机构必须依据法律法规,索要企业财务会计报告。
A.企业负责人对本企业的财务会计报告的真实性和完整性负责
B.强调任何组织或者个人不得授意、指使、强令企业编制财务会计报告
C.规定有关部门或机构只要有需要,就可以任意索要企业财务会计报告
D.强调相关组织可以根据需要命令企业对外财务会计报告
【难度系数】★★★★★
【专家解读】《企业财务会计报告条例》要求企业负责人对本企业的财务会计报告的真实性和完整性负责;强调任何组织或者个人不得授意、指使、强令企业编制和对外提供虚假的或者隐瞒重要事实的财务会计报告;规定有关部门或机构必须依据法律法规,索要企业财务会计报告。

早知今日读书是,悔作从前任侠非。——李欣

14.国家统一的会计制度是指国务院财政部门根据( )制定的关于会计核算、会计监督、会计机构和会计人员以及会计工作管理的制度。

A.《企业会计准则》　　　　　　B.《会计法》

C.《立法法》　　　　　　　　　D.《公司法》

【难度系数】★★★★★

【专家解读】国家统一的会计制度是指国务院财政部门根据《会计法》制定的关于会计核算、会计监督、会计机构和会计人员以及会计工作管理的制度,包括会计部门规章和会计规范性文件。

15.会计部门规章是根据《立法法》规定的程序,由( )签署命令(部长令)形式予以公布的有关会计工作的制度办法。

A.财政部成员　　　　　　　　B.财政部部门首长

C.本单位领导　　　　　　　　D.本单位总会计师

【难度系数】★★★

【专家解读】会计部门规章是根据《立法法》规定的程序,由财政部制定的并由部门首长签署命令(部长令)形式予以公布的有关会计工作的制度办法。

16.目前有效的会计部门规章不包括( )。

A.财政部第26号部长令签发的《会计从业资格管理办法》

B.《财政部门实施会计监督办法》

C.《代理记账管理办法》

D.《会计法》

【难度系数】★★★

【专家解读】目前有效的会计部门规章有财政部第26号部长令签发的《会计从业资格管理办法》、财政部第33号部长令签发的《企业会计准则——基本准则》等,另外还有《财政部门实施会计监督办法》《注册会计师注册办法》《代理记账管理办法》。

17.( )是指国务院财政部制定并发布有关会计工作的制度办法。

A.会计文件　　　　　　　　　B.会计制度性文件

C.会计规范性文件　　　　　　D.会计条例

【难度系数】★★★★

【专家解读】会计规范性文件是指国务院财政部制定并发布有关会计工作的制度办法。会计文件、会计制度性文件、会计条例均不符合题目答案。

18.会计规范性文件不包括( )。

A.企业会计准则体系中的具体准则　　B.企业会计准则体系中的应用指南

C.《企业会计制度》　　　　　　　　D.《会计工作规范》

【难度系数】★★★★

【专家解读】会计规范性文件包括企业会计准则体系中的38项具体准则及应用指南、《企业会计制度》《会计基础工作规范》《会计档案管理办法》。而没有《会计工作规范》,要注意区别《会计基础工作规范》与《会计工作规范》两者的区别。

第一章　会计法律制度

19.（　　）主要是为企业处理各种具体交易和事项提供统一的标准。
A.《企业会计准则——应用指南》　　B.《企业会计准则——具体准则》
C.《企业会计总则》　　D.《企业会计制度》
【难度系数】★★★★
【专家解读】《企业会计准则——具体准则》主要是为企业处理各种具体交易和事项提供统一的标准，它是根据基本准则的要求而制定的。《企业会计准则——应用指南》是对会计实务中一些要点、重点和难点进行的规范，会计准则应用指南属于操作层面的规定。

20.（　　）是会计信息的载体。
A.会计资料　　B.会计账簿
C.会计报表　　D.会计凭证
【难度系数】★★★
【专家解读】会计资料是会计信息的载体。会计凭证、会计报表、会计账簿作为会计信息的载体均不完整。

21.2004年4月27日财政部颁布了（　　）。
A.《小企业会计制度》　　B.《企业会计制度》
C.《金融企业会计制度》　　D.《企业会计制度——应用指南》
【难度系数】★★★★
【专家解读】2004年4月27日财政部颁布了《小企业会计制度》，适用于在中华人民共和国境内设立的不对外筹集资金、经营规模较小的企业。

22.不对外筹集资金、经营规模较小的企业是指（　　）。
A.不公开发行股票或债券的中小企业
B.以个人独资形式设立的小企业
C.符合《中小企业标准暂行规定》中界定的小企业
D.以合伙形式设立的小企业
【难度系数】★★★★
【专家解读】不对外筹集资金、经营规模较小的企业是指不公开发行股票或债券，符合原国家经济贸易委员会、原国家发展计划委员会、财政部、国家统计局2003年制定的《中小企业标准暂行规定》中界定的小企业，不包括以个人独资及合伙形式设立的小企业。

23.《会计基础工作规范》不适用于（　　）的会计基础工作。
A.国家机关　　B.社会团体
C.企事业单位　　D.金融企业
【难度系数】★★★
【专家解读】《会计基础工作规范》适用于国家机关、社会团体、企业、事业单位、个体工商户和其他组织的会计基础工作。

24.会计工作管理制度是划分（　　）职责权限关系的制度。
A.会计审核工作　　B.会计管理工作
C.会计清查工作　　D.会计核算工作

【难度系数】★★★

【专家解读】会计工作管理制度是划分会计管理工作职责权限关系的制度,与会计核算、清查、审核工作没有直接联系。

25.会计工作的主管部门,是指代表(　　)对会计工作行使管理职能的政府部门。
　　A.财政部　　　　　　　　　　B.国家
　　C.企业　　　　　　　　　　　D.行政事业单位

【难度系数】★★★★

【专家解读】会计工作的主管部门,是指代表国家对会计工作行使管理职能的政府部门。财政部、企业、行政事业单位均不完全。

26.(　　)管理行政区域内的会计工作。
　　A.国家
　　B.国务院
　　C.国务院财政部
　　D.县级以上地方各级人民政府财政部门

【难度系数】★★

【专家解读】县级以上地方各级人民政府财政部门管理行政区域内的会计工作,国务院财政部门主管全国的会计工作。

27.会计准则制度及相关标准规范均由(　　)制定。
　　A.地方财政部　　　　　　　　B.司法部
　　C.财政部　　　　　　　　　　D.地方司法部

【难度系数】★★

【专家解读】根据《会计法》的规定,会计准则制度及相关标准规范均由财政部制定,其他部门或地方没有权利制定。

28.(　　)是会计市场的主管部门,履行相应的管理职责。
　　A.国家统计局　　　　　　　　B.税务部
　　C.财政部　　　　　　　　　　D.地方财政厅

【难度系数】★★

【专家解读】财政部是会计市场的主管部门,履行相应的管理职责。

29.会计人员从业资格的管理是(　　)会计行政管理的重要组成部分。
　　A.国家财政部　　　　　　　　B.省级财政部
　　C.市级财政部　　　　　　　　D.各级财政部

【难度系数】★★

【专家解读】会计人员从业资格的管理是各级财政部会计行政管理的重要组成部分。会计从业人员从事会计工作必须通过考试取得从业资格。

30.注册会计师全国统一考试成绩合格并从事审计业务工作(　　)的人员,才可以申请成为注册会计师。
　　A.两年　　　　　　　　　　　B.三年

第一章 会计法律制度

C. 两年以上　　　　　　　　　　D. 三年以上

【难度系数】★★★

【专家解读】我国实行注册会计师全国统一考试制度,考试成绩合格并从事审计业务工作两年以上的人员,才可以申请成为注册会计师。

31. 注册会计师可以申请设立合伙会计师事务所或者有限责任会计师事务所;事务所的合伙人或股东应当具有取得注册会计师证书后最近(　　)在会计师事务所从事审计业务的经历。

A. 三年　　　　　　　　　　　　B. 连续三年
C. 五年　　　　　　　　　　　　D. 连续五年

【难度系数】★★★

【专家解读】根据《会计师事务所审批和监督暂行办法》,注册会计师可以申请设立合伙会计师事务所或者有限责任会计师事务所;事务所的合伙人或股东应当具有取得注册会计师证书后最近连续五年在会计师事务所从事审计业务的经历。

32. 《会计法》规定应当依法设置会计账簿,但不具备设置会计机构或会计人员条件的单位,会计业务应当(　　)。

A. 自己尽量办理　　　　　　　　B. 委托代理记账机构办理
C. 随意摒弃该业务　　　　　　　D. 其他部门顶替办理

【难度系数】★★★

【专家解读】《会计法》规定应当依法设置会计账簿,但不具备设置会计机构或会计人员条件的单位应当委托代理记账机构办理会计业务。

33. (　　)主要用于对初级、中级、高级会计人才的评价。

A. 会计从业资格考试　　　　　　B. 会计专业技术资格考试
C. 会计能力测试　　　　　　　　D. 会计系统评价

【难度系数】★★

【专家解读】会计专业技术资格考试是会计人才评价的一种方式,主要用于对初级、中级、高级会计人才的评价。

34. 我国初级、中级会计专业技术资格实行的是(　　)制度。

A. 考试和评审相结合的制度　　　B. 评审制度
C. 全国统一考试制度　　　　　　D. 考试、评审二选一的制度

【难度系数】★★★★

【专家解读】目前,我国实行的是初级、中级会计专业技术资格全国统一考试制度,高级会计师资格实行的是考试和评审相结合的制度。

35. 财政部制定了(　　),使先进会计工作者表彰做到了经常化、制度化。

A.《会计法》
B.《全国先进会计工作者评选表彰办法》
C.《全国劳动模范评选表彰办法》
D.《劳动法》

【难度系数】★★★★

【专家解读】为贯彻执行《会计法》，财政部制定了《全国先进会计工作者评选表彰办法》，使先进会计工作者表彰做到了经常化、制度化。

36.财政部负责组织全国先进会计工作者的评选表彰工作，一般（　　）自上而下的全面评选，同时每年组织评选表彰10名年度全国先进会计工作者。

  A.一年一次   B.两年一次

  C.三年一次   D.四年一次

【难度系数】★★★

【专家解读】财政部负责组织全国先进会计工作者的评选表彰工作，一般每三年组织一次自上而下的全面评选，同时每年组织评选表彰10名年度全国先进会计工作者。

37.（　　）对继续教育的对象、内容、形式、师资、教材、考核和检查等作了详细规定。

  A.《会计法》   B.《会计基础工作规范》

  C.《会计人员继续教育规定》 D.《会计准则》

【难度系数】★★★★

【专家解读】财政部制定的《会计人员继续教育规定》，对继续教育的对象、内容、形式、师资、教材、考核和检查等作了详细规定。

38.（　　）组织实施本行政区域内的会计信息质量检查，并依法对本行政区域内单位或人员的违法会计行为实施行政处罚。

  A.中央财政部   B.县级以上财政部门

  C.中央统计局   D.县级以上统计局

【难度系数】★★★★

【专家解读】根据《会计法》，财政部组织实施对全国的会计信息质量检查，并对违法行为实施行政处罚；县级以上财政部门组织实施本行政区域内的会计信息质量检查，并依法对本行政区域内单位或人员的违法会计行为实施行政处罚。

39.（　　）接受财政部的业务指导监督和管理。

  A.地方会计学会   B.中国会计学会

  C.中央会计学会   D.中央和地方会计学会

【难度系数】★★★

【专家解读】中国会计学会接受财政部的业务指导、监督和管理，地方会计学会接受同级财政部门的业务指导、监督和管理。

40.我们一般据（　　）对各成员进行管理，以促进成员之间的公平竞争和行业的有序发展。

  A.行业自律   B.行业规范

  C.行业准则   D.行业标准

【难度系数】★★★★

【专家解读】行业自律是指行业协会根据会员一致意愿，自行制定规则，并据此对各成员进行管理，以促进成员之间的公平竞争和行业的有序发展。

不学习的人总以后悔而告终。——谚语

第一章 会计法律制度

41. 省、自治区、直辖市注册会计师协会是注册会计师行业的(　　)。
A. 全球组织　　　　　　　　B. 全国组织
C. 地方组织　　　　　　　　D. 专业化组织
【难度系数】★★★
【专家解读】中国注册会计师协会是注册会计师行业的全国组织。省、自治区、直辖市注册会计师协会是注册会计师行业的地方组织。

42. 单位负责人应该对本单位的会计工作和会计资料的真实性、完整性负责,负责(　　),不得授意、指使、强令会计机构和会计人员违法办理会计事项。
A. 保证会计机构、会计人员依法履行职责
B. 事必躬行
C. 直接替代会计人员办理会计事务
D. 是本单位的会计操作者
【难度系数】★★★
【专家解读】单位负责人负责单位内部的会计工作管理,是本单位会计行为的责任主体,应当保证会计机构、会计人员依法履行职责,不得授意、指使、强令会计机构和会计人员违法办理会计事项,对本单位的会计工作和会计资料的真实性、完整性负责。

43. 保证会计工作相关人员按照单位负责人认可的程序、要求办理会计事务,保证会计事务的规则程序,能够有效防范和控制违法、舞弊等会计行为的发生,是(　　)的责任。
A. 总会计师　　　　　　　　B. 注册会计师
C. 单位负责人　　　　　　　D. 单位经理
【难度系数】★★★★
【专家解读】单位负责人要保证会计工作相关人员按照单位负责人认可的程序、要求办理会计事务,保证会计事务的规则程序,能够有效防范和控制违法、舞弊等会计行为的发生。

44. 会计核算必须以(　　)的经济业务事项为依据。
A. 实际发生　　　　　　　　B. 尚未发生
C. 即将发生　　　　　　　　D. 过去发生
【难度系数】★★★
【专家解读】会计核算必须以实际发生的经济业务事项为依据,而不能以尚未发生、过去发生或即将发生的经济业务事项为依据。

45. 下列(　　)经济业务,需要进行会计核算。
A. 签订合同时　　　　　　　B. 签订合同前
C. 实际履行合同并引起资金运动时　　D. 履行合同并引起资金运动后
【难度系数】★★★★
【专家解读】签订合同或协议的经济业务事项,在签订时,往往无须进行会计核算,只有当实际履行合同或协议并引起资金运动时,才需要对履行合同或协议这一经济业务事项如实记录和反映,并进行会计核算。

46.（　　）是在会计核算过程中形成的、记录和反映实际发生的经济业务事项的资料。
A.会计资料　　　　　　　　　　B.会计凭证
C.会计账簿　　　　　　　　　　D.财务会计报告
【难度系数】★★★
【专家解读】会计资料是在会计核算过程中形成的、记录和反映实际发生的经济业务事项的资料。

47.会计资料的(　　)，主要是指会计资料所反映的内容和结果，应当同单位实际发生的经济业务的内容及其结果相一致。
A.准确性　　　　　　　　　　　B.真实性
C.可靠性　　　　　　　　　　　D.相关性
【难度系数】★★★★
【专家解读】会计资料的真实性，主要是指会计资料所反映的内容和结果，应当同单位实际发生的经济业务的内容及其结果相一致。会计资料的准确性主要强调会计资料反映的内容和结果的准确无误。会计资料的可靠性，即所反映的内容和结果与单位实际发生的经济业务的内容及其结果相比可靠。

48.虚假的会计资料是指其记录和反映的经济业务事项的内容与实际发生的经济业务事项(　　)。
A.相关　　　　　　　　　　　　B.相近
C.相违背　　　　　　　　　　　D.相似
【难度系数】★★★★
【专家解读】虚假的会计资料是指其记录和反映的经济业务事项的内容与实际发生的经济业务事项严重相违背，即无中生有。

49.伪造、变革会计资料和提供虚假财务会计报告的主体为(　　)。
A.任何单位和个人　　　　　　　B.特定单位和个人
C.本单位及其个人　　　　　　　D.其他单位及其个人
【难度系数】★★★★
【专家解读】伪造、变革会计资料和提供虚假财务会计报告的主体为"任何单位和个人"，即包括单位及其工作人员为单位内部的非法目的而实施的伪造、变革会计资料和提供虚假财务报告的行为，也包括为他人伪造、变革会计资料和提供虚假财务会计报告提供方便的行为。

50.某单位甲业务员到商店购买商品，示意乙售货员开具假发票并到单位会计机构报销。其中(　　)违反了《会计法》。
A.甲业务员　　　　　　　　　　B.乙业务员
C.甲和乙业务员　　　　　　　　D.两者都不
【难度系数】★★★★★
【专家解读】某单位甲业务员到商店购买商品，示意乙售货员开具假发票并到单位会计机构报销。则甲和乙都违反了《会计法》规定的责任主体，都应该依法承担法律责任。

第一章　会计法律制度

51. 会计凭证是指具有一定格式用以记录经济业务事项发生和完成情况的(　　)。
  A. 书面记录
  B. 书面证明
  C. 会计基础
  D. 会计纲要
  【难度系数】★★★
  【专家解读】会计凭证是指具有一定格式用以记录经济业务事项发生和完成情况的书面证明,也是登记账簿的依据。

52. 原始凭证是指在经济业务发生时,由(　　)直接取得或者填制,用以表明某项经济业务已经发生或完成情况并明确有关经济责任的一种凭据。
  A. 单位人员
  B. 业务经办人员
  C. 总会计师
  D. 总经理
  【难度系数】★★★
  【专家解读】原始凭证是用以表明某项经济业务已经发生或完成情况并明确有关经济责任的一种凭据,它是在经济业务发生时,由业务经办人员直接取得或者填制。

53. 下列哪项不属于原始凭证(　　)。
  A. 发票
  B. 领料单
  C. 银行结算凭证
  D. 购销合同
  【难度系数】★★★
  【专家解读】在会计核算中,凡能够证明某项经济业务已经发生或完成的书面单据都可以作为原始凭证,诸如发票、收据、领料单、借款单、银行结算凭证等;而像购销合同这种不能证明某项经济业务已经发生或完成的单据,就不能作为原始凭证。

54. 填制或取得的原始凭证送交会计机构的时间最迟不超过(　　)。
  A. 一个月
  B. 一个季度
  C. 一个会计结算期
  D. 一年
  【难度系数】★★★★
  【专家解读】填制或取得的原始凭证送交会计机构的时间最迟不超过一个会计结算期。

55. 会计机构、会计人员必须按照国家统一的会计制度的规定对原始凭证进行审核,对不真实、不合法的原始凭证(　　)。
  A. 有权更改
  B. 有权受理
  C. 有权不予受理
  D. 有权直接追究当事人责任
  【难度系数】★★★★★
  【专家解读】会计机构、会计人员必须按照国家统一的会计制度的规定对原始凭证进行审核,对不真实、不合法的原始凭证有权不予受理,并向单位负责人报告,请求查明原因,追究有关当事人的责任。

56. 原始凭证金额出现错误应(　　)。
  A. 开具单位更正
  B. 自己更正
  C. 自己重开
  D. 开具单位重开
  【难度系数】★★★★

【专家解读】 原始凭证记载的内容有错误的，应当由开具单位重开或更正，但原始凭证金额出现错误的不得更正，只能由原始凭证开具单位重新开具。

57.记账凭证是指对经济业务事项按其（　　）加以分类，确定会计分类，并据以登记会计账簿的凭证。记账凭证应当根据经过审核的原始凭证及有关资料编制。

　　A.内容　　　　　　　　　　　　B.性质
　　C.来源　　　　　　　　　　　　D.用途

【难度系数】★★★

【专家解读】 记账凭证是指对经济业务事项按其性质加以分类，确定会计分类，并根据经过审核的原始凭证及有关资料编制。

58.原始凭证分割单必须具备（　　）的基本内容。

　　A.原始凭证　　　　　　　　　　B.转账凭证
　　C.记账凭证　　　　　　　　　　D.会计账簿

【难度系数】★★★

【专家解读】 原始凭证分割单在需要几个单位共同负担时开具，且必须具备原始凭证的基本内容。

59.会计账簿按照（　　）可分为总账、明细账、日记账和其他辅助账簿。

　　A.形式　　　　　　　　　　　　B.用途
　　C.功能　　　　　　　　　　　　D.来源

【难度系数】★★★

【专家解读】 会计账簿按照用途，可分为总账、明细账、日记账和其他辅助账簿。会计账簿按照形式可分为订本式账簿、活页式账簿和卡片式账簿。

60.各单位的对账工作每年至少进行（　　）。

　　A.一次　　　　　　　　　　　　B.二次
　　C.三次　　　　　　　　　　　　D.四次

【难度系数】★★★★

【专家解读】 各单位的对账工作每年至少进行一次，以做到账实相符、账证相符、账账相符和账表相符。

61.财务会计报告是指（　　）的反映单位某一特定日期财务状况和某一会计期间经营成果、现金流量等会计信息的文件。

　　A.单位内部编写　　　　　　　　B.单位对外提供
　　C.单位外部编写　　　　　　　　D.单位对内提供

【难度系数】★★★★

【专家解读】 财务会计报告是指单位对外提供的反映单位某一特定日期财务状况和某一会计期间经营成果、现金流量等会计信息的文件。

62.向有关各方提供财务会计报告，其编制基础、编制依据、编制原则和方法应当（　　）。

　　A.一致　　　　　　　　　　　　B.编制基础与编制原则一致即可

第一章　会计法律制度

C.编制基础与编制依据一致即可　　D.编制原则与编制依据一致即可

【难度系数】★★★

【专家解读】企业应依照《企业财务会计报告条例》的规定向有关各方提供财务会计报告,其编制基础、编制依据、编制原则和方法应当一致,不得提供编制基础、编制依据、编制原则和方法不同的财务会计报告。

63.国有企业、国有控股或者占主导地位的企业,应当至少(　　)向本企业的职工代表大会公布财务会计报告。

A.1次/年　　　　　　　　　　　　B.2次/年

C.4次/年　　　　　　　　　　　　D.1次/2年

【难度系数】★★★★

【专家解读】国有企业、国有控股或者占主导地位的企业,应当至少每年一次向本企业的职工代表大会公布财务会计报告。

64.单位档案管理部门和会计机构将编制好的会计档案销毁清册和销毁意见报(　　)。

A.本单位负责人　　　　　　　　　B.财政部负责人

C.经济业务相关单位负责人　　　　D.本单位会计实务操作人员

【难度系数】★★★★★

【专家解读】单位档案管理部门和会计机构将编制好的会计档案销毁清册和销毁意见报本单位负责人,单位负责人对所要销毁的会计档案进行复核后在会计档案销毁清册上签署销毁意见。

65.人为划分的会计核算的时间区间,在会计上称为会计期间,以一年为一个会计区间称为(　　)。

A.会计区间　　　　　　　　　　　B.会计核算期

C.会计年度　　　　　　　　　　　D.会计报表日

【难度系数】★★★★

【专家解读】将连续不断的经营过程人为地划分为若干相等的时段,这种人为划分的会计核算的时间区间,在会计上称为会计期间,以一年为一个会计区间称为会计年度。

66.(　　)是指日常登记账簿和编制财务会计报告用以计量的货币,也就是单位进行会计核算业务时所使用的货币。

A.记账本位币　　　　　　　　　　B.记账单位

C.核算本位币　　　　　　　　　　D.核算单位

【难度系数】★★★

【专家解读】记账本位币,是指日常登记账簿和编制财务会计报告用以计量的货币,也就是单位进行会计核算业务时所使用的货币。

67.(　　)包括对会计监督活动的再监督。

A.严格的会计监督　　　　　　　　B.松懈的会计监督

C.狭义的会计监督　　　　　　　　D.广义的会计监督

【难度系数】★★★

【专家解读】狭义的会计监督是指会计人员在进行会计核算的同时,对特定主体经济活动的真实性、合法性和合理性进行审查。广义的会计监督还包括对会计监督活动的再监督。

68. 单位内部会计监督是一种自我监督,它的本质是(　　)。
   A. 内部管理　　　　　　　　　　　B. 内部约束
   C. 内部控制　　　　　　　　　　　D. 内部核算
   【难度系数】★★★
   【专家解读】单位内部会计监督的本质是内部控制,是一种自我监督,是内部管理的重要组成部分。

69. 内部会计监督的对象是(　　)。
   A. 各单位的会计机构　　　　　　　B. 各单位的会计人员
   C. 本单位的经济活动　　　　　　　D. 本单位的业务活动
   【难度系数】★★★★
   【专家解读】单位内部会计监督的主体是各单位的会计机构、会计人员;内部会计监督的对象是本单位的经济活动,包括筹资、投资、采购、生产和销售等经济活动。

70. (　　)依据《会计法》《监督办法》对各单位的会计行为进行监督检查,是面向各单位的监督。
   A. 财政部门　　　　　　　　　　　B. 审计部门
   C. 证券监管部门　　　　　　　　　D. 人民银行
   【难度系数】★★★
   【专家解读】财政部门依据《会计法》《监督办法》对各单位的会计行为进行监督检查,是面向各单位的监督。审计、税务、人民银行、证券监管、保险监管等部门对有关单位的会计资料实施的监督检查,并不是面向所有单位的,相关法律对此有明确规定,不可超越范围和权限。

71. 单位内部的会计监督和有关部门对单位实施的国家监督,以及由注册会计师承办的社会监督,三者之间的关系是(　　)。
   A. 相互独立　　　　　　　　　　　B. 互不相关
   C. 相辅相成　　　　　　　　　　　D. 相互排斥
   【难度系数】★★
   【专家解读】单位内部的会计监督和有关部门对单位实施的国家监督,以及由注册会计师承办的社会监督,构成了会计监督的整体,它们之间相辅相成,共同为社会经济服务。

72. 注册会计师审计和内部审计的相同点有(　　)。
   A. 审计独立性
   B. 审计方式
   C. 都关注内部控制的健全性和有效性
   D. 审计对象
   【难度系数】★★★
   【专家解读】注册会计师审计和内部审计都是现代审计体系的重要组成部分,都关注内部控制的健全性和有效性。注册会计师审计和内部审计的区别有审计独立性的不同、审计方式的不同、审计对象的不同、审计的职责和作用不同。

73.（　　）是指在不单独设置会计机构的单位里，负责组织管理会计事务、行使会计机构负责人职权的负责人。
　　A.会计主管人员　　　　　　B.会计人员
　　C.总会计师　　　　　　　　D.注册会计师
【难度系数】★★★★
【专家解读】会计主管人员是指在不单独设置会计机构的单位里，负责组织管理会计事务、行使会计机构负责人职权的负责人。

74.下列有关回避制度说法正确的是（　　）。
　　A.为了避免假账出现，单位会计人员最好是自己的直系亲属
　　B.会计机构负责人、会计主管人员的直系亲属不得在本单位会计机构中担任出纳工作
　　C.单位负责人的直系亲属可以担任本单位的会计机构负责人
　　D.单位负责人的直系亲属可以担任本单位的会计主管人员
【难度系数】★★★★★
【专家解读】国家机关、国有企业、事业单位任用会计人员应当实行回避制度，单位负责人的直系亲属不得担任本单位的会计机构负责人、会计主管人员；会计机构负责人、会计主管人员的直系亲属不得在本单位会计机构中担任出纳工作。

75.（　　）是指从事代理记账业务的社会中介机构接受委托人委托办理会计业务。
　　A.会计事务操作　　　　　　B.审计
　　C.会计核算　　　　　　　　D.代理记账
【难度系数】★★★★
【专家解读】代理记账是指从事代理记账业务的社会中介机构接受委托人委托办理会计业务。

76.代理记账中的委托人是指（　　）。
　　A.委托代理记账机构办理会计业务的单位负责人
　　B.委托代理记账机构办理会计业务的单位
　　C.委托代理记账机构办理会计业务的单位经理
　　D.从事代理记账业务的机构
【难度系数】★★★
【专家解读】代理记账中的委托人是指委托代理记账机构办理会计业务的单位。从事代理记账业务的中介机构是指代理记账机构而非委托人。

77.具备国家教育行政主管认可的中专以上（含中专）会计类专业学历的，自毕业之日起两年内（含两年），必须参加的考试为（　　）。
　　A.财经法规与会计职业道德　　B.会计基础
　　C.初级会计电算化　　　　　　D.会计学
【难度系数】★★★★★

【专家解读】具备国家教育行政主管认可的中专以上(含中专)会计类专业学历的,自毕业之日起两年内(含两年),免试会计基础、初级会计电算化。

78. 以未经审核的会计凭证为依据登记会计账簿或者登记会计账簿不符合规定,违反了( )。
   A.《会计从业资格管理办法》　　　B.《公司法》
   C.《经济法》　　　　　　　　　　D.《会计法》
   【难度系数】★★★★★
   【专家解读】《会计法》规定了以未经审核的会计凭证为依据登记会计账簿或者登记会计账簿不符合规定、向不同的会计资料使用者提供的财务会计报告编制依据不一致等都属于违法行为。

79. 会计从业资格证书实行资产登记制度,持证人员从事会计工作,应当自从事会计工作之日起( )内,填写注册登记表。
   A. 30日内　　　　　　　　　　　B. 60日内
   C. 90日内　　　　　　　　　　　D. 半年内
   【难度系数】★★★
   【专家解读】持证人员从事会计工作,应当自从事会计工作之日起90日内,填写注册登记表,并持有会计从业资格证书和所在单位出具的从事会计工作的证明,向单位所在地或所属部门、系统的会计从业资格管理机构办理注册登记。

80. 持有会计从业资格证书的人员,离开会计工作岗位超过( )的,应当填写注册登记表。
   A. 半个月　　　　　　　　　　　B. 一个月
   C. 两个月　　　　　　　　　　　D. 半年
   【难度系数】★★★★★
   【专家解读】持有会计从业资格证书的人员,离开会计工作岗位超过六个月的,应当填写注册登记表,并持会计从业资格证书,向原注册登记的会计从业资格管理机构备案。

81. 下列( )不属于会计专业理论的内容。
   A. 工作人员守则　　　　　　　　B. 会计发展史
   C. 审计理论　　　　　　　　　　D. 税收知识
   【难度系数】★★★
   【专家解读】会计专业理论的内容主要包括:会计原理、成本会计、管理会计、会计发展史、财务管理、审计理论以及相关的税收、金融、证券、法律知识等。

82. 下列( )属于自学培训。
   A. 财政部门会计管理机构组织的培训
   B. 业务主管部门举办的业务培训
   C. 单位自行组织的业务学习
   D. 成人院校开展会计专业学历教育
   【难度系数】★★★★

第一章　会计法律制度

【专家解读】 接受培训包括：财政部门会计管理机构组织的培训、业务主管部门举办的业务培训、普通院校或成人院校开展会计专业学历教育以及财政部门会计管理机构认可的其他形式。自学的形式多种多样，如部门或单位自行组织的业务学习、岗位培训、承担课题研究，参加上一级别的会计专业技术资格考试、注册会计师考试等。

83. 会计人员应当参加继续教育，持证人员每年参加继续教育面授时间不得少于（　　）。
   A. 24 小时　　　　　　　　　B. 36 小时
   C. 48 小时　　　　　　　　　D. 60 小时
   【难度系数】 ★★★★
   【专家解读】 会计人员应当参加继续教育，以提高工作能力，且持证人员每年参加继续教育面授时间不得少于 24 小时。

84. 下列不属于中级会计资格考试科目的是（　　）。
   A.《经济法基础》　　　　　　B.《经济法》
   C.《财务管理》　　　　　　　D.《中级会计实务》
   【难度系数】 ★★★
   【专家解读】 初级会计资格考试科目有《初级会计实务》和《经济法基础》；中级会计资格考试科目为《中级会计实务》《财务管理》《经济法》。

85. 高级会计师资格考试合格者，由全国会计专业技术资格考试办公室核发高级会计师资格考试成绩合格证，该证书在全国范围内（　　）有效。
   A. 持续　　　　　　　　　　　B. 三年
   C. 五年　　　　　　　　　　　D. 十年
   【难度系数】 ★★★★
   【专家解读】 高级会计师资格考试合格者，由全国会计专业技术资格考试办公室核发高级会计师资格考试成绩合格证，该证书在全国范围内 3 年有效。

86. 报考初级会计资格考试的人员必须具备教育部门认可的（　　）的学历。
   A. 高中及以上　　　　　　　　B. 大专及以上
   C. 初中及以上　　　　　　　　D. 本科及以上
   【难度系数】 ★★★★
   【专家解读】 报考初级会计资格考试的人员应具备：坚持原则，具备良好的职业道德品质；认真执行《会计法》和国家统一的会计制度，以及有关财经法律、法规、规章制度，无严重违反财经法律的行为；履行岗位职责，热爱本职工作；具备会计从业资格，持有会计从业资格证书。除这些基本条件外，还必须具备教育部门认可的高中及以上的学历。

87. 下列不满足报考中级会计资格考试的人员所应具备的条件是（　　）。
   A. 取得大学专科学历，从事会计工作满五年
   B. 取得双学士学位或研究生班毕业，从事会计工作满两年
   C. 取得大学本科学历，从事会计工作满三年
   D. 取得硕士学位，从事会计工作满一年

我们在我们的劳动过程中学习思考，劳动的结果，我们认识了世界的奥妙，于是我们就真正来改变生活了。——高尔基

【难度系数】★★★★

【专家解读】报考中级会计资格考试的人员除应具备初级会计资格考试条件之外还应具备：取得大学专科学历，从事会计工作满五年；取得大学本科学历，从事会计工作满四年；取得双学士学位或研究生班毕业，从事会计工作满两年；取得硕士学位，从事会计工作满一年；取得博士学位。

88. 下列有关会计工作的说法，不正确的是（　　）。

A. 一人一岗

B. 一人多岗

C. 一岗多人

D. 出纳人员可以监管会计档案保管工作

【难度系数】★★★★★

【专家解读】会计工作岗位，可以一人一岗、一人多岗或一岗多人。但出纳人员不得监管稽核、会计档案保管和收入、费用、债权债务账目的登记工作。

89. 下列不属于会计工作岗位的是（　　）。

A. 会计档案正式移交档案管理部门之后的会计档案管理岗位

B. 总会计师

C. 总账岗位

D. 对外财务会计报告编制岗位

【难度系数】★★★★

【专家解读】会计工作岗位一般分为：总会计师岗位，会计机构负责人岗位，出纳岗位，稽核岗位，资本、基金核算岗位，收入、支出、债权债务核算岗位，工资核算、成本费用核算、财务成果核算岗位，财产物资的收发、增减核算岗位，总账岗位，对外财务会计报告编制岗位，会计电算化岗位，会计档案管理岗位等。

90. 移交人员因病或者其他特殊原因不能亲自办理移交的，经单位负责人批准，可由其移交委托人代办移交，（　　）应当对所移交的会计凭证、会计账簿、会计报表和其他有关资料的真实性、完整性承担法律责任。

A. 移交人员　　　　　　　　B. 委托人

C. 单位负责人　　　　　　　D. 该岗位所有相关人员

【难度系数】★★★★

【专家解读】移交人员因病或者其他特殊原因不能亲自办理移交的，经单位负责人批准，可由其移交人委托他人代办移交，但委托人应当对所移交的会计凭证、会计账簿、会计报表和其他有关资料的真实性、完整性承担法律责任。

91. 下列有关移交点收的说法不正确的是（　　）。

A. 会计凭证在交接时短缺，由接管人负责

B. 各种财产物资和债权债务的明细账户余额要与总账有关账户余额核对相符

C. 对重要实物要实地盘点

D. 实行会计电算化的单位，交接双方应在电子计算机上对有关数据进行实际操作

【难度系数】★★★

【专家解读】会计凭证、会计账簿、会计报表和其他会计资料必须完整无缺,不得遗漏。如有短缺,必须查明原因,并在移交清册中注明,由移交人负责;银行存款账款余额要与银行对账单核对一致,如有不一致,应编制银行存款余额调节表并调节相符;各种财产物资和债权债务的明细账户余额要与总账有关账户余额核对相符;对重要实物要实地盘点,对余额较大的往来账户要与往来单位、个人核对;移交人员经管的票据、印章以及其他实物等必须交接清楚;实行会计电算化的单位,交接双方应在电子计算机上对有关数据进行实际操作,确认有关数字正确无误后方可交接。

92. 会计机构负责人、会计主管人员办理交接手续时,由( )负责监交,必要时可由上级主管部门派人会同监交。
   A. 会计机构负责人　　　　　B. 会计主管人员
   C. 单位负责人　　　　　　　D. 上级主管部门人员

【难度系数】★★★★

【专家解读】会计机构负责人、会计主管人员办理交接手续时,由单位负责人负责监交,必要时可由上级主管部门派人会同监交。

93. 移交清册填制一式( )。
   A. 一份　　　　　　　　　　B. 两份
   C. 三份　　　　　　　　　　D. 四份

【难度系数】★★★★

【专家解读】移交清册填制一式三份,交接双方各持一份,存档一份。

94. 在移交人员经办的会计工作期间内所发生的疏忽,接替人员在交接时没有发现所接会计资料在合法性、真实性、完整性方面存在的问题,如事后发现,仍应由( )负责。
   A. 原移交人　　　　　　　　B. 接管人
   C. 会计主管　　　　　　　　D. 总经理

【难度系数】★★★

【专家解读】在移交人员经办的会计工作期间内所发生的疏忽,接替人员在交接时没有发现所接会计资料在合法性、真实性、完整性方面存在的问题,如事后发现,仍应由原移交人员负责,原移交人员不应以会计资料已经移交而推脱责任,接替人员不对移交过来材料的真实性、完整性负法律上的责任。

95. 行政责任是单位或个人违反( )规定所应承担的责任。
   A. 犯罪行为　　　　　　　　B. 一般违法行为
   C. 行政管理方面的法律　　　D. 民事管理方面的法律

【难度系数】★★

【专家解读】行政责任是单位或个人违反行政管理方面的法律规定所应承担的责任。刑事责任是指犯罪行为应当承担的法律责任,即对犯罪分子依照刑事法律的规定追究的法律责任。

立身以立学为先,立学以读书为本。——朱熹

96.行政处分的对象是( )。
A.国家工作人员 B.直接负责的国家工作人员
C.单位工作人员 D.单位直接负责人员
【难度系数】★★★★
【专家解读】行政处分的对象仅限于直接负责的国家工作人员。

97.有权实施行政处罚的机关是( )。
A.发生地的市级以上人民政府财政部门
B.发生地的县级以上人民法院
C.发生地的市级以上人民检察院
D.发生地的县级以上人民政府财政部门
【难度系数】★★★
【专家解读】行政处罚是指行政机关对违反行政管理法律法规的行政管理相对人所实施的一种行政制裁措施。有权实施行政处罚的机关是违反行为发生地的县级以上人民政府财政部门。

98.行政处罚和行政处分相同的处分方式有( )。
A.记过 B.记大过
C.警告 D.罚款
【难度系数】★★★★
【专家解读】行政处分的形式有警告、记过、记大过、降级、降职、撤职、留用察看、开除等。行政处罚主要有警告、责令限期整改、罚款和吊销会计从业资格证书等形式。

99.( )是指违反《会计法》和国家统一的会计制度的规定,应当设置会计账簿的单位不设置会计账簿或者未按照规定的种类、形式及要求设置会计账簿的行为。
A.私设会计账簿 B.未按规定保管会计资料
C.不依法设置会计账簿 D.未按规定填制会计凭证
【难度系数】★★★
【专家解读】不依法设置会计账簿的行为,是指违反《会计法》和国家统一的会计制度的规定,应当设置会计账簿的单位不设置会计账簿或者未按照规定的种类、形式及要求设置会计账簿的行为。私设会计账簿即是指俗称"账外账"。

100.不依法设置会计账簿的违法行为,由县级以上人民政府财政部门责令限期改正,同时,可以对单位处以( )的罚款。
A.3 000元以上3万元以下 B.2 000元以上2万元以下
C.4 000元以上4万元以下 D.3 000元以上5万元以下
【难度系数】★★★★★
【专家解读】不依法设置会计账簿的违法行为,由县级以上人民政府财政部门责令限期改正,同时,可以对单位处以3 000元以上5万元以下的罚款。

101.伪造、编造会计凭证、会计账簿,编制虚假财务会计报告,有前款行为,尚不构成犯罪的,由县级以上人民政府财政部门予以通报,可以对( )并处5 000元以上10万元以下的罚款。

A. 直接负责的主管人员 B. 直接负责的其他工作人员
C. 单位 D. 会计人员

【难度系数】★★★★

【专家解读】有前款行为,尚不构成犯罪的,由县级以上人民政府财政部门予以通报,可以对单位并处 5 000 元以上 10 万元以下的罚款。对其直接负责的主管人员和其他直接责任人员,可以处 3 000 元以上 5 万元以下的罚款。

102. 在会计违法行为中,(　　)是指暗示他人按其意思行事。

A. 授意 B. 指使
C. 强令 D. 强制

【难度系数】★★★

【专家解读】在会计违法行为中,授意是指暗示他人按其意思行事。所谓指使,是指通过明示方式,指示他人按其意思行事。

103. 我国是由(　　)负责组织全国先进会计工作者的评选表彰工作。

A. 教育部 B. 财政部
C. 各企事业单位 D. 单位负责人

【难度系数】★★★★

【专家解读】我国是由财政部负责组织全国先进会计工作者的评选表彰工作。教育部、单位负责人、各企事业单位均无权对全国先进会计工作者进行评选表彰工作。

104. 会计记录的文字应当使用(　　)。

A. 英文 B. 中文
C. 少数民族字 D. 任意语言

【难度系数】★★

【专家解读】会计记录的文字应当使用中文。英文及少数民族字在使用中均不普及。

105. 在中华人民共和国境内的外商投资企业、外国企业和其他外国组织的会计记录可以同时使用(　　)。

A. 多种外国文字 B. 中文
C. 一种外国文字 D. 任意文字

【难度系数】★★★

【专家解读】在中华人民共和国境内的外商投资企业、外国企业和其他外国组织的会计记录可以同时使用一种外国文字。以统一文字口径,增强该领域的交流。

106. 业务收支以人民币以外的货币为主的单位,可以选定其中一种货币作为记账本位币,但是编报的财务会计报告应当折算为(　　)。

A. 人民币 B. 美元
C. 欧元 D. 任意货币

【难度系数】★★★

【专家解读】业务收支以人民币以外的货币为主的单位,可以选定其中一种货币作为记账本位币,但是编报的财务会计报告应当折算为人民币,以统一货币口径。

107. 国家机关、社会团体、公司、企业、事业单位和其他组织办理会计事务的法律依据是(   )。
A.《公司法》   B.《会计法》
C.《总会计师条例》   D.《企业财务会计报告条例》
【难度系数】★★
【专家解读】《会计法》规定,国家机关、社会团体、公司、企业、事业单位和其他组织必须依照本法办理会计事务。

108.《会计法》总共进行了(   )修改。
A. 一次   B. 两次
C. 三次   D. 四次
【难度系数】★★★★
【专家解读】《会计法》总共进行了两次修改,分别是1993年和1999年。

109. 提供的财务会计报告的说法正确的是(   )。
A. 应根据实际情况提供不同的财务会计报告
B. 根据不同使用者提供不同的财务会计报告
C. 不得根据实际情况提供不同的财务会计报告
D. 不得根据不同使用者提供不同的财务会计报告
【难度系数】★★
【专家解读】不得向不同的会计资料使用者提供编制依据不一致的财务会计报告。

110. 对记载不准确、不完整的原始凭证,予以退回,要求(   )。
A. 经办人更正、补充   B. 受理人更正、补充
C. 经办人重开   D. 受理人重开
【难度系数】★★★★
【专家解读】对记载不准确、不完整的原始凭证,予以退回,要求经办人员更正、补充。

111. (   )是单位资产中最容易出问题的一项资产。
A. 流动资产   B. 固定资产
C. 资金   D. 现金
【难度系数】★★★
【专家解读】现金是单位资产中最容易出问题的一项资产,无论是保管过程还是使用环节等,都容易给心术不正者以可乘之机。资金、流动资产包含的范围太广,不应选择。固定资产相对而言不容易出问题。

112. 高级会计师资格实行(   )的制度。
A. 考试   B. 评审
C. 考试与评审相结合   D. 既不考试也不评审
【难度系数】★★★
【专家解读】高级会计师资格实行考试与评审相结合的制度。

第一章 会计法律制度

113.（　　）是区别会计人员业务技能的技术等级。
A. 会计专业职称　　　　　　　　B. 会计工作内容
C. 会计专业职务　　　　　　　　D. 会计人员关系
【难度系数】★★
【专家解读】会计专业职务是区别会计人员业务技能的技术等级。会计专业职称、会计工作内容、会计人员关系均不能成为区别会计人员业务技能的技术等级的标准。

114. 关于继续教育培训时间,(　　)不属于继续教育培训方式。
A. 脱产　　　　　　　　　　　　B. 半脱产
C. 业余函授　　　　　　　　　　D. 专业函授
【难度系数】★★★
【专家解读】在继续教育培训时间上,可以采取脱产、半脱产或业余函授等方式。

115.（　　）是指各单位办理会计事务的职能部门。
A. 会计部门　　　　　　　　　　B. 财务部门
C. 会计机构　　　　　　　　　　D. 财务机构
【难度系数】★★★★
【专家解读】会计机构是指各单位办理会计事务的职能部门。财务部门办理的不仅仅包括会计事务,而且还包括其他工作。

116. 会计任职中需要回避的直系亲属关系不包括(　　)。
A. 夫妻关系　　　　　　　　　　B. 直系血亲关系
C. 上下级关系　　　　　　　　　D. 近姻亲关系
【难度系数】★★★
【专家解读】需要回避的直系亲属关系包括夫妻关系、直系血亲关系、三代以内旁系血亲以及近姻亲关系。

117.（　　）是指直接从事会计工作的人员。
A. 会计人员　　　　　　　　　　B. 审计人员
C. 财务人员　　　　　　　　　　D. 稽核人员
【难度系数】★★★
【专家解读】会计人员是指直接从事会计工作的人员。审计人员是直接从事审计工作的人员。

118. 下列有关各单位采用的会计处理方法的说法正确的是(　　)。
A. 根据需要进行变更　　　　　　B. 根据范围对象进行变更
C. 前后各期可以不同　　　　　　D. 前后各期必须一致
【难度系数】★★★★
【专家解读】各单位采用的会计处理方法前后各期应当保持一致,一经选定后,不得随意变更。

119.（　　）是记录和反映经济业务事项的重要历史资料和证据。
A. 会计凭证　　　　　　　　　　B. 会计账簿

C. 会计报表　　　　　　　　D. 会计档案

【难度系数】★★★

【专家解读】会计档案是记录和反映经济业务事项的重要历史资料和证据。会计凭证、会计账簿、会计报表的说法都不完整。

120. 下列不属于会计账簿按形式划分的是(　　)。
A. 订本式账簿　　　　　　　B. 活页式账簿
C. 卡片式账簿　　　　　　　D. 电子账簿

【难度系数】★★★

【专家解读】会计账簿按照形式可分为订本式账簿、活页式账簿和卡片式账簿。所以电子账簿不属于按形式划分的会计账簿种类。

121. 1993年10月31日,第八届全国人民代表大会常务委员会第四次会议通过了我国中介行业的第一部法律(　　)。
A.《公司法》　　　　　　　　B.《会计法》
C.《商业法》　　　　　　　　D.《中华人民共和国注册会计师法》

【难度系数】★★

【专家解读】1993年10月31日,第八届全国人民代表大会常务委员会第四次会议通过了我国中介行业的第一部法律——《中华人民共和国注册会计师法》。其他法案均不是在该时间颁布的,且也不是我国中介行业的第一部法律。

122. 对会计出版市场、培训市场的管理等也属于会计市场管理的职能,(　　)对违反会计法律、行政法规规定、扰乱会计秩序的行为,都有权加以管理。
A. 教育部　　　　　　　　　B. 财政部
C. 单位财务部　　　　　　　D. 国家财政厅

【难度系数】★★★

【专家解读】对会计出版市场、培训市场的管理等也属于会计市场管理的职能,财政部门对违反会计法律、行政法规规定、扰乱会计秩序的行为,都有权加以管理,严格规范。其他部门无此管理权限。

123. (　　)财政部颁布了《会计基础工作规范》。
A. 1996年　　　　　　　　　B. 1997年
C. 1998年　　　　　　　　　D. 2000年

【难度系数】★★★★

【专家解读】1996年6月17日财政部颁布了《会计基础工作规范》。诸如法律颁布时间,专家建议进行归纳记忆。

【参考答案】

1. B	2. A	3. B	4. D	5. C	6. D	7. C	8. B	9. C	10. A
11. A	12. C	13. A	14. B	15. B	16. D	17. C	18. D	19. B	20. A
21. A	22. C	23. D	24. B	25. B	26. D	27. C	28. C	29. D	30. C
31. D	32. B	33. B	34. C	35. B	36. B	37. C	38. B	39. B	40. A

第一章　会计法律制度

41.C	42.A	43.C	44.A	45.C	46.A	47.B	48.C	49.A	50.C
51.B	52.B	53.D	54.C	55.C	56.D	57.B	58.A	59.B	60.A
61.B	62.A	63.A	64.C	65.C	66.A	67.D	68.C	69.C	70.A
71.C	72.C	73.A	74.B	75.D	76.B	77.A	78.D	79.C	80.D
81.A	82.C	83.A	84.C	85.B	86.A	87.C	88.D	89.A	90.B
91.A	92.C	93.C	94.A	95.C	96.B	97.D	98.C	99.C	100.D
101.C	102.A	103.B	104.B	105.C	106.A	107.B	108.B	109.D	110.A
111.D	112.C	113.C	114.D	115.C	116.C	117.A	118.D	119.D	120.D
121.D	122.B	123.A							

二、多项选择题

1.会计法律制度指的是（　　）。
A.国家权力机关和行政机关制定的各种会计规范性文件的总称
B.调整各种会计关系的法律规范
C.从事会计工作、办理会计事务必须遵循的行为准则
D.它是会计法律制度体系的最高层次
【难度系数】★★★
【专家解读】会计法律制度是指国家权力机关和行政机关制定的各种会计规范性文件的总称，是调整各种会计关系的法律规范，是从事会计工作、办理会计事务必须遵循的行为准则。会计法律是会计法律制度体系的最高层次。

2.我国的会计法律制度主要包括（　　）。
A.审计法律　　　　　　　B.会计法律
C.会计行政法规　　　　　D.国家统一的会计制度
【难度系数】★★★
【专家解读】我国的会计法律制度主要包括会计法律、会计行政法规和国家统一的会计制度。

3.我国目前的会计法律包括（　　）。
A.《中华人民共和国会计法》
B.《财政部实施会计监督办法》
C.《中华人民共和国注册会计师法》
D.《中华人民共和国税法》
【难度系数】★★★★
【专家解读】我国目前有两部会计法律，分别是《中华人民共和国会计法》（以下简称《会计法》）和《中华人民共和国注册会计师法》（以下简称《注册会计师法》）。所以说，《会计法》就是《中华人民共和国会计法》，《注册会计师法》就是《中华人民共和国注册会计师法》。

4.《会计法》的立法宗旨有（　　）。
A.通过立法"规范会计行为"
B.通过立法"保证会计资料真实、完整"

C.通过立法"加强经济管理和财务管理、提高经济效益"
D.通过立法"维护社会主义市场经济秩序"

【难度系数】★★★★

【专家解读】《会计法》的立法宗旨有:通过立法"规范会计行为",通过立法"保证会计资料真实、完整",通过立法"加强经济管理和财务管理、提高经济效益",通过立法"维护社会主义市场经济秩序"。

5.会计对经济管理和财务管理的作用,在于( )。
  A.会计的核算职能   B.会计的对账职能
  C.会计的检查职能   D.会计的监督职能

【难度系数】★★★

【专家解读】会计对经济管理和财务管理的作用,在于会计的核算和监督职能。

6.( )是《会计法》的重要出发点。
  A.明确经济责任   B.考核经济业绩
  C.做出投资决策   D.改善经营管理

【难度系数】★★★★

【专家解读】会计通过既定的规则和专门的方法,确认、计量、记录和报告经济业务事项的发生过程和结果,提供有用的会计信息,借以明确经济责任、考核经济业绩、做出投资决策、改善经营管理、提高经济效益。保证上述会计职能作用的发挥,是《会计法》的重要出发点。

7.《会计法》的适用范围包括( )。
  A.仅财政部门
  B.实行独立核算、办理会计事务的单位
  C.主管机关及其有关机关
  D.仅税务部门

【难度系数】★★★

【专家解读】《会计法》的适用范围包括:一是实行独立核算、办理会计事务的单位,包括国家机关、社会团体、公司、企业、事业单位和其他组织;二是主管机关及其有关机关,包括各级财政部门、税务部门、审计部门和业务主管部门。

8.《注册会计师法》对( )进行了规范。
  A.注册会计师业务范围、组织形式、行业管理体制及其法律责任
  B.注册会计师所在的会计师事务所的业务范围、组织形式、行业管理体制及其法律责任
  C.所有会计从业人员的行为
  D.注册会计师的从业单位

【难度系数】★★★

【专家解读】《注册会计师法》对注册会计师及其所在的会计师事务所的业务范围、组织形式、行业管理体制及其法律责任进行了规范,为注册会计师行业的发展提供了法律保障。

学者贵于行之,而不贵于知之。——司马光

第一章　会计法律制度

9.《总会计师条例》明确规定了(　　)。
　A.总会计师的设置　　　　　　B.总会计师的任职条件
　C.总会计师的职责权限　　　　D.总会计师的任职年限
【难度系数】★★★★
【专家解读】1990年12月31日,国务院颁布的《总会计师条例》,是对《会计法》中有关规定的细化和补充,对总会计师的设置、任职条件、职责权限等进行了明确规定。

10.《企业财务会计报告条例》主要规定了(　　)。
　A.企业财务报告的构成　　　　B.企业财务报告的编制
　C.企业财务报告的对外提供　　D.企业财务报告的法律责任
【难度系数】★★★★
【专家解读】《企业财务会计报告条例》主要规定了企业财务报告的构成、编制和对外提供、法律责任等。

11.《金融企业会计制度》中的金融企业包括(　　)。
　A.银行　　　　　　　　　　　B.房地产公司
　C.证券公司　　　　　　　　　D.财务公司
【难度系数】★★★★
【专家解读】《金融企业会计制度》中的金融企业包括银行(含信用社)、保险公司、证券公司、信托投资公司、期货公司、基金管理公司、租赁公司、财务公司等。

12.《会计基础工作规范》的内容主要包括(　　)。
　A.会计机构的设置和会计人员的配备
　B.会计人员的职业道德
　C.会计监督的内容和要求
　D.建立和健全单位内部会计管理制度的内容和要求等
【难度系数】★★★
【专家解读】《会计基础工作规范》的内容主要包括会计机构的设置和会计人员的配备、会计人员的职业道德、会计工作交换、会计核算的一般要求、会计凭证规则、财务报告规则、会计监督的内容和要求、建立和健全单位内部会计管理制度的内容和要求等。

13.我国已形成的会计管理体制,包括(　　)。
　A.会计行政管理　　　　　　　B.会计自律管理
　C.单位会计管理　　　　　　　D.企业管理
【难度系数】★★★
【专家解读】我国已形成了会计工作的行政管理、会计自律管理和单位会计管理各有侧重、协调发展的会计管理体制。

14.下列符合我国会计工作体制的是(　　)。
　A.统一指导,分级管理　　　　B.统一管理,分级指导
　C.政府主导型　　　　　　　　D.市场主导型
【难度系数】★★★

目标既定,在学习和实践过程中无论遇到什么困难、曲折都不灰心丧气,不轻易改变自己决定的目标,而努力不懈地去学习和奋斗,如此才会有所成就,而达到自己的目的。——吴玉章

【专家解读】我国对会计工作实行的是"统一指导,分级管理"原则下的政府主导型管理体制。

15.( )是财政部门管理会计工作的一项最基本的职能。
A.会计准则制度及相关标准规范的制定
B.会计准则制度的制定
C.会计准则制度的组织实施
D.会计准则制度及相关标准规范的组织实施
【难度系数】★★★★
【专家解读】会计准则制度及相关标准规范的制定和组织实施是财政部门管理会计工作的一项最基本的职能。

16.会计准则制度及相关标准规范主要包括( )。
A.企事业单位会计目标
B.企事业单位会计准则和会计制度
C.企事业单位会计信息化标准
D.企事业单位内部控制规范
【难度系数】★★★★
【专家解读】会计准则制度及相关标准规范主要包括:企事业单位会计准则和会计制度、企事业单位内部控制规范和会计信息化标准等。

17.( )是会计监管的重要标准和尺度。
A.会计准则制度　　　　　　　　B.审计准则制度
C.会计监管制度　　　　　　　　D.会计准则制度相关标准规范
【难度系数】★★★
【专家解读】会计准则制度及相关标准规范是市场规则的重要组成部分,是会计监管的重要标准和尺度,是保证会计信息质量、维持社会主义市场经济秩序的重要保证。

18.会计市场的管理包括( )几个方面。
A.会计市场的内容策划　　　　　B.会计市场的准入管理
C.过程的监管　　　　　　　　　D.会计市场退出管理
【难度系数】★★★★★
【专家解读】会计市场的管理包括会计市场的准入管理、过程的监管和会计市场退出管理三个方面。会计市场的内容策划不属于会计市场管理的三个方面内容。

19.会计市场准入包括( )。
A.会计从业资格　　　　　　　　B.会计师事务所的设立
C.会计师事务所的管理　　　　　D.代理记账机构的设立
【难度系数】★★★★
【专家解读】会计市场准入包括会计从业资格、会计师事务所的设立、代理记账机构的设立等。根据《会计法》规定,会计从业人员从事会计工作必须通过考试取得从业资格。

20.注册会计师是依法取得注册会计师证书并接受委托从事(　　)的执业人员。
A.审计业务　　　　　　　　　B.会计服务业务
C.会计咨询　　　　　　　　　D.会计师事务所管理业务
【难度系数】★★★★
【专家解读】注册会计师是依法取得注册会计师证书并接受委托从事审计业务和会计咨询、会计服务业务的执业人员。

21.申请设立除会计师事务所以外的代理记账机构,应当(　　)。
A.经所在地的县级以上人民政府财政部门批准
B.领取由财政部统一印制的代理记账许可证书
C.不需要获得财政部统一印制的代理记账许可证书
D.经所在地的市级以上人民政府财政部门批准
【难度系数】★★★★
【专家解读】申请设立除会计师事务所以外的代理记账机构,应当经所在地的县级以上人民政府财政部门批准,并领取由财政部统一印制的代理记账许可证书。

22.除会计师事务所以外的代理记账机构,在获准进入会计市场后,这些机构和人员还应当(　　)。
A.持续符合相关的资格条件
B.主动接受财政部门的监督检查
C.持续三年符合相关的资格条件
D.无须接受财政部门的监督检查
【难度系数】★★★
【专家解读】除会计师事务所以外的代理记账机构,在获准进入会计市场后,这些机构和人员还应当持续符合相关的资格条件,并主动接受财政部门的监督检查,不符合时,原审批机关可以撤回行政许可,吊销其执业资格,强制其退出会计市场。

23.我国已经形成了包括(　　)阶梯式的会计专业人才评价机制。
A.初级会计人才评价机制
B.中级会计人才评价机制
C.高级会计人才评价机制
D.会计行业领军人才的培养评价机制
【难度系数】★★★
【专家解读】我国已经形成了包括初级、中级、高级会计人才评价机制和会计行业领军人才的培养评价的阶梯式的会计专业人才评价机制。

24.财政部于2005年正式启动了会计领军人才培养工程,计划通过10年的努力,分(　　)培养近千名具有国际视野、战略思维和国际竞争力的复合型高层次会计人才。
A.企业类　　　　　　　　　　B.行政事业类
C.注册会计师类　　　　　　　D.学术类
【难度系数】★★★

【专家解读】2005年,财政部正式启动了会计领军人才培养工程,计划通过10年的努力,分企业类、行政事业类、注册会计师类和学术类,培养近千名具有国际视野、战略思维和国际竞争力的复合型高层次会计人才。

25.( )负责组织本地区、本部门、本系统内的先进会计工作者的评选表彰工作。
  A.中央财政部　　　　　　　　　　B.地方财政部
  C.中央各单位　　　　　　　　　　D.地方各单位
  【难度系数】★★★
  【专家解读】中央财政部负责组织全国先进会计工作者的评选表彰工作。地方财政部门、中央各单位负责组织本地区、本部门、本系统内的先进会计工作者的评选表彰工作。

26.我国会计行业协会主要指( )。
  A.中国会计学会
  B.地方会计学会
  C.分行业、分专业会计学会
  D.中国注册会计师协会以及各省级注册会计师协会
  【难度系数】★★★★
  【专家解读】我国会计行业协会主要指中国注册会计师协会以及各省级注册会计师协会,学会主要指中国会计学会和地方会计学会,此外还有一部分分行业、分专业的会计学会。

27.中国注册会计师协会的主要职责是:( ),支持会员依法执业,维护会员合法权益等。
  A.对注册会计师任职资格和执业情况进行年度检查
  B.制定行业自律管理规范
  C.组织和推动会员培训工作
  D.协调行业内、外部关系
  【难度系数】★★★★
  【专家解读】中国注册会计师协会的主要职责是:制定行业自律管理规范,对违反行业自律管理规范的行为予以惩戒;对注册会计师任职资格和执业情况进行年度检查;组织和推动会员培训工作;协调行业内、外部关系,支持会员依法执业,维护会员合法权益。

28.中国会计学会是由全国会计领域各类专业组织及个人自愿结成的( )社会组织。
  A.多样性　　　　　　　　　　　　B.学术性
  C.专业性　　　　　　　　　　　　D.非营利性
  【难度系数】★★★
  【专家解读】中国会计学会是由全国会计领域各类专业组织及个人自愿结成的学术性、专业性、非营利性社会组织。

29.中国会计学会的主要职责是( )。
  A.促进科研成果的推广和运用
  B.研究和推动会计专业的教育改革
  C.开展多层次、多形式的智力服务工作

D. 开展会计领域国际学术交流与合作

【难度系数】★★★★★

【专家解读】中国会计学会的主要职责是：组织协调全国会计科研力量，开展会计理论研究和学术交流，促进科研成果的推广和运用；总结我国会计工作和会计教育经验，研究和推动会计专业的教育改革；发挥学会的智力优势，开展多层次、多形式的智力服务工作，包括组织开展中高级会计人员培养、会计培训和会计咨询与服务等；开展会计领域国际学术交流与合作等。

30. 单位对会计工作的管理主要包括（　　）等。
    A. 会计工作的组织领导　　　　　　B. 会计工作的计划执行
    C. 会计人员的考核奖励　　　　　　D. 会计人员的选拔任用

【难度系数】★★★★

【专家解读】会计人员只需从事具体的会计工作，单位对会计工作的管理，主要包括会计工作的组织领导、会计人员的选拔任用等。会计工作的计划执行不包含在内，会计人员的考核奖励则不是其管理的主要内容。

31. 以下属于财政部职责的有（　　）。
    A. 会计人员取得相关资格后，能否具体从事相关工作
    B. 会计机构负责人应当具备会计师以上专业技术职务资格
    C. 会计机构负责人应当具有从事会计工作 3 年以上的经历
    D. 担任总会计师应当取得会计师任职资格即可

【难度系数】★★★★

【专家解读】从事具体会计工作应当取得会计从业资格，担任会计机构负责人应当具备会计师以上专业技术职务资格或者从事会计工作 3 年以上的经历，聘任会计职务应当通过相应级别的会计专业技术资格考试或考评，担任总会计师应当在取得会计师任职资格后，主管一个单位或者单位内有一个重要方面的财务会计工作时间不少于 3 年等，都属于财政部的职责。会计人员取得相关资格后，能否具体从事相关工作，由所在单位自行决定。

32. 会计核算的基本内涵是以货币为主要计量单位，运用专门的会计方法，（　　），为经营决策和宏观经济管理提供依据。
    A. 对生产经营活动进行连续、系统、全面的记录、计算、分析
    B. 预算执行过程及其结果进行连续、系统、全面的记录、计算、分析
    C. 定期编制并提供财务会计报告
    D. 定期编制并提供其他一系列内部管理所需的会计资料

【难度系数】★★★★

【专家解读】会计核算的基本内涵是以货币为主要计量单位，运用专门的会计方法，对生产经营活动或者预算执行过程及其结果进行连续、系统、全面的记录、计算、分析，定期编制并提供财务会计报告和其他一系列内部管理所需的会计资料，作为为决策和宏观经济管理提供依据的一项会计活动

33. 实际发生的经济业务事项，是指各单位在生产经营或预算执行过程中发生的包括

( )资金增减变化的经济活动。

A.引起 B.未引起
C.发生 D.未发生

【难度系数】★★★★

【专家解读】实际发生的经济业务事项,是指各单位在生产经营或预算执行过程中发生的包括引起或未引起资金增减变化的经济活动。

34.会计资料包括( )和其他会计资料。

A.会计凭证 B.会计账簿
C.财务会计报告 D.会计报表

【难度系数】★★★

【专家解读】会计资料是在会计核算过程中形成的、记录和反映实际发生的经济业务事项的资料,包括会计凭证、会计账簿、财务会计报告和其他会计资料。会计报表是财务会计报告的一种,包含在财务会计报告中。

35.( )规定,会计资料必须符合国家统一的会计制度的规定。

A.《会计法》 B.《经济法》
C.《注册会计师法》 D.《会计基础工作规范》

【难度系数】★★★★★

【专家解读】《会计法》和《会计基础工作规范》规定,会计资料必须符合国家统一的会计制度的规定,保证会计资料的真实性和完整性。

36.会计资料的完整性,主要是指构成会计资料的各项要素必须齐全,( )。

A.使会计资料如实、全面地记录经济业务发生情况
B.使会计资料如实、全面地反映经济业务发生情况
C.便于会计资料使用者全面地了解经济活动情况
D.便于会计资料使用者准确地了解经济活动情况

【难度系数】★★★

【专家解读】会计资料的完整性,主要是指构成会计资料的各项要素必须齐全,以使会计资料如实、全面地记录和反映经济业务发生情况,便于会计资料使用者全面、准确地了解经济活动情况。

37.下列哪项会计凭证是虚假会计资料?( )

A.明明没有发生的业务而编制会计凭证
B.明明是违反规定乱发钱物,却编制运输费的会计凭证
C.涂改真实的会计凭证内容后的凭证
D.挖补真实的会计凭证内容后的凭证

【难度系数】★★★★

【专家解读】明明没有发生的业务而编制会计凭证,明明是违反规定乱发钱物,却编制运输费的会计凭证,是虚假凭证。用涂改、挖补真实的会计凭证内容后的凭证,属于编造会计凭证,也是虚假凭证。

第一章　会计法律制度

38.（　　）是会计核算工作的首要环节。
A.填制会计凭证　　　　　　　　B.更改会计凭证
C.作废会计凭证　　　　　　　　D.审核会计凭证
【难度系数】★★★
【专家解读】填制、审核会计凭证是会计核算工作的首要环节,是会计核算工作的基础。

39.会计凭证按其来源和用途,分为(　　)两种。
A.财务报表　　　　　　　　　　B.原始凭证
C.记账凭证　　　　　　　　　　D.会计账簿
【难度系数】★★★★
【专家解读】会计凭证中,原始凭证和记账凭证是会计凭证按其来源和用途进行划分的两种形式。

40.原始凭证必须具备的内容有(　　)。
A.凭证名称　　　　　　　　　　B.凭证填制日期
C.经济业务内容　　　　　　　　D.经办人员签名或者盖章
【难度系数】★★★★★
【专家解读】原始凭证必须具备以下内容:凭证的名称,填制凭证的日期,填制凭证单位名称或者填制人姓名,经办人员签名或者盖章,接受凭证单位名称,经济业务内容,数量、单价和金额。

41.各单位在经济业务发生时,必须(　　)。
A.取得或者填制原始凭证
B.及时编制会计账簿
C.及时送交本单位的会计机构或者专职会计人员
D.及时制作会计报告
【难度系数】★★★★
【专家解读】各单位在经济业务发生时,不仅必须取得或者填制原始凭证,还应该将原始凭证及时送交本单位的会计机构或专职会计人员,以保证会计核算工作的顺利进行。

42.记账凭证应当具备(　　)等内容。
A.经济业务摘要　　　　　　　　B.所附原始凭证张数
C.稽核人员　　　　　　　　　　D.会计主管人员签名或者盖章
【难度系数】★★★
【专家解读】记账凭证应当具备以下内容:记账凭证的名称、填制凭证的日期,凭证编号,经济业务摘要,会计科目,金额,记账符号,所附原始凭证张数,填制人员、稽核人员、记账人员、会计机构负责人、会计主管人员签名或者盖章。

43.收款和付款记账凭证应当由(　　)签名或者盖章。
A.稽核人员　　　　　　　　　　B.填制人员
C.记账人员　　　　　　　　　　D.出纳人员
【难度系数】★★★★

【专家解读】收款和付款记账凭证除了一般记账凭证所应有的签名或盖章之外,还应当由出纳人员签名或者盖章。

44.会计账簿,是指由一定格式、相互联系的账页所组成,用来( )记录和反映一个单位经济业务事项的会计账簿,是会计资料的主要载体之一,也是会计资料的重要组成部分。

  A.序时   B.分类
  C.全面   D.大概

【难度系数】★★★★

【专家解读】会计账簿,是指由一定格式、相互联系的账页所组成,用来序时、分类地全面记录和反映一个单位经济业务事项的会计账簿,是会计资料的主要载体之一,也是会计资料的重要组成部分。

45.登记会计账簿时,应当将会计凭证日期、编号、业务内容摘要、金额和其他有关资料逐项记入账内,做到( )。

  A.数字准确   B.摘要清楚
  C.登记及时   D.字迹工整

【难度系数】★★★

【专家解读】登记会计账簿时,为了做到数字准确、摘要清楚、登记及时、字迹工整,应当将会计凭证日期、编号、业务内容摘要、金额和其他有关资料逐项记入账内。

46.如果发生错误、隔页、缺号、跳行的,应当按照国家统一的会计制度规定的方法更正,并由( )在更正处盖章。

  A.会计人员   B.出纳人员
  C.审计人员   D.会计主管人员

【难度系数】★★★

【专家解读】如果发生错误、隔页、缺号、跳行的,应当按照国家统一的会计制度规定的方法更正,并由会计人员和会计机构负责人(会计主管人员)在更正处盖章,以明确责任。

47.各单位应当定期对会计账簿记录的有关数字与库存实物、货币资金、有价证券、往来单位或个人等进行相互核对,做到( )。

  A.账实相符   B.账证相符
  C.账账相符   D.账表相符

【难度系数】★★★★

【专家解读】各单位应当定期对会计账簿记录的有关数字与库存实物、货币资金、有价证券、往来单位或个人等进行相互核对,不仅要做到账实相符,而且还要做到账证相符、账账相符和账表相符。

48.财务会计报告包括( )及其附注和其他应当在财务会计报告中披露的相关信息和资料。

  A.会计报表   B.会计报表附注
  C.会计期间   D.会计凭证页数

【难度系数】★★★★

只要愿意学习,就一定能够学会。——列宁

第一章 会计法律制度

【专家解读】《企业会计准则——基本准则》规定,财务会计报告包括会计报表及其附注和其他应当在财务会计报告中披露的相关信息和资料。

49.会计报表是根据( ),按照规定的报表格式,总括地反映一定期间的经济活动和财务收支情况及其结果的一种报告文件。
A.会计凭证	B.会计报告
C.会计账簿记录	D.其他相关材料
【难度系数】★★★
【专家解读】会计报表是根据会计账簿记录和有关资料,按照规定的报表格式,总括地反映一定期间的经济活动和财务收支情况及其结果的一种报告文件,是财务会计报告的主要组成部分。

50.企业对外提供的会计报表主要包括( )。
A.资产负债表	B.利润表
C.现金流量表	D.所有者权益变动表
【难度系数】★★★★
【专家解读】企业对外提供的会计报表主要包括:资产负债表、利润表、现金流量表和所有者权益变动表四个部分。

51.会计报表按编制期间的不同,可分为( )两大类。
A.初期会计报表	B.中期会计报表
C.季度会计报表	D.年度会计报表
【难度系数】★★★★
【专家解读】会计报表按编制期间的不同,可分为中期会计报表和年度会计报表。而季度会计报表则包含在中期会计报表中。

52.中期会计报表至少应包括( )和附注。
A.资产负债表	B.利润表
C.现金流量表	D.所有者权益变动表
【难度系数】★★★
【专家解读】中期会计报表至少应包括资产负债表、利润表、现金流量表和附注。

53.会计报表附注是( )。
A.对会计报表的补充说明
B.对四张报表列示项目的文字描述或明细资料
C.对未能在这些报表中列示项目的说明等
D.财务会计报表的次要组成部分
【难度系数】★★★★
【专家解读】会计报表附注是对会计报表的补充说明,也是财务会计报表的重要组成部分,它是对在资产负债表、利润表、现金流量表和所有者权益变动表等报表中列示项目的文字描述或明细资料,以及对未能在这些报表中列示项目的说明等。

书不成诵,无以致思索之功,书不精读,无以得义理之益。——胡达源

54.下列哪项属于会计报表附注应当披露的内容( )。
A.会计报表的编制基础
B.财务报表项目的计量基础
C.会计政策的确定依据
D.重要会计估计的说明

【难度系数】★★★★

【专家解读】会计报表附注一般至少应当披露下列内容:会计报表的编制基础;遵循企业会计准则的声明;重要会计政策的说明,包括财务报表项目的计量基础和会计政策的确定依据等;重要会计估计的说明,包括下一会计期间内很可能导致资产、负债账面价值重大调整的会计估计的确定依据等;会计政策和会计估计变更以及差错更正的说明;对已在资产负债表、利润表、现金流量表日后非调整事项、关联方关系及其交易等需要说明的事项;在资产负债表日后、财务变更批准报出目前提议或宣布发放的股权总额和每股股利金额以及其他应当在财务会计报告中披露的相关信息和资料。

55.对外提供的财务会计报告,应当由( )签名并盖章。
A.单位任意人员
B.单位负责人
C.主管会计工作的负责人
D.会计机构负责人

【难度系数】★★★★

【专家解读】对外提供的财务会计报告,应当由单位负责人和主管会计工作的负责人、会计机构负责人(会计主管人员)签名并盖章。

56.财务会计报告须经注册会计师审计的,企业应当提供( )。
A.会计凭证
B.会计账簿
C.审计报告
D.财务会计报告

【难度系数】★★★★

【专家解读】财务会计报告须经注册会计师审计的,企业应当将注册会计师及其会计师事务所出具的审计报告随同财务会计报告一并提供。会计凭证和会计账簿显然不符合企业提供给有关方面的要求。

57.财务会计报告应当按照规定的( )提供给有关方面。
A.报告内容
B.报告对象
C.报告形式
D.报告期限

【难度系数】★★★

【专家解读】财务会计报告应当按照规定的对象、期限提供给有关方面。比如税务、财政部等应有所区别。

58.设置总会计师的企业对外提供的财务会计报告,所加具的封面一般应当注明( )。
A.企业名称及统一代码
B.报表所属年度或月份、报送日期
C.企业负责人签名并盖章
D.总会计师签名并盖章

【难度系数】★★★★

【专家解读】对外提供的财务会计报告,加具的封面一般应当注明:企业名称、企业统一代码、组织形式、地址、报表所属年度或月份、报送日期,并由企业负责人和主管会计工作的负责人、会计机构负责人签名并盖章。设置总会计师的企业,还应当由总会计师签名并盖章。

59.国有企业、国有控股或者占主导地位的企业在公布财务会计报告时,应重点说明( )。
   A.内部审计发现的问题及纠正情况
   B.国家审计机关发现的问题及纠正的情况
   C.重大投资、融资和资产处置及其原因的说明
   D.反映与职工利益密切相关的信息
   【难度系数】★★★★
   【专家解读】国有企业、国有控股或者占主导地位的企业,应当至少每年一次向本企业的职工代表大会公布财务会计报告,且应重点说明:反映与职工利益密切相关的信息,内部审计发现的问题及纠正情况,注册会计师审计的情况,国家审计机关发现的问题及纠正的情况,重大投资、融资和资产处置及其原因的说明,需要说明的其他重要事项。

60.如果发现对外提供的财务会计报告有错误,应当及时办理更正手续,更正单位包括( )。
   A.本单位   B.接受单位
   C.其他相关业务单位   D.直接摒弃,不需更正
   【难度系数】★★★
   【专家解读】如果发现对外提供的财务会计报告有错误,应当及时办理更正手续。除更正本单位留存的财务会计报告外,应同时更正接受财务会计报告的单位。

61.国家统一的会计制度包括( )。
   A.会计部门规章   B.会计规章
   C.会计文件   D.会计规范性文件
   【难度系数】★★★★
   【专家解读】国家统一的会计制度包括会计部门规章和会计规范性文件。会计规章、会计文件属于不规范表述。

62.相关经济业务单位查阅会计档案时应保证( )。
   A.经本单位负责人批准   B.不拆散原卷册
   C.必须办理登记手续   D.若有需要可以拆散卷册
   【难度系数】★★★
   【专家解读】会计档案原则上不得借出,遇有特殊需要,如与单位经济业务相关方面需要查阅与其业务相关的会计凭证或公检法等机关需要查询与案件有关的会计资料等,经本单位负责人批准,在不拆散原卷册的前提下,可以提供查阅或者复印件,但必须办理登记手续,登记查阅人或复印人姓名、单位、查阅或复印档案的卷号和内容等,以便备查。

63.会计档案保管期需要销毁的,获得销毁意见后,还应( )。
   A.编制会计档案销毁清册
   B.列明销毁会计档案的名称、卷号

C. 列明销毁会计档案的起止年度
D. 应保管期限、已保管期限、销毁日期

【难度系数】★★★

【专家解读】会计档案保管期需要销毁的,获得销毁意见后,还应编制会计档案销毁清册,列明销毁会计档案的名称、卷号,列明销毁会计档案的起止年度、应保管期限、已保管期限、销毁日期等。

64. 国家机关销毁会计档案时应当由(　　)派员参加监销。
A. 财政部门　　　　　　　　B. 审计部门
C. 单位档案机构　　　　　　D. 会计机构

【难度系数】★★★★★

【专家解读】销毁会计档案时,应当由单位档案机构和会计机构共同派员监销;国家机关销毁会计档案时应当由财政部门、审计部门派员参加监销;财政部门销毁会计档案时,则应当由同级审计部门派员监销。

65. 会计处理方法通常包括(　　)。
A. 会计确认方法　　　　　　B. 会计计量方法
C. 会计记录方法　　　　　　D. 会计报告方法

【难度系数】★★★

【专家解读】会计处理方法通常包括:会计确认方法、会计计量方法、会计记录方法和会计报告方法。

66. 单位采用的会计处理方法有必要变更的时候,应说明(　　)。
A. 变更的原因　　　　　　　B. 变更的情况
C. 变更的影响　　　　　　　D. 变更前单位情况

【难度系数】★★★

【专家解读】单位采用的会计处理方法有必要变更的时候,应当按照国家统一的会计制度的规定进行变更,并将变更的原因、情况及影响,在财务会计报告中予以说明,以便会计资料使用者了解会计处理方法变更及其对会计资料的影响。

67. 有效发挥会计监督职能,可以(　　)。
A. 维护财经纪律　　　　　　B. 维护社会经济秩序
C. 健全会计基础工作　　　　D. 建立规范的会计工作秩序

【难度系数】★★★★

【专家解读】有效发挥会计监督职能,不仅可以维护财经纪律和社会经济秩序,而且对健全会计基础工作、建立规范的会计工作秩序也有极大的促进作用。因此,在社会主义市场经济条件下,必须强化会计监督。

68. 狭义的会计监督是指会计人员在进行会计核算的同时,对特定主体经济活动的(　　)进行审查。
A. 真实性　　　　　　　　　B. 合法性
C. 合情性　　　　　　　　　D. 合理性

第一章 会计法律制度

【难度系数】★★★★

【专家解读】狭义的会计监督是指会计人员在进行会计核算的同时,对特定主体经济活动的真实性、合法性和合理性进行审查。

69.目前我国形成的"三位一体"的会计监督体系是指( )。

A.单位内部审计监督 B.单位内部会计监督
C.政府会计监督   D.社会会计监督

【难度系数】★★★★

【专家解读】我国单位内部会计监督、以政府部门为主体的政府会计监督和以注册会计师为主体的社会会计监督的"三位一体"的会计监督体系已经形成。

70.( )等法律、行政法规、规章对单位内部监督、政府监督、社会监督做出了具体规定。

A.《会计法》   B.《经济法》
C.《公司法》   D.《财政部门实施会计监督办法》

【难度系数】★★★

【专家解读】《会计法》和《财政部门实施会计监督办法》等法律、行政法规、规章对单位内部监督、政府监督、社会监督做出了具体规定。

71.单位内部会计监督,是指为了( ),而在单位内部采取的一系列相互制约、相互监督的制度和方法。

A.保护单位资产的安全完整
B.保证单位会计核算质量
C.保证其经营活动符合国家法律、法规和内部制度
D.提高经营管理水平和效率

【难度系数】★★★★★

【专家解读】单位内部会计监督,是指为了保护单位资产的安全完整,保证其经营活动符合国家法律、法规和内部制度,提高经营管理水平和效率,而在单位内部采取的一系列相互制约、相互监督的制度和方法。

72.记账人员与经济业务事项和会计事项的审批人员、经办人员、财务保管人员的职责权限应当明确,( )是机构控制和职务控制的基本要求。

A.相互配合   B.相互关联
C.相互分离   D.相互制约

【难度系数】★★★★

【专家解读】记账人员与经济业务事项和会计事项的审批人员、经办人员、财务保管人员的职责权限应当明确,并相互分离、相互制约,这是机构控制和职务控制的基本要求。

73.在明确记账人员与经济业务事项和会计事项的审批人员、经办人员、财务保管人员的职责权限时,要考虑( ),将失误、舞弊等问题控制到最低限度。

A.职务分离的要求   B.职务岗位人员之间能够相互制约
C.职务人员相互协作   D.职务人员相互通融

【难度系数】★★★

【专家解读】在明确记账人员与经济业务事项和会计事项的审批人员、经办人员、财务保管人员的职责权限时,既要考虑职务分离的要求,又有考虑上述职务岗位人员之间能够相互制约,将失误、舞弊等问题控制到最低限度。

74.各单位在内部会计监督制度中应当明确财产清查的( ),这是财产安全控制和会计信息控制的基本要求。

    A.范围   B.期限

    C.日期   D.组织程序

【难度系数】★★★★

【专家解读】各单位在内部会计监督制度中应当明确"财产清查的范围、期限和组织程序",这是财产安全控制和会计信息控制的基本要求。

75.为了保证会计核算资料的真实和完整,通过内部审计,可以发现并纠正单位会计核算、会计资料乃至财务收支、经济活动中( )情况。

    A.不合规   B.不真实

    C.不准确   D.不完整

【难度系数】★★★★

【专家解读】通过内部审计,可以发现并纠正单位会计核算、会计资料乃至财务收支、经济活动中的一些不合规、不真实、不准确、不完整的情况,保证会计核算资料的真实和完整。

76.会计机构、会计人员对违反《会计法》和国家统一的会计制度规定的会计事项,有权( )。

    A.拒绝办理   B.按常规程序予以受理

    C.按职权予以纠正   D.全部纠正后继续办理

【难度系数】★★★

【专家解读】会计机构、会计人员对违反《会计法》和国家统一的会计制度规定的会计事项,有权拒绝办理或者按照职权予以纠正,且不可进行职权以外的更改。

77.会计机构、会计人员发现会计账簿与实物、款项及其有关资料不相符的,按照国家统一的会计制度的规定( )。

    A.及时处理

    B.向单位负责人报告

    C.有权处理的及时处理

    D.无权处理的向单位负责人报告处理

【难度系数】★★★

【专家解读】会计机构、会计人员发现会计账簿与实物、款项及其有关资料不相符的,按照国家统一的会计制度的规定,有权自行处理的应当及时处理;无权处理的,应当立即向单位负责人报告,请求查明原因,做出处理。第一、第二个选项均未说明条件,表意不完整。

78.政府监督是一种外部监督,具有( )。

    A.义务性   B.有偿性

C. 强制性　　　　　　　　　　D. 无偿性

【难度系数】★★★

【专家解读】 政府监督是一种外部监督,对有关单位的会计行为、会计资料实施的监督检查,具有强制性和无偿性的特点。

79. 会计工作的政府监督主要是指政府有关部门依据法律、行政法规的规定和部门的职责权限(　　)，是一种外部监督。

　A. 监督检查有关单位的会计行为
　B. 监督检查有关单位的会计资料
　C. 对发现的违法会计行为实施行政处罚
　D. 审核有关单位经济业务

【难度系数】★★

【专家解读】 会计工作的政府监督主要是指政府有关部门依据法律、行政法规的规定和部门的职责权限,对有关单位的会计行为、会计资料实施的监督检查,以及对发现的违法会计行为实施行政处罚,是一种外部监督。

80. (　　)部门依照有关法律、行政法规规定的职责和权限,也可以对有关单位的会计资料实施监督检查。

　A. 审计部门　　　　　　　　　　B. 税务部门
　C. 人民银行部门　　　　　　　　D. 保险监管部门

【难度系数】★★★★

【专家解读】 审计、税务、人民银行、证券监管、保险监管等部门依照有关法律、行政法规规定的职责和权限,也可以对有关单位的会计资料实施监督检查。

81. 对单位依法设置会计账簿的检查包括(　　)。

　A. 是否按照规定设置会计账簿
　B. 会计账簿设置情况是否符合法律、行政法规和国家统一的会计制度的要求
　C. 是否存在账外账行为
　D. 检查单位会计资料的真实性、完整性

【难度系数】★★★★★

【专家解读】 对单位依法设置会计账簿的检查包括:应当设置会计账簿的单位是否按照规定设置会计账簿;设置会计账簿的单位,其会计账簿设置情况是否符合法律、行政法规和国家统一的会计制度的要求;是否存在账外账行为;是否存在伪造、编造会计账簿的行为。

82. 单位会计资料的真实性、完整性的检查包括(　　)。

　A. 是否做到账实相符、账证相符、账账相符、账表相符
　B. 财务会计报告是否符合法律、行政法规和国家统一的会计制度规定
　C. 各单位对实际发生的经济业务事项是否及时办理会计手续
　D. 财务会计报告是否与实际发生的经济业务事项相符

【难度系数】★★★

【专家解读】 单位会计资料的真实性、完整性包括:各单位对实际发生的经济业务事项是

否及时办理会计手续,进行会计核算;各单位填制的会计凭证、登记的会计账簿、编制的财务会计报告是否与实际发生的经济业务事项相符;是否做到账实相符、账证相符、账账相符、账表相符;各单位提供的财务会计报告是否符合法律、行政法规和国家统一的会计制度规定等。

83. 会计工作的社会监督,主要是指由(　　)依法对受托单位的经济活动进行审计、鉴证的一种监督制度。

A. 注册会计师　　　　　　　　　B. 注册会计师所在的会计师事务所
C. 总会计师　　　　　　　　　　D. 财务总监

【难度系数】★★★

【专家解读】会计工作的社会监督,主要是指由注册会计师及其所在的会计师事务所依法对受托单位的经济活动进行审计、鉴证的一种监督制度。

84. 内部审计的目的是(　　)。

A. 确定既定的政策和程序是否贯彻　　B. 建立的标准是否遵循
C. 资源的利用是否合理有效　　　　　D. 单位的目标是否达到

【难度系数】★★★

【专家解读】内部审计是在一个组织内部对各种经营活动与控制系统的独立评价,以确定既定的政策和程序是否贯彻,建立的标准是否遵循,资源的利用是否合理有效,以及单位的目标是否达到。

85. 会计师事务所依法承办的审计业务包括(　　)。

A. 审查企业会计报表,出具审计报告
B. 验证企业资本,出具验资报告
C. 办理企业合并、分立、清算事宜中的审计业务,出具有关的报告
D. 法律、行政法规规定的其他审计业务

【难度系数】★★★★

【专家解读】会计师事务所的审计业务包括:审查企业会计报表,出具审计报告;验证企业资本,出具验资报告;办理企业合并、分立、清算事宜中的审计业务,出具有关的报告;法律、行政法规规定的其他审计业务。

86. 会计师事务所承办的会计咨询、会计服务业务包括(　　)。

A. 设计会计制度　　　　　　　　B. 代理纳税申报
C. 代理申请工商登记　　　　　　D. 培训会计、审计和财务管理人员

【难度系数】★★★

【专家解读】设计会计制度,担任会计顾问,提供会计、管理咨询;代理纳税申报,提供税务咨询;代理申请工商登记,拟定合同、章程和其他业务文件;办理投资评估、资产评估和项目可行性研究中的有关业务;培训会计、审计和财务管理人员;其他会计咨询、服务等都在会计师事务所承办的会计咨询、会计服务业务范围内。

87. 审计责任的具体内容包括,要求注册会计师(　　)。

A. 依法独立实施审计程序　　　　B. 获取充分适当的审计凭证

C.依法出具审计报告 D.对出具的审计报告负责

【难度系数】★★★★

【专家解读】要求注册会计师依法独立实施审计程序、获取充分适当的审计凭证,依法出具审计报告,清楚地表达被审计单位会计报表整体的意见,并对出具的审计报告负责等。

88.一个单位是否单独设置会计机构,往往取决于(　　)。

A.单位人员的资格 B.单位规模的大小
C.经济业务和财务收支的繁简 D.经营管理的要求

【难度系数】★★★

【专家解读】一个单位是否单独设置会计机构,往往取决于以下几个因素:一是单位规模的大小;二是经济业务和财务收支的繁简;三是经营管理的要求。

89.各单位会计机构的设置情况有(　　)。

A.单独设置会计机构
B.不单独设置会计机构的,配备会计专业人员并指定会计主管人员
C.单位能胜任的人员做简单记账处理
D.实行代理记账

【难度系数】★★★

【专家解读】各单位会计机构的设置有以下三种情况:单独设置会计机构;不单独设置会计机构的,应当配备会计专业人员并指定会计主管人员;实行代理记账。

90.单位单独设置的会计机构的职责有(　　)。

A.会计核算
B.拟定本单位办理会计事务的具体办法
C.参与拟定经济计划
D.考核、分析预算、财务计划的执行情况

【难度系数】★★★★

【专家解读】单独设置的会计机构是指单位依法设置的独立负责会计事务的内部机构,其主要职责是进行会计核算,实行会计监督,拟定本单位办理会计事务的具体办法,参与拟定经济计划、业务计划,考核、分析预算、财务计划的执行情况,办理其他会计事务等。

91.从有效发挥会计职能作用的角度看,(　　)应当单独设置会计机构。

A.实行企业化管理的事业单位
B.实行独立核算的大、中型企业
C.财务收支数额较大、会计业务员较多的行政单位、社会团体
D.所有单位

【难度系数】★★★★

【专家解读】从有效发挥会计职能作用的角度看,实行企业化管理的事业单位,实行独立核算的大、中型企业(包括集团公司、股份有限公司、有限责任公司等)应当单独设置会计机构;财务收支数额较大、会计业务员较多的行政单位、社会团体和其他组织也应单独设置会计机构。

92.担任单位会计机构负责人应当具备(　　)
A.取得会计从业资格证书　　　　B.取得注册会计师证书
C.具备会计师以上专业技术职务资格　D.从事会计工作5年以上经历
【难度系数】★★★★
【专家解读】担任单位会计机构负责人,除取得会计从业资格证书外,还应当具备会计师以上专业技术职务资格或者从事会计工作3年以上经历。

93.代理记账的业务范围有(　　)。
A.按照国家统一的会计制度的规定进行会计核算
B.对外提供财务会计报告
C.向税务机关提供税务资料
D.委托人委托的其他会计业务
【难度系数】★★★★
【专家解读】《代理记账管理办法》规定,代理记账机构可以接受委托,受托办理委托人的下列业务:根据委托人提供的原始凭证和其他材料,按照国家统一的会计制度的规定进行会计核算;对外提供财务会计报告;向税务机关提供税务资料;委托人委托的其他会计业务。

94.委托代理记账的委托人的义务包括(　　)。
A.对本单位发生的经济业务事项,应当填制原始凭证
B.应当配备专人负责日常货币资金收支和保管
C.及时向代理记账机构提供真实、完整的原始凭证
D.对于代理记账机构退回的原始凭证,应当及时予以更正、补充
【难度系数】★★★
【专家解读】委托代理记账的委托人的义务包括:对本单位发生的经济业务事项,应当填制或者取得符合国家统一的会计制度规定的原始凭证;应当配备专人负责日常货币资金收支和保管;及时向代理记账机构提供真实、完整的原始凭证和其他相关资料;对于代理记账机构退回的要求按照国家统一的会计制度规定进行更正、补充的原始凭证,应当及时予以更正、补充。

95.以下不属于代理记账机构及其从业人员义务的有(　　)。
A.及时向代理记账机构提供真实、完整的原始凭证和其他相关资料
B.对在执行业务中知悉的商业秘密负有保密义务
C.对委托人提出的有关会计处理原则问题应当予以解释
D.对委托人示意其作出不当的会计处理,应当支持
【难度系数】★★★
【专家解读】按照委托合同办理代理记账,遵守会计法律、法规和国家统一的会计制度的规定;对在执行业务中知悉的商业秘密负有保密义务;对委托人示意其作出不当的会计处理,提供不实的会计资料,以及其他不符合法律、行政法规和国家统一的会计制度规定的要求,应当拒绝;对委托人提出的有关会计处理原则问题应当予以解释。其中"及时向代理记账机构提供真实、完整的原始凭证和其他相关资料"是委托代理记账的委托人的义务。

第一章 会计法律制度

96. 下列人员需要取得会计从业资格证书的有（　　）。
A. 资金核算人员　　　　　　　　B. 财务成果核算人员
C. 财务会计报告编制人员　　　　D. 会计档案管理工作人员
【难度系数】★★★★
【专家解读】会计机构负责人（会计主管人员），出纳，稽核，资本、资金核算，收入、支出、债权债务核算，工资、成本费用、财务成果核算，财产物资的收发、增减核算，总账，财务会计报告编制，会计机构内会计档案管理工作人员，必须取得会计从业资格证书。

97. 申请参加会计从业资格考试的人员，必须满足以下条件（　　）。
A. 有会计相关工作经验　　　　　B. 遵守会计和财经法律、法规
C. 必须是中国公民　　　　　　　D. 具备会计专业基本知识和技能
【难度系数】★★★★
【专家解读】申请参加会计从业资格考试的人员，应当符合下列基本条件：遵守会计和财经法律、法规，具备良好的道德品质，具备会计专业基本知识和技能。

98. 下列哪种情况五年内不得重新取得会计从业资格证书（　　）。
A. 私设会计账簿
B. 随意变更会计处理办法
C. 不依法设置会计账簿
D. 任用不符合《会计法》规定的会计人员
【难度系数】★★★
【专家解读】《会计从业资格管理办法》规定，因有《会计法》第42条、第43条、第44条所列违法情形，被依法吊销会计从业资格证书的人员，自被吊销之日起五年内（含五年）不得参加会计从业资格考试，不得重新取得会计从业资格证书。《会计法》第42条、第43条、第44条所列违法情形包括：私设会计账簿，随意变更会计处理办法，不依法设置会计账簿，任用不符合《会计法》规定的会计人员，未按规定填制、取得原始凭证或者填制、取得的原始凭证不符合规定等。

99. 持证人员的（　　）发生变更的，应当持相关有效证明和会计从业资格证书，向所属会计从业资格管理机构办理从业档案信息变更登记。
A. 相关基础信息和注册、变更、调转登记情况
B. 从事会计工作情况
C. 受到表彰奖励情况
D. 学历或学位、会计专业技术职务资格
【难度系数】★★★★
【专家解读】持证人员的下列情况发生变更的，应当持相关有效证明和会计从业资格证书，向所属会计从业资格管理机构办理从业档案信息变更登记：持证人员相关基础信息和注册、变更、调转登记情况，持证人员从事会计工作情况，持证人员受到表彰奖励情况，持证人员因违反会计法律、法规、规章和会计职业道德被处罚情况，持证人员的学历或学位、会计专业技术职务资格等发生变更。

学到很多东西的诀窍，就是一下子不要学很多。——洛克

100. 会计人员继续教育的对象为( )。
A. 从事会计相关工作的人员
B. 取得会计从业资格证书的会计人员
C. 取得会计从业资格但不在会计岗位的其他人员
D. 将来想要从事会计工作的人员
【难度系数】★★★
【专家解读】会计人员继续教育的对象为持有会计从业资格证书人员,具体包括在国家机关、社会团体、企业、事业单位和其他组织从事会计工作并已取得会计从业资格的会计人员和取得会计从业资格但不在会计岗位的其他人员。

101. 会计人员继续教育的特点主要有( )。
A. 针对性   B. 适应性
C. 稳定性   D. 灵活性
【难度系数】★★★
【专家解读】会计人员继续教育的特点有:针对性、适应性、灵活性。针对性,即针对不同对象确定不同的教育内容,采取不同的教育方式,解决实际问题;适应性,即联系实际工作需要,学以致用;灵活性,即继续教育培训内容、方法、形式等方面具有灵活性。

102. 继续教育的目的是( )。
A. 储备知识
B. 将所学的知识运用到工作中
C. 流于形式
D. 把掌握的新技能运用到财务管理中
【难度系数】★★★★
【专家解读】继续教育的目的不是进行漫无边际的知识存储,而是根据专业或本职岗位的需要,使受教育者带着问题来学习,力求在较短的时间内,把所学的新知识、掌握的新技能以及通过学习提高的能力,运用到会计执业和财务管理中去。

103. 继续教育是随同社会和经济的发展及人们竞争的实际需要发展的,必须与( )需要联系,学用一致、学有所成,发挥最大效益。
A. 经济发展   B. 实际工作
C. 自己专业   D. 工作性质
【难度系数】★★
【专家解读】继续教育是随同社会和经济的发展及人们竞争的实际需要发展的,必须与经济发展的需要相适应,联系实际工作需要,学用一致、学有所成,发挥最大效益。

104. 在会计人员继续教育培训内容上应当进行( )。
A. 适应性培训   B. 针对性培训
C. 深入性培训   D. 扩展性培训
【难度系数】★★★
【专家解读】继续教育根据实际需要确定培训的内容,有适应性培训、针对性培训、深入性培训、扩展性培训和系统性培训等。

105. 会计人员继续教育的内容要坚持的原则有( )。
A. 坚持联系实际			B. 讲求实效
C. 学以致用			D. 易简不易繁
【难度系数】★★★
【专家解读】坚持联系实际、讲求实效、学以致用的原则是进行会计人员继续教育的内容所要坚持的三大原则。

106. 会计人员继续教育的内容主要包括( )。
A. 会计基础理论和应用理论
B. 会计法规制度及其他相关法规制度
C. 业务知识和技能训练
D. 会计职业道德规范
【难度系数】★★★★
【专家解读】会计人员继续教育的内容主要包括：会计基础理论和应用理论，会计法规制度及其他相关法规制度，业务知识和技能训练，会计职业道德规范。

107. 会计实务操作能力包括会计人员的( )。
A. 专业操作能力			B. 职业道德水平
C. 操作的创新能力		D. 会计理论知识水平
【难度系数】★★★★
【专家解读】会计实务操作能力包括会计人员的专业操作能力，操作的创新能力等。

108. 会计人员在年度内未完成规定学时的，其继续教育时间可以顺延，在下一年度一并完成规定的继续教育学时的情况有( )。
A. 年度内在境外工作超过六个月	B. 年度内病假超过六个月
C. 生育				D. 工作繁忙
【难度系数】★★★★
【专家解读】会计人员一般应当在当年完成继续教育任务，但《湖北省会计人员继续教育管理暂行办法》规定，有下列情况之一的会计人员，年度内未完成规定学时的，其继续教育时间可以顺延，在下一年度一并完成规定的继续教育学时；年度内在境外工作超过六个月，年度内病假超过六个月，生育，其他特殊情况。

109. 设置会计专业职务，举办会计专业技术资格考试，可以( )。
A. 考核会计人员的专业知识	B. 评价会计人员的业务技能
C. 评价会计人员的技术等级	D. 杜绝做假账现象
【难度系数】★★★★
【专家解读】设置会计专业职务，举办会计专业技术资格考试，可以考核和评价会计人员的专业知识和业务技能，合理评价会计人员的技术等级，促进会计人员加强学习，不断提高职业道德和业务水平。

110. 会计专业职务分为( )。

A. 高级会计师 B. 会计师
C. 助理会计师 D. 会计员

【难度系数】★★★

【专家解读】会计专业职务分为：高级会计师、会计师、助理会计师和会计员。其中高级会计师为高级职务，会计师为中级职务，助理会计师和会计员为初级职务。

111. 会计专业技术资格分为( )。

A. 初级资格 B. 基础资格
C. 中级资格 D. 高级资格

【难度系数】★★★★

【专家解读】会计专业技术资格，是指担任会计专业职务的任职资格。会计专业技术资格分为初级资格、中级资格和高级资格三个级别。

112. 报名参加会计专业技术资格考试的人员，应具备的基本条件包括( )。

A. 具备良好的职业道德品质 B. 无严重违反财经法律的行为
C. 履行岗位职责，热爱本职工作 D. 持有会计从业资格证书

【难度系数】★★★

【专家解读】报名参加会计专业技术资格考试的人员，应具备以下基本条件：坚持原则，具备良好的职业道德品质；认真执行《会计法》和国家统一的会计制度，以及有关财经法律、法规、规章制度，无严重违反财经法律的行为；履行岗位职责，热爱本职工作；具备会计从业资格，持有会计从业资格证书。

113. 报考高级会计资格考试的人员除具备中级会计主管考试的条件外，下列哪些条件也是必须满足的条件之一？( )

A. 取得博士学位、担任会计师职务2~3年
B. 取得博士学位证书
C. 取得硕士学位、第二学士学位
D. 大学本科毕业担任会计师职务5年以上

【难度系数】★★★

【专家解读】报考高级会计资格考试的人员除具备中级会计主管考试的条件外，还必须具备下列条件之一：取得博士学位、担任会计师职务2~3年；取得硕士学位、第二学士学位或研究生班结业或大学本科毕业担任会计师职务5年以上。

114. 会计工作岗位的设置原则有( )。

A. 根据本单位会计业务的需要设置
B. 符合内部牵制制度的要求
C. 对会计人员的工作岗位要有计划地进行轮岗
D. 建立岗位责任制

【难度系数】★★★★

【专家解读】设置会计工作岗位的基本原则：根据本单位会计业务的需要设置会计工作

岗位;符合内部牵制制度的要求;对会计人员的工作岗位要有计划地进行轮岗,以促进会计人员全面熟悉业务和不断提高业务素质;要建立岗位责任制。

115.（　　）必须设置总会计师。
A.民营企业　　　　　　　　B.私营企业
C.全民所有制大型企业　　　D.全民所有制中型企业

【难度系数】★★

【专家解读】 全民所有制大、中型企业必须设置总会计师,对于民营、私营企业均没有这样的要求。

116.下列哪些情况需要办理会计工作交接手续?（　　）
A.会计人员调动工作
B.会计人员临时离职或者因病不能工作
C.会计人员因故离职
D.会计人员因病不能工作

【难度系数】★★★★★

【专家解读】 会计人员调动工作或因故离职,应与接管会计人员办理工作交接手续。会计人员临时离职或者因病离职暂时不能工作且需要接替或代理的,会计机构负责人、会计主管人员或单位负责人必须指定有关人员接替或代理,并办理交接手续。临时离职或者因病不能工作的会计人员恢复工作后,应当与接替或者代理人员办理交接手续。会计人员因病不能工作的需要办理会计工作交接手续。

117.交接的程序有（　　）。
A.交接前的准备工作　　　B.移交点收
C.专人负责监交　　　　　D.移交后的有关事宜处理

【难度系数】★★★★

【专家解读】 交接的程序包括:交接前的准备工作,移交点收,专人负责监交,移交后的有关事宜处理等四个步骤。

118.交接前的准备工作包括（　　）。
A.已经受理的经济业务尚未填制会计凭证的,应当填制完毕
B.尚未登记的账目,应当登记完毕
C.整理应移交的各项资料,对未了事项和遗留问题进行口头交代
D.对遗留问题,应当由被移交人整理并写出书面材料

【难度系数】★★★★

【专家解读】 交接前的准备工作包括:已经受理的经济业务尚未填制会计凭证的,应当填制完毕;尚未登记的账目,应当登记完毕,并在最后一笔余额后加盖经办人员印章;整理应移交的各项资料,对未了事项和遗留问题写出书面材料;编制移交清册,列明应当移交的会计资料和物品等;会计机构负责人、会计主管人员移交时,还必须将全部财务会计工作、重大财务收支和会计人员的情况等,向接替人员详细介绍,对需要移交的遗留问题,应当写出书面材料。

只要还有什么东西不知道,就永远应当学习。——小塞涅卡

119. 一般会计人员在办理交接手续时,由单位的( )负责监交。
A. 会计机构负责人　　　　　　　B. 会计主管人员
C. 单位负责人　　　　　　　　　D. 上级主管部门人员
【难度系数】★★★
【专家解读】一般会计人员在办理交接手续时,由单位的会计机构负责人、会计主管人员负责监交。

120. 会计工作交接完毕后,交接双方和监交人要在移交清册上签名盖章,并在移交清册上注明( )等。
A. 单位名称
B. 交接双方和监交人的职务、姓名
C. 交接日期
D. 移交清册页数和需要说明的问题和意见
【难度系数】★★★
【专家解读】会计工作交接完毕后,交接双方和监交人要在移交清册上签名盖章,并在移交清册上注明:单位名称,交接日期,交接双方和监交人的职务、姓名,移交清册页数和需要说明的问题和意见等。

121.《会计法》第六章明确规定了违反《会计法》关于会计核算、会计监督、会计机构、会计人员的有关规定应承担的法律责任的种类,包括( )和追究刑事责任。
A. 行政处分　　　　　　　　　　B. 责令限期改正
C. 罚款　　　　　　　　　　　　D. 吊销会计从业资格证书
【难度系数】★★★★
【专家解读】《会计法》第六章明确规定了违反《会计法》关于会计核算、会计监督、会计机构、会计人员的有关规定应承担的法律责任的种类,包括:行政处分、责令限期改正、罚款、吊销会计从业资格证书和追究刑事责任。

122. 在会计法规定的法律责任中,主要是指( )。
A. 民事责任　　　　　　　　　　B. 行政责任
C. 刑事责任　　　　　　　　　　D. 一般法律责任
【难度系数】★★★
【专家解读】法律责任分为民事责任、行政责任和刑事责任三大类别。在会计法规定的法律责任中,主要是行政责任和刑事责任。

123.《会计法》规定的行政责任的形式有两种,即( )。
A. 行政拘留　　　　　　　　　　B. 行政处罚
C. 行政处分　　　　　　　　　　D. 行政警告
【难度系数】★★★★
【专家解读】《会计法》规定的行政责任的形式有两种,即行政处罚和行政处分。其中警告属于行政处罚的一种形式。

第一章 会计法律制度

124. 下列属于行政处罚的形式有（　　）。
A. 警告　　　　　　　　　　B. 记过
C. 责令限期整改　　　　　　D. 撤职
【难度系数】★★★★
【专家解读】县级以上人民政府财政部门可以实施的行政处罚主要有警告、责令限期整改、罚款和吊销会计从业资格证书等形式。记过和撤职均为行政处分的形式。

125. 承担刑事责任将受到（　　）的刑罚。
A. 管制　　　　　　　　　　B. 拘役
C. 主刑　　　　　　　　　　D. 附加刑
【难度系数】★★★
【专家解读】承担刑事责任将受到主刑和附加刑的刑罚。管制和拘役均属于主刑中的方式。

126. 主刑可以分为（　　）。
A. 管制　　　　　　　　　　B. 拘役
C. 罚款　　　　　　　　　　D. 有期徒刑
【难度系数】★★★★★
【专家解读】主刑分为管制、拘役、有期徒刑、无期徒刑和死刑，对犯罪的外国人，也可以独立或者附加适用驱逐出境。

127. 附加刑分为（　　）。
A. 罚款　　　　　　　　　　B. 罚金
C. 剥夺政治权利　　　　　　D. 管制
【难度系数】★★★
【专家解读】附加刑分为罚金、剥夺政治权利、没收财产，对犯罪的外国人，也可以独立或者附加适用驱除出境。

128. 会计处理方法的变更会影响会计资料的（　　），各单位采用的会计处理方法，前后各期应当相同，不得随意变更。
A. 内容　　　　　　　　　　B. 合法性
C. 可比性　　　　　　　　　D. 质量
【难度系数】★★★
【专家解读】会计处理方法的变更会影响会计资料的质量和可比性，各单位采用的会计处理方法，前后各期应当相同，不得随意变更。

129. 财务会计报告应当根据登记完整、核对无误的会计账簿记录和其他有关会计资料编制，使用的（　　）应当一致。
A. 报告页数　　　　　　　　B. 计量方法
C. 确认原则　　　　　　　　D. 统计标准
【难度系数】★★★★
【专家解读】财务会计报告应当根据登记完整、核对无误的会计账簿记录和其他有关会计资料编制,使用的计量方法、确认原则、统计标准应当一致,做到数字真实、计算准确、内容完整、说明清楚。

130.不依法设置会计账簿的违法行为主要包括( )。

A.不依法设置会计账簿

B.私设会计账簿

C.向不同的会计资料使用者提供的财务会计报告编制不一致

D.随意变更会计处理方法

【难度系数】★★★

【专家解读】不依法设置会计账簿的违法行为主要包括:不依法设置会计账簿;私设会计账簿;未按照规定填制、取得原始凭证或者填制、取得的原始凭证不符合规定;以未经审核的会计凭证为依据登记会计账簿或者登记会计账簿不符合规定;随意变更会计处理方法,向不同的会计资料使用者提供的财务会计报告编制不一致;未按照规定使用会计记录文字或者记账本位币;未按照规定保管会计资料,致使会计资料毁损、灭失的行为;未按照规定建立并实施单位内部会计监督制度,或者拒绝依法实施的监督,或者不如实提供有关会计资料及有关情况等。

131.《会计法》规定,单位负责人对依法履行职责、抵制违反本法规定行为的会计人员以降职、撤职、调离工作岗位、解聘或者开除等方式实行打击报复的( )。

A.构成犯罪的,依法追究刑事责任

B.尚不构成犯罪的,由其所在单位或者有关单位依法给予行政处分

C.依法追究刑事责任

D.由其所在单位或者有关单位依法给予行政处分

【难度系数】★★★

【专家解读】《会计法》规定,单位负责人对依法履行职责、抵制违反本法规定行为的会计人员以降职、撤职、调离工作岗位、解聘或者开除等方式实行打击报复的,构成犯罪的,依法追究刑事责任;尚不构成犯罪的,由其所在单位或者有关单位依法给予行政处分。在回答本题时要注意条件上的限制。

132.对于受打击报复的会计人员,应当恢复其原有( )。

A.名誉 B.职务

C.级别 D.职责义务

【难度系数】★★★★

【专家解读】对于受打击报复的会计人员,应当恢复其名誉和原有职务、级别。

133.《刑法》规定,公司、企业、事业单位、机关、团体的领导人,对依法履行职责、抵制违反会计法违法行为的会计人员实行打击报复,情节恶劣的,处( )。

A.管制 B.罚款

C.3年以下有期徒刑 D.拘役

【难度系数】★★★★★

【专家解读】《刑法》规定,公司、企业、事业单位、机关、团体的领导人,对依法履行职责、

抵制违反会计法违法行为的会计人员实行打击报复,情节恶劣的,处3年以下有期徒刑或拘役。

134. 对于未按照国家规定的期限、方式和要求保管会计资料,致使会计资料毁损、灭失的,应当追究(　　)责任。
　　A. 有关个人法律责任　　　　　　B. 会计资料整理者
　　C. 有关单位法律责任　　　　　　D. 会计资料编写者
【难度系数】★★
【专家解读】对于未按照国家规定的期限、方式和要求保管会计资料,致使会计资料毁损、灭失的,属于违法行为,应当追究有关单位和个人的法律责任。

135. 隐匿或者故意销毁依法应当保存的(　　),构成犯罪的,依法追究刑事责任。
　　A. 会计人员基本信息　　　　　　B. 会计凭证
　　C. 会计账簿　　　　　　　　　　D. 财务会计报告
【难度系数】★★★
【专家解读】隐匿或者故意销毁依法应当保存的会计凭证、会计账簿、财务会计报告,构成犯罪的,依法追究刑事责任,以规范会计相关资料的保存及使用。

136. 为了保证原始凭证记录的真实性,原始凭证不能涂改、挖补,如果发现原始凭证有错误,应当由(　　)。
　　A. 出具单位重开　　　　　　　　B. 出具单位更正
　　C. 出具单位更正,并盖章　　　　D. 受理单位重开
【难度系数】★★★★
【专家解读】为了保证原始凭证记录的真实性,原始凭证不能涂改、挖补,如果发现原始凭证有错误,应当由出具单位重开或者更正,更正处应加盖出具单位的印章。

137. 对于会计档案管理岗位,下列说法正确的有(　　)。
　　A. 移交前,属于会计岗位　　　　B. 移交后,属于会计岗位
　　C. 属于会计岗位　　　　　　　　D. 移交后,不属于会计岗位
【难度系数】★★★★
【专家解读】对于会计档案管理岗位,在会计档案正式移交之前,属于会计岗位;正式移交档案管理部门之后,不再属于会计岗位。

138. 下列有关内部牵制制度的说法正确的有(　　)。
　　A. 内部牵制制度也称钱账分管制度
　　B. 是内部控制制度的重要组成部分
　　C. 稽核、内部档案保管工作应由出纳人员经管
　　D. 对出纳岗位实行牵制制度
【难度系数】★★★★★
【专家解读】内部牵制制度,也称钱账分管制度,是内部控制制度的重要组成部分。如果稽核、内部档案保管工作由出纳人员经管,难以防范其利用抽换单据、涂改记录等手段进行舞弊的行为,所以对出纳岗位的牵制非常重要。

读书不要贪多,而是要多加思索,这样的读书使我获益不少。——卢梭

139. 下列( )属于违法行为。
A. 统一本位币 B. 按规定使用会计记录文字
C. 未按照规定使用会计记录文字 D. 集中本位币
【难度系数】★★★★
【专家解读】未按照规定使用会计记录文字和集中本位币属于违法行为。

140. 下列( )属于会计师事务所的业务范围内。
A. 会计行业调研 B. 会计咨询
C. 会计电算化系统搭建 D. 会计服务
【难度系数】★★★★
【专家解读】会计师事务所的业务范围一般包括承办会计咨询、会计服务业务等。一般不包括会计行业调研、会计电算化系统搭建等。

141. 下列( )属于会计工作社会监督的范畴。
A. 单位检举违反《会计法》的行为
B. 个人检举违反国家统一的会计制度规定的行为
C. 会计咨询
D. 会计服务
【难度系数】★★★★★
【专家解读】单位和个人检举违反《会计法》和国家统一的会计制度规定的行为,也属于会计工作社会监督的范畴。会计咨询和会计服务属于会计事务所的基本业务范围,不属于社会监督的范畴。

142. 会计工作的对象包括( )。
A. 单位会计工作进展 B. 单位的财产物资
C. 单位业绩 D. 单位财产物资的货币表现
【难度系数】★★★★
【专家解读】单位的财产物资及其货币表现,是会计工作的对象。

143. 下列有关会计基础知识说法错误的是( )。
A. 人为地划分为若干相等的时段 B. 人为地任意划分
C. 统一编制财务会计报告 D. 分段编制财务会计报告
【难度系数】★★
【专家解读】会计上通常是将连续不断的经营过程人为地划分为若干相等的时段,分段进行结算,分段编制财务会计报告,分段反映单位的财务状况和经营成果。

144. 现行《会计法》要求,对外提供的财务会计报告最基本的要求包括( )。
A. 真实 B. 合法
C. 完整 D. 准确
【难度系数】★★★
【专家解读】经过修订后的《会计法》要求对外提供的财务会计报告反映的会计信息应当真实、完整。但以前要求为合法、真实、完整、准确。

【参考答案】

1. ABC	2. BCD	3. ABCD	4. ABCD	5. AD	6. ABCD
7. BC	8. AB	9. ABC	10. ABCD	11. ACD	12. ABCD
13. ABC	14. AC	15. AD	16. BCD	17. AD	18. BCD
19. ABD	20. ABC	21. AB	22. AB	23. ABCD	24. ABCD
25. BC	26. ABC	27. ABCD	28. BCD	29. ABCD	30. AD
31. BC	32. ABCD	33. AB	34. ABC	35. AD	36. ABCD
37. ABCD	38. AD	39. BC	40. ABCD	41. AC	42. ABCD
43. ABCD	44. ABC	45. ABCD	46. AD	47. ABCD	48. AB
49. CD	50. ABCD	51. BD	52. ABC	53. ABC	54. ABCD
55. BCD	56. CD	57. BD	58. ABCD	59. ABCD	60. AB
61. AD	62. ABC	63. ABCD	64. AB	65. ABCD	66. ABC
67. ABCD	68. ABD	69. BCD	70. AD	71. ACD	72. CD
73. AB	74. ABD	75. ABCD	76. AC	77. CD	78. CD
79. ABC	80. ABCD	81. ABC	82. ABCD	83. AB	84. ABCD
85. ABCD	86. ABCD	87. ABCD	88. BCD	89. ABD	90. ABCD
91. ABC	92. AC	93. ABCD	94. ABCD	95. AD	96. ABCD
97. BD	98. ABCD	99. ABCD	100. BC	101. ABD	102. BD
103. AB	104. ABCD	105. ABC	106. ABCD	107. AC	108. ABC
109. ABC	110. ABCD	111. ACD	112. ABCD	113. ACD	114. ABCD
115. CD	116. ABCD	117. ABCD	118. AB	119. AB	120. ABCD
121. ABCD	122. BC	123. BC	124. AC	125. CD	126. ABD
127. BC	128. CD	129. ABCD	130. ABCD	131. AB	132. ABC
133. CD	134. AC	135. BCD	136. AC	137. AD	138. ABD
139. CD	140. BD	141. AB	142. BD	143. BC	144. AC

三、判断题

1.会计法律制度是国家权力机关制定的各种会计规范性文件的总称。（ ）

【难度系数】★★★

2.会计法律是指导会计工作的最高准则,是会计机构、会计工作的根本大法,但会计人员的根本大法是《会计法》。（ ）

【难度系数】★★★★

3.《会计法》于1985年颁布,目前实施的是1999年修订后重新颁布的《会计法》。（ ）

【难度系数】★★

4.会计行为以会计机构和会计人员为对象,以会计核算和会计监督为手段,以资金运动为主体。（ ）

【难度系数】★★★

青年人首先要树雄心,立大志;其次要度衡量力,决心为国家、人民做一个有用的人才;为此就要选择一个奋斗的目标来努力学习和实践。——吴玉章

5. 由于会计行为涉及面相对较小,所以对国家、单位和个人之间的经济利益和社会经济秩序的影响不大。（   ）
【难度系数】★★★

6. 规范会计行为是《会计法》的首要立法宗旨。（   ）
【难度系数】★★★

7. 随着我国经济体制改革的不断深化和市场经济的发展,账外设账、会计造假等问题十分突出。（   ）
【难度系数】★★★

8. 在社会主义市场经济条件下,会计行为和市场经济秩序有着密切联系。（   ）
【难度系数】★★★★

9. 会计行为是否规范,会计质量是否有保证,都直接影响政府管理部门、利益相关者和社会公众的利益,进而影响整个市场经济秩序。（   ）
【难度系数】★★★

10. 会计行政法规是会计法律的补充和具体化。（   ）
【难度系数】★★★★

11. 1990年12月31日,国务院发布的《总会计师条例》,是对《会计法》中有关规定的细化和补充。（   ）
【难度系数】★★★

12. 会计人员的任用、晋升、调动、奖惩,应当事先征求总会计师的意见。（   ）
【难度系数】★★★★

13. 担任总会计师,必须取得会计师任职资格后,主管一个单位或者单位内一个重要方面的财会工作时间不少于两年。（   ）
【难度系数】★★★★

14. 设置总会计师的单位,还应当配备与总会计师职责相同的行政副职。（   ）
【难度系数】★★★

15. 总会计师的免职或者解聘程序与任命或者聘任程序有所不同。（   ）
【难度系数】★★★★

16. 《企业财务会计报告条例》自2000年6月21日起施行。（   ）
【难度系数】★★★★

17. 《企业财务会计报告条例》是对《会计法》中有关财务会计报告的规定的细化。（   ）
【难度系数】★★★★

18. 《企业财务会计报告条例》对违法违规行为应承担的法律责任作了明确规定。（   ）
【难度系数】★★★

19. 财政部第33号部长令签发的《企业会计准则——基本准则》现在已经无效。（   ）
【难度系数】★★★★

20.《企业会计准则——应用指南》属于制度层面的规定。(   )
【难度系数】★★★★

21.2000年12月29日财政部颁布了适用于不同行业相同经济成分的《企业会计制度》。(   )
【难度系数】★★★★

22.2001年11月27日财政部颁布了《金融企业会计制度》。(   )
【难度系数】★★★

23.《金融企业会计制度》适用于中华人民共和国依法成立的各类金融企业。(   )
【难度系数】★★★

24.《中小企业标准暂行规定》是由原国家经济贸易委员会、原国家发展计划委员会、财政部、国家统计局2003年制定的。(   )
【难度系数】★★★★

25.会计工作是一项经济管理活动。(   )
【难度系数】★★★

26.为了规范会计工作,保证会计工作在经济管理中发挥作用,财政等政府部门应在宏观上对会计工作进行必要的指导、监督和管理。(   )
【难度系数】★★★★

27.国务院财政部门主管全国的会计工作。(   )
【难度系数】★★

28.财政部对全国的会计工作进行统一指导,对地方的管理工作则无权干涉。(   )
【难度系数】★★

29.地方人民政府财政部门在财政部的统一指导下管理本行政区域内的会计管理工作。(   )
【难度系数】★★★★

30.财政部在制定会计准则制度及相关标准规范的过程中,有关部门和地方无权参与。(   )
【难度系数】★★★★

31.会计准则制度及相关标准规范发布后,在财政部的统一规划和指导下,有关部门和地方应当积极配合做好组织实施工作。(   )
【难度系数】★★

32.注册会计师执行业务,必须加入会计师事务所。(   )
【难度系数】★★

33.设立会计师事务所,由国家级财政部门审批,批准后,报财政部备案。(   )
【难度系数】★★★

34.除会计师事务所以外的代理记账机构,在获准进入会计市场后,一旦不符合时,原审批机关可以撤回行政许可,吊销其执业资格,强制其退出会计市场。(   )
【难度系数】★★★

35.我国目前高端会计人才匮乏,相应需要形成适用于不同专业水准和能力框架下的会计人才的评价机制,以科学评价各类会计人才,不断提高会计人员整体专业素质。(　　)

【难度系数】★★★★★

36.取得会计专业技术资格的会计人员,并不一定表明其已具备担任相应级别会计专业技术职务的任职资格,而还需要相关评审单位对其人品等方面的评审,通过后才具备任职资格。(　　)

【难度系数】★★★

37.会计领军人才培养是适应我国当前经济发展的一种新的会计人才评价方式。(　　)

【难度系数】★★★

38.财政部负责组织全国范围内的会计领军人才培养工作,地方财政部门和中央各单位负责组织本地区、本部门、本系统内的会计领军人才培养工作。(　　)

【难度系数】★★★★

39.对先进会计工作者的表彰奖励不属于会计人才评价的范畴。(　　)

【难度系数】★★★

40.《会计法》作出了对认真执行《会计法》,忠于职守,坚持原则,作出显著成绩的会计人员,给予精神的或者物质的奖励的规定。(　　)

【难度系数】★★★★★

41.对获得全国先进会计工作者荣誉称号的人员,由该员工所在的单位颁发荣誉证书。(　　)

【难度系数】★★

42.我国会计人员一旦取得任职资格后,便不需继续参加教育学习。(　　)

【难度系数】★★★

43.地方财政部门和中央各单位负责本地区、本部门、本系统内的会计人员继续教育的组织管理工作。(　　)

【难度系数】★★★★

44.县级以上财政部门组织实施本行政区域内的会计信息质量检查,并依法对本行政区域内单位或人员的违法会计行为实施经济处罚。(　　)

【难度系数】★★★★

45.根据《注册会计师法》,财政部组织实施全国会计师事务所的执业质量检查,并对违反《注册会计师法》的行为实施行政处罚。(　　)

【难度系数】★★★★

46.省、自治区、直辖市人民政府财政部门组织实施本行政区域内的会计师事务所的执业质量检查,并依法对本行政区域内会计师事务所或注册会计师违反《注册会计师法》的行为实施行政处罚。(　　)

【难度系数】★★★

47.财政部门对会计市场进行监管,还应依法加强对会计行业自律组织的监督、指

第一章 会计法律制度

导。（　　）

【难度系数】★★★

48.我国会计行业协会主要指中国注册会计师协会。（　　）

【难度系数】★★★

49.财政部和省、自治区、直辖市人民政府财政部门,依据《注册会计师法》对注册会计师协会进行监督指导。（　　）

【难度系数】★★★

50.中国注册会计师协会是注册会计师行业的全球组织。（　　）

【难度系数】★★

51.中国会计学会自愿结成非营利性社会组织。（　　）

【难度系数】★★★

52.各省、自治区、直辖市和计划单列市会计学会和全国性专业学会可申请成为中国会计学会的会员。（　　）

【难度系数】★★★

53.会计人员从事具体会计工作,由所在单位负责组织管理。（　　）

【难度系数】★★★★

54.单位负责人是指法定代表人或者法律、行政法规规定代表单位行使职权的主要负责人。（　　）

【难度系数】★★★★

55.本单位会计行为的责任主体是单位总会计师。（　　）

【难度系数】★★★

56.建立健全有效的内部控制制度、内部约束机制,明确会计工作相关人员的职责权限、工作规程和纪律要求是单位负责人的责任。（　　）

【难度系数】★★★

57.会计人员的选拔任用由单位所在地财政部门负责。（　　）

【难度系数】★★★★

58.财政部只对从事会计工作人员的相关资格条件进行统一规定。（　　）

【难度系数】★★★★

59.会计核算是会计工作的基本职责之一。（　　）

【难度系数】★★

60.整个会计工作的核心和重点是会计核算。（　　）

【难度系数】★★★

61.填制会计凭证,登记会计账簿,编制财务会计报告等都必须以实际发生的经济业务事项为依据。（　　）

【难度系数】★★★★

62.任何单位不得以虚假的经济业务事项或者资料进行会计核算。（　　）

【难度系数】★★★

学习并不等于就是摹仿某些东西,而是掌握技巧和方法。——高尔基

63. 所有实际发生的经济业务事项都需要进行会计记录和会计核算。（   ）
【难度系数】★★★★★

64. 签订合同或协议的经济业务事项，在签订同时进行会计核算。（   ）
【难度系数】★★★★★

65. 以实际发生的经济业务事项为依据进行会计核算，是会计核算的重要前提，但与会计资料质量没有直接关系。（   ）
【难度系数】★★★★

66. 没有经济业务事项，会计核算就失去了对象。（   ）
【难度系数】★★★

67. 以不真实甚至虚假的经济业务事项为核算对象，会计核算就成了没有规范、没有约束、没有科学可言的"魔术"手法，会侵害利益相关者的利益，扰乱社会经济秩序。（   ）
【难度系数】★★★

68. 会计资料的真实性和完整性，是会计资料的终极质量要求，是会计工作的生命，各单位必须保证所提供的会计资料真实和完整。（   ）
【难度系数】★★★

69. 伪造、编造会计资料是导致会计资料不真实和不完整的重要原因之一。（   ）
【难度系数】★★★

70. 所谓伪造会计凭证是指以虚假的经济业务事项为前提编造不真实的会计凭证。（   ）
【难度系数】★★★

71. 无中生有和篡改事实是虚假凭证中常见的类型。（   ）
【难度系数】★★★

72. 使用电子计算机进行会计核算的，其软件及其生成的会计凭证、会计账簿、财务会计报告和其他会计资料，需要尽量符合国家统一的会计制度的规定，不得偏离太多。（   ）
【难度系数】★★★

73. 会计凭证是登记账簿的依据。（   ）
【难度系数】★★★

74. 在会计核算中，凡能够证明某项经济业务已经发生或完成的书面单据都可以作为原始凭证。（   ）
【难度系数】★★★

75. 会计机构、会计人员对记载不准确、不完整的原始凭证予以更改，以符合国家统一的会计制度的规定。（   ）
【难度系数】★★★

76. 记账凭证应当根据原始凭证及有关资料编制。（   ）
【难度系数】★★★

77. 一张原始凭证所列支出需要几个单位共同负担的，应当将其他单位负担的部分，开给对方原始凭证分割单，进行核算。（   ）

不怨天，不尤人，下学而上达。——《论语》

第一章　会计法律制度

【难度系数】★★★★
78.会计账簿是会计资料的主要载体之一,也是会计资料的重要组成部分。(　　)

【难度系数】★★★★
79.登记会计账簿必须以审核无误的会计凭证为依据。(　　)

【难度系数】★★★
80.登记会计账簿时,要用蓝黑色墨水或者碳素墨水书写,不得使用圆珠笔(包括银行的复写账簿)或铅笔书写。(　　)

【难度系数】★★★
81.会计账簿要按连续编号的页码顺序登记,不得跳行、隔页。(　　)

【难度系数】★★★★
82.账证相符,是会计账簿记录与实物、款项实有数核对相符。(　　)

【难度系数】★★★
83.账表相符是会计账簿之间相对应记录核对相符。(　　)

【难度系数】★★★
84.实行会计电算化的单位,其会计账簿的登记、更正,也应当符合国家统一的会计制度的规定。(　　)

【难度系数】★★★★
85.各单位发生的各项经营业务事项应当在依法设置的会计账簿上统一登记、核算,不得私设账外账。(　　)

【难度系数】★★★★
86.编制财务报告,是对单位会计核算工作的全面总结,也是及时提供真实、完整会计资料的重要环节。(　　)

【难度系数】★★★
87.会计报表是财务会计报告的主要组成部分。(　　)

【难度系数】★★
88.资产负债表、利润表、现金流量表和所有者权益变动表从同一个角度反映企业的财务状况、经营成果和现金流量。(　　)

【难度系数】★★★
89.年度会计报表包括月度会计报表、季度会计报表和半年度会计报表等。(　　)

【难度系数】★★★★★
90.会计报表按编制内容的不同,可分为个别会计报表和合并会计报表。(　　)

【难度系数】★★★
91.合并会计报表是企业在自身会计核算的基础上对账簿记录进行加工编制的用以反映企业自身的财务状况、经营成果和现金流量情况的会计报表。(　　)

【难度系数】★★★★
92.合并会计报表是以企业自身为会计主体,根据母公司和所属子公司的财务报表,由母公司编制的综合反映企业集团财务状况、经营成果和现金流量情况的会计报表。(　　)

【难度系数】★★★★★
93.会计报表附注是财务会计报表的重要组成部分。（　　）

【难度系数】★★★★★
94.会计报表附注需要指出这一会计期间内很可能导致资产、负债账面价值重大调整的会计估计的确定依据即可，下一会计期间可以不用考虑。（　　）

【难度系数】★★★★
95.财务会计报告应当根据经过审核的会计账簿的记录和有关资料编制。（　　）

【难度系数】★★★
96.对外提供的财务会计报告，应当由单位负责人和主管会计工作的负责人、会计机构负责人（会计主管人员）签名并盖章。设置总会计师的单位，还应由总会计师签名并盖章。（　　）

【难度系数】★★★★★
97.在单位提供财务会计报告时，我们需要"见什么人，说什么话"。（　　）

【难度系数】★★★★
98.企业在年终之日起一年内报送纳税申报表，并同时附送财务会计报告。（　　）

【难度系数】★★★★
99.企业应当于年度终了编报财务会计报告，当年度财务报告涵盖期间低于一年的应按一年正常编报。（　　）

【难度系数】★★★
100.应当按照法律、行政法规和国家统一的会计制度有关财务会计报告提供期限的规定，及时对外提供财务会计报告。（　　）

【难度系数】★★★★
101.对外提供的财务会计报告，应当依次编定加码，加具封面，装订成册，加盖公章。（　　）

【难度系数】★★★★
102.应当依照企业章程的规定，向投资者提供财务会计报告。（　　）

【难度系数】★★
103.接受企业财务会计报告的组织或者个人，在企业财务会计报告未正式对外披露前，应在事前进行简要介绍。（　　）

【难度系数】★★★
104.错误较多的财务会计报告，编制单位应当重新编制。（　　）

【难度系数】★★★
105.各单位每年形成的会计档案，应由单位会计部门按照归档要求负责整理立卷或装订。（　　）

【难度系数】★★★★
106.当年形成的会计档案在会计年度终了后，可暂由本单位会计部门保管。（　　）

【难度系数】★★★★

在学习上做到眼勤、手勤、脑勤，就可以成为有学问的人。——吴晗

107. 会计档案的保管期限都为定期。（　　）
【难度系数】★★★★

108. 永久期是指会计档案最长保存期限为永久保存,其间可以任意销毁。（　　）
【难度系数】★★★

109. 会计档案的定期保管期限分为1年、5年、10年、15年和20年五类。（　　）
【难度系数】★★

110. 会计档案原则上不得借出,遇有特殊需要,经本单位负责人批准可进行借出。（　　）
【难度系数】★★★★

111. 会计档案在保管期需要销毁的,由财政部档案管理部门会同会计机构提出销毁意见。（　　）
【难度系数】★★★★

112. 销毁会计档案时,应当由同级审计部门派员监销。（　　）
【难度系数】★★★★★

113. 监销人在销毁会计档案前应当按照会计档案销毁清册所列内容,清点核对所要销毁的会计档案。（　　）
【难度系数】★★★★

114. 销毁后,监销人员应当在会计档案销毁清册上签名盖章,并及时将监销情况报告本单位负责人。（　　）
【难度系数】★★★★

115. 对于保管期满的原始凭证都一律销毁。（　　）
【难度系数】★★★★

116. 单独抽出立卷的会计档案,应当在会计档案销毁清册和会计档案保管清册中列明。（　　）
【难度系数】★★★★

117. 正在项目建设期间的建设单位的会计档案,只要保管期满就可以销毁。（　　）
【难度系数】★★★★

118. 会计年度自公历1月1日起至12月31日止。（　　）
【难度系数】★★★★

119. 反映单位财务状况、核算经营成果的时间界限,我们用会计年度表示,它是以年度为单位进行会计核算的时间区间。（　　）
【难度系数】★★★★★

120. 每个会计年度还可以按照公历日期划分为半年度、季度、月度,以满足单位经营管理和投资者对会计资料的需要。（　　）
【难度系数】★★★

121. 伪造、编造会计凭证、会计账簿,编制虚假财务会计报告,构成犯罪的,依法追究刑事责任。（　　）

【难度系数】★★★★
122.业务收支以人民币以外的货币为主的单位,在编制的财务会计报告中仍可使用该本位币。（   ）

【难度系数】★★★
123.会计核算职能以人民币为记账本位币。（   ）

【难度系数】★★★
124.记账本位币一经确定,不得随意变动。（   ）

【难度系数】★★★★
125.在不同的会计期间采用不同的会计处理方法,对会计资料的一致性和可比性没有影响。（   ）

【难度系数】★★★★
126.会计监督就是会计的基本职能之一,是我国经济监督体系的重要组成部分。（   ）

【难度系数】★★★★
127.政府会计监督和社会会计监督属于外部监督。（   ）

【难度系数】★★★
128.单位内部会计监督是社会经济发展到一定阶段的产物,是随着单位对内强化管理、对外满足社会需要而不断丰富和发展起来的。（   ）

【难度系数】★★
129.单位负责人负责单位内部会计监督制度的组织实施,对本单位内部会计监督制度的建立及有效实施承担最终责任。（   ）

【难度系数】★★★
130.各单位在单位内部会计监督中,对重大对外投资、资产处置、资金调度和其他重要经济业务事项的决策和执行的相互监督、相互制约程序应当明确。（   ）

【难度系数】★★
131.在对重大经济业务事项的决策和执行程序中要考虑决策和执行程序的明确化,做到制度化、规范化,尽量将权限进行集中,防止政出多门、各行其是。（   ）

【难度系数】★★★★
132.对会计资料定期进行内部审计的办法和程序应当明确,这是内部审计控制的基本要求。（   ）

【难度系数】★★★
133.在我国,已有不少部门、企业、单位设置了内部审计机构或审计人员,主要从事内部财务审计,对会计工作实行控制和再监督。（   ）

【难度系数】★★★★★
134.对违反《会计法》和国家统一的会计制度规定的会计事项,会计机构、会计人员有权选择不行使或不认真行使这一职权。（   ）

【难度系数】★★★★

第一章 会计法律制度

135.会计资料是会计工作的初级产品,对其实施有效的控制和监督,是会计机构和会计人员的基本职责。(　　)
【难度系数】★★★

136.保证单位的账实相符、账款相符、账账相符、账表相符,是会计机构和会计人员的基本工作职责和要求。(　　)
【难度系数】★★

137.为了保证单位查账的完整性,有关部门应当实施重复查账,尽可能避免漏查等状况的出现。(　　)
【难度系数】★★★★

138.各单位采用的会计年度、记账本位币、会计处理方法、会计记录文字等是否符合法律、行政法规和国家统一的会计制度规定,属于单位会计资料真实性、完整性检查的内容。(　　)
【难度系数】★★

139.填制或者取得原始凭证、编制记账凭证、登记会计账簿应当符合法律、行政法规和国家统一的会计制度规定。(　　)
【难度系数】★★★★

140.各单位从事会计工作的人员应当取得会计从业资格证书并接受管理。(　　)
【难度系数】★★★★

141.国务院财政部门和省、自治区、直辖市人民政府财政部门,依法对注册会计师、会计师事务所和注册会计师协会进行监督、指导,对会计师事务所出具审计报告的程序和内容进行监督检查。(　　)
【难度系数】★★★

142.社会监督是以其特有的中介性和公正性而得到法律的认可,具有很强的权威性、公正性。(　　)
【难度系数】★★★★

143.内部审计是在一个组织内部对各种经营活动与控制系统的独立评价。(　　)
【难度系数】★★★★

144.注册会计师审计和内部审计都是现代审计体系的重要组成部分,都关注内部控制的健全性和有效性。(　　)
【难度系数】★★★★★

145.注册会计师审计与内部审计各自独立,互不侵犯各自成果。(　　)
【难度系数】★★★★

146.注册会计师审计在审计时要保持实质的独立性,只具有相对独立性。(　　)
【难度系数】★★★

147.注册会计师审计灵活性较大,由各单位根据经营管理的需要而自行组织实施。(　　)
【难度系数】★★★

148. 内部审计受托对财务会计报告进行审计,对财务会计报告发表审计意见,对外出具的审计报告具有鉴证作用。( )
【难度系数】★★★★

149. 授意、指使、强令会计机构、会计人员及其他人员伪造、编造会计凭证、会计账簿,编制虚假财务会计报告或者隐匿、故意销毁依法应当保存的会计凭证、会计账簿、财务会计报告属于违法行为。( )
【难度系数】★★★★

150. 内部审计的结果只对本部门、本单位负责,只作为本部门、本单位改进经营管理的参考,对外保密。( )
【难度系数】★★★★

151. 注册会计师承担会计工作的社会监督主要是通过承办会计业务来实现的。( )
【难度系数】★★★★★

152. 注册会计师接受委托对财务会计报告进行审计,既对委托人负责,也对财务会计报告使用者负责,更要对国家法律负责。( )
【难度系数】★★★★

153. 被审计单位接受注册会计师审计,应当区分会计责任和审计责任。( )
【难度系数】★★

154. 注册会计师独立执行审计业务,对会计资料的真实性和完整性承担会计责任。( )
【难度系数】★★★★

155. 会计责任是注册会计师对建立健全和有效执行本单位的内部控制制度,保护本单位提交的会计资料的真实性、合法性和完整性,保护本单位资产的安全与完整等负有的责任。( )
【难度系数】★★★

156. 审计责任是指注册会计师对委托人和被审计单位应尽的义务。( )
【难度系数】★★★★

157. 审计责任和会计责任是相互融合的,可以相互替代。( )
【难度系数】★★★

158. 建立健全会计机构,配备一定的素质和数量与工作要求相适应、具有从业资格的会计人员,是各单位做好会计工作,充分发挥会计职能的重要保证。( )
【难度系数】★★★

159. 各单位应当根据会计业务的需要,设置会计机构,或者在有关机构中设置会计人员并指定会计主管人员。( )
【难度系数】★★★★

160. 不具备设置会计机构条件的,应当委托批准设立从事会计代理记账业务的中介机构代理记账。( )
【难度系数】★★★★

第一章 会计法律制度

161. 一些财务收支数额不大、会计业务比较简单的企事业单位、机关、团体和工商户等,可以不必单独设置会计机构,而是将会计工作岗位置于其他有关机构或部门之中。( )
【难度系数】★★★★★

162. 不具备单独设置会计机构条件的,可以直接委托代理机构进行代理记账即可,不需要在机构中配备专职会计人员。( )
【难度系数】★★★

163. 会计机构负责人是指在一个单位内具体负责会计工作的高层领导人员。( )
【难度系数】★★★★

164. 设置会计机构的,应当配备会计机构负责人,在有关机构中配备专职会计人员的,应当在专职会计人员中指定会计主管人员。( )
【难度系数】★★★★

165. 代理记账公司、具有代理记账资格的社会咨询服务机构、会计师事务所等都属于代理记账机构。( )
【难度系数】★★★★

166. 2005年1月22日财政部新颁布了《代理记账管理办法》,对从事代理记账的条件、代理记账的程序、委托双方的责任和义务等作了具体规定,并即时施行。( )
【难度系数】★★★★

167. 我国对代理记账实行审批制,由省级以上人民政府的财政部门负责审批。( )
【难度系数】★★★★

168. 代理记账机构为委托人编制的财务会计报告,在对外提供之前,需要代理记账机构负责人和委托人签名并盖章。( )
【难度系数】★★★

169. 代理记账机构及其从业人员对委托人示意其作出不当的会计处理,提供不实的会计资料,以及其他不符合法律、行政法规和国家统一的会计制度规定的要求,应当拒绝。( )
【难度系数】★★★

170. 委托人对代理记账机构在委托合同约定范围内的行为承担责任。( )
【难度系数】★★★

171. 代理记账机构对其专职从业人员的业务承担责任,但因为兼职从业人员流动性太大,所以兼职人员的业务责任应当自己承担,与机构无关。( )
【难度系数】★★★

172. 代理记账机构及其从事代理记账业务的人员在办理业务中违反会计法律、会计行政法规和国家统一的会计制度规定的,由市级以上人民政府财政部门依据《会计法》及其相关法规的规定处理。( )
【难度系数】★★★

173. 代理记账机构违反《代理记账管理办法》和国家有关规定造成委托人会计核算混乱、损害国家和委托人利益,由代理记账机构承担相应的法律责任。( )

【难度系数】★★★

174.委托人故意向代理记账机构隐瞒真实情况或者委托人会同代理记账机构共同提供不真实会计资料的,由委托人承担相应的法律责任。(　　)

【难度系数】★★★★

175.由于未经批准从事代理记账业务的,由县级以上人民政府财政部门责令其改正,并给予代理记账机构公告。(　　)

【难度系数】★★★

176.县级以上人民政府财政部门及其工作人员在实施行政管理过程中,滥用职权、玩忽职守、徇私舞弊的,依法给予行政处分,构成犯罪的,依法追究刑事责任。(　　)

【难度系数】★★★

177.委托代理记账机构办理会计业务并不改变单位负责人对会计资料真实性和完整性承担的责任。(　　)

【难度系数】★★★

178.会计从业资格证书是具备会计从业资格的证明文件,在全世界范围内有效。(　　)

【难度系数】★★★

179.未取得会计从业资格证书的人员,不得从事会计工作。(　　)

【难度系数】★★

180.香港特别行政区、澳门特别行政区、台湾地区人员及外籍人员在中国内地从事会计工作,只需在当地从事过相关记账工作,有相关工作经验即可。(　　)

【难度系数】★★

181.会计从业资格管理实行属地原则。(　　)

【难度系数】★★★★

182.县级以上(含县级)地方人民政府财政部门负责本行政区域内的会计从业资格管理。(　　)

【难度系数】★★★★

183.财政部委托中共中央直属机关事务管理局、国务院机关事务管理局负责铁道部、中国人民解放军后勤部、中国人民武装警察部队后勤部等重要部门的会计从业资格管理。(　　)

【难度系数】★★★★

184.会计从业资格的取得实行考试制度。(　　)

【难度系数】★★★

185.会计从业资格的考试大纲由各地根据需要自行准备和拟定。(　　)

【难度系数】★★★

186.会计从业资格实行全国统一考试制度。(　　)

【难度系数】★★★

187.会计从业资格管理机构作出准予颁发会计从业资格证书的决定,应当自作出决定

第一章 会计法律制度

之日起一个月内向申请人颁发会计从业资格证书。（　　）

【难度系数】★★

188.未按照规定保管会计资料，致使会计资料毁损、灭失的行为违反了《会计法》。（　　）

【难度系数】★★★

189.隐匿或者故意销毁依法应当保存的会计凭证、会计账簿、财务会计报告的人员终身不得申请会计从业资格证书。（　　）

【难度系数】★★★

190.因有提供虚假财务会计报告，做假账，隐匿或者故意销毁会计凭证、会计账簿、财务会计报告，贪污、挪用公款，职务侵占等与会计职务有关的违法行为，被依法追究刑事责任的人员，五年内不得重新取得会计从业资格证书。（　　）

【难度系数】★★★

191.会计从业资格证书既是持有人能够从事会计工作的合法依据，也是国家管理会计工作的重要手段。（　　）

【难度系数】★★★★

192.持证人员在统一会计从业资格管理机构调转工作单位，且继续从事会计工作的，应当自离开原工作单位之日起两个月内，填写调转登记表。（　　）

【难度系数】★★

193.会计从业资格证书实行日常登记和定期登记制度。（　　）

【难度系数】★★★

194.持证人员在本省内调转工作单位或跨省调转工作单位，均按照《会计从业资格管理办法》第24条规定的日期和程序，办理日常登记，无工作单位的原则上不办理调转，学生毕业回原籍凭毕业证调转。（　　）

【难度系数】★★★

195.会计从业资格证书实行定期登记制度，每年为一个周期免费登记一次，检查和督促持证人员是否按要求完成继续教育学时和内容，了解持证人员奖惩情况、在岗情况等。（　　）

【难度系数】★★★★★

196.持证人员不参加定期登记的予以公告，连续在两个周期内不参加登记的视为自动离岗，并予以公告。（　　）

【难度系数】★★

197.会计人员继续教育，是指准备从事会计相关工作的人员接受一定形式的、有组织的理论知识、专业技能和职业道德的教育和培训活动，保持和不断提高其专业胜任能力和职业道德水平。（　　）

【难度系数】★★

198.2006年11月20日，财政部颁布了《会计人员继续教育规定》，全面实行持有会计从业资格证书人员继续教育制度，为会计人员继续教育提供了法律保障。（　　）

【难度系数】★★

199.继续教育的灵活性是指针对不同的对象,确定不同的教育内容,采取不同的教育方式。(   )

【难度系数】★★★

200.继续教育在培训内容、培训方法、培训形式等方面,因人、因事、因地而异,具有很强的适应性。(   )

【难度系数】★★★★

201.培训方式可以采用讲授、撰写论文、远程教学、参加考试等。(   )

【难度系数】★★

202.继续教育培训方法上,可采取培训班、进修、自学等多渠道形式。(   )

【难度系数】★★★★

203.会计人员继续教育的形式包括接受培训和自学两种,以接受培训为主。(   )

【难度系数】★★★★

204.年度内完成一项市级以上财政部门会计管理机构或会计学术组织认可的会计专业课题研究或在省部级及以上刊物上发表三篇会计类学术论文的,可以不必完成该周期的继续教育学时。(   )

【难度系数】★★

205.正在大中专院校和职业学校接受国际承认的会计、财务管理、注册会计师、审计、统计等专业学历教育的,可以等同一个周期的继续教育学时。(   )

【难度系数】★★★★

206.通过本年度审计、统计、经济专业技术资格、注册资产评估师、注册税务师考试,或通过会计专业技术资格、注册会计师考试中任何一类的,都可视同完成一个周期的继续教育学时。(   )

【难度系数】★★★★

207.有特殊情况的会计人员不能当年完成继续教育任务的,应由个人提出书面申请,有关单位出具有效证明,报属地财政部门会计管理机构确认。(   )

【难度系数】★★★★

208.会计人员业务技能的技术等级划分中,助理会计师为中级职务,会计员为初级职务。(   )

【难度系数】★★★★★

209.会计专业职务,由各单位根据会计工作的需要,在规定的限额和批准的编制内设置。(   )

【难度系数】★★★

210.国家对不同级别会计专业职务的任职条件及其基本职责都有明确规定。(   )

【难度系数】★★★★

211.现阶段,我国对初级、中级、高级会计资格实行全国统一考试制度。(   )

【难度系数】★★★

第一章 会计法律制度

212. 我国中级会计资格考试成绩和初级会计资格考试均实行一年内一次通过全部科目考试的方法。（　　）
【难度系数】★★★★

213. 高级会计师资格考试科目是高级会计实务，由各省分别组织考试。（　　）
【难度系数】★★★

214. 除满足会计资格考试基本条件外，取得硕士学位，从事会计工作满一年，即有资格报考中级会计资格考试。（　　）
【难度系数】★★★★

215. 会计工作年限是由取得相应学历前、后从事会计工作的持续时间中最长的那个为准。（　　）
【难度系数】★★★

216. 通过会计专业技术资格考试合格者，由省级人力资源社会保障部门颁发由人力资源社会保障部、财政部统一印制的会计专业技术资格证书。该证书在全国范围内有效。（　　）
【难度系数】★★★★

217. 对于伪造学历、会计从业资格证书和资历证明，或者在考试期间有违纪行为的，由省级人力资源社会保障部门吊销其会计专业技术资格，由发证机关收回其会计专业技术资格证书，五年内不得再参加会计专业技术资格考试。（　　）
【难度系数】★★★

218. 业务活动规模大、经济业务量大和管理严格的单位，其会计人员相应较多，会计机构内部的岗位职责分工也应该更细。（　　）
【难度系数】★★★

219. 如果稽核、内部档案保管工作由出纳人员经管，难以防范利用抽换单据、涂改记录等手段进行舞弊的行为，所以对出纳岗位的牵制非常重要。（　　）
【难度系数】★★

220. 档案管理部门的人员管理会计档案，不属于会计岗位。（　　）
【难度系数】★★★★

221. 单位内部审计、社会审计、政府审计工作属于会计岗位。（　　）
【难度系数】★★★★★

222. 药品库房记账员岗位不需要取得会计从业资格证书，其职业不属于会计岗位。（　　）
【难度系数】★★★

223. 会计人员工作更替，指会计人员工作调动、离职或因病暂时不能工作，与接管人员办理交接手续的一种工作程序。（　　）
【难度系数】★★★

224. 办理会计交接，是有关单位和办理交接双方的法定义务，会计人员未与接管人员办清工作交接手续的，如因特殊情况可以调动或离职。（　　）

【难度系数】★★★★

225.临时离职或者因病不能工作的会计人员恢复工作后,应当与接替或者代理人员办理交接手续。( )

【难度系数】★★★★

226.移交人员离职前,必须将经管的会计工作在规定的期限内全部向接替人员移交清楚。接替人员应认真按照移交清册逐项点收。( )

【难度系数】★★

227.会计交接中,库存现金、有价证券要根据会计账簿记录余额进行当面点交,或者事后点交。( )

【难度系数】★★★

228.接管人员发现不一致或者白条顶库现象时,应在规定期限内负责查清处理。( )

【难度系数】★★

229.会计人员交接时,银行存款账款余额要与银行对账单核对一致,如有不一致,应编制银行存款余额调节表并调节相符。( )

【难度系数】★★★★

230.会计人员在办理会计工作交接手续时,要有专人负责监交,以起监督、公正作用。( )

【难度系数】★★★

231.交接后,接管人员不应继续使用移交前的账簿,应另立账簿,以保证会计记录前后衔接,内容完整。( )

【难度系数】★★★

232.移交人对自己经办的已经移交的会计凭证、会计账簿、会计报表和其他会计资料的真实性、完整性承担法律责任。( )

【难度系数】★★★★

233.法律责任,是指违反法律规定的行为应当承担的法律后果。( )

【难度系数】★★★★

234.刑事责任是指犯罪行为应当承担的法律责任,即对犯罪分子依照刑事法律的规定追究的法律责任。( )

【难度系数】★★★

235.行政处罚是行政机关对国家工作人员故意或者过失侵犯行政相对人的合法权益所实施的法律制裁。( )

【难度系数】★★★

236."账外账"是指不在依法设置的会计账簿上对经济业务事项进行统一登记核算,而另外私设会计账簿进行登记核算的行为,它有助于公司进行账簿管理。( )

【难度系数】★★★★

237.办理经济业务事项,必须取得或者填制原始凭证,并及时送交会计机构,以保证会

第一章 会计法律制度

计核算工作得以顺利进行。（ ）

【难度系数】★★★★

238. 会计处理方法确实有必要进行变更的，应当按照国家统一的会计制度的规定变更，并将变更的原因、情况及影响在财务会计报告中说明。（ ）

【难度系数】★★★★

239. 向不同的会计资料使用者提供的财务会计报告编制的依据不一致，是可以理解的，有助于不同报告对象理解报告的内容。（ ）

【难度系数】★★★

240. 在民族自治区地方，会计记录可以在使用中文的同时使用当地通用的一种民族文字。（ ）

【难度系数】★★★★

241. 对会计工作的外部监督，必须依照有关法律、行政法规的规定，接受有关监督检查部门依法实施的监督检查，如实提供会计凭证、会计账簿、财务会计报告和其他会计资料以及有关情况，不得拒绝、隐匿、谎报。（ ）

【难度系数】★★★★★

242. 不依法设置会计账簿的违法行为，对其直接负责的主管人员和其他直接负责人员，可以处 2 000 元以上 2 万元以下的罚金。（ ）

【难度系数】★★★★★

243. 会计人员不依法设置会计账簿，情节严重的，由县级以上人民政府财政部门吊销会计职称证书。构成犯罪的，依法追究刑事责任。（ ）

【难度系数】★★★★

【参考答案】

1. ×	2. ×	3. √	4. ×	5. ×	6. √	7. √	8. √	9. ×	10. √
11. √	12. √	13. ×	14. ×	15. ×	16. ×	17. √	18. √	19. ×	20. ×
21. ×	22. √	23. ×	24. √	25. √	26. √	27. √	28. √	29. √	30. ×
31. √	32. ×	33. √	34. √	35. √	36. √	37. √	38. √	39. √	40. √
41. ×	42. √	43. √	44. √	45. √	46. √	47. √	48. √	49. √	50. ×
51. √	52. ×	53. √	54. √	55. ×	56. √	57. ×	58. √	59. √	60. √
61. √	62. √	63. ×	64. √	65. ×	66. √	67. √	68. √	69. √	70. √
71. √	72. √	73. √	74. √	75. √	76. √	77. √	78. √	79. √	80. ×
81. √	82. √	83. √	84. √	85. √	86. √	87. √	88. √	89. ×	90. ×
91. ×	92. √	93. √	94. ×	95. √	96. √	97. ×	98. √	99. ×	100. √
101. √	102. √	103. ×	104. √	105. √	106. ×	107. √	108. √	109. ×	110. ×
111. ×	112. ×	113. √	114. √	115. ×	116. √	117. √	118. √	119. √	120. √
121. √	122. √	123. ×	124. √	125. √	126. √	127. √	128. √	129. √	130. √
131. ×	132. √	133. √	134. √	135. √	136. √	137. √	138. √	139. √	140. √
141. √	142. √	143. √	144. √	145. √	146. ×	147. ×	148. ×	149. √	150. √

我的努力求学没有得到别的好处，只不过是愈来愈发觉自己的无知。——笛卡儿

151. ×	152. √	153. √	154. ×	155. ×	156. √	157. ×	158. √	159. √	160. √
161. √	162. ×	163. ×	164. √	165. √	166. ×	167. √	168. √	169. √	170. √
171. ×	172. √	173. √	174. √	175. √	176. √	177. √	178. √	179. √	180. √
181. √	182. √	183. √	184. √	185. √	186. √	187. √	188. √	189. √	190. √
191. √	192. √	193. √	194. √	195. √	196. √	197. √	198. √	199. √	200. √
201. ×	202. ×	203. √	204. ×	205. √	206. √	207. √	208. √	209. √	210. √
211. ×	212. √	213. √	214. √	215. √	216. √	217. √	218. √	219. √	220. √
221. ×	222. √	223. √	224. √	225. √	226. √	227. √	228. √	229. √	230. √
231. ×	232. √	233. √	234. √	235. √	236. √	237. √	238. √	239. √	240. √
241. √	242. √	243. ×							

【专家解读】

1.会计法律制度是指国家权力机关和行政机关制定的各种会计规范性文件的总称,它是调整各种会计关系的法律规范,是从事会计工作、办理会计事务必须遵循的行为准则。

2.会计法律是会计法律制度体系的最高层次,是制定其他会计法规的依据,也是指导会计工作的最高准则,是会计机构、会计工作、会计人员的根本大法。

4.会计行为以会计机构和会计人员为主体,以会计核算和会计监督为手段,以资金运动为对象。

5.由于会计行为涉及面非常广泛,对国家、单位和个人之间的经济利益和社会经济秩序有着重大影响,因此,规范会计行为也就成为会计法的首要立法宗旨。

9.会计行为是否规范,会计质量是否有保证,都直接或者间接地影响政府管理部门、利益相关者和社会公众的利益,进而影响整个市场经济秩序。

13.担任总会计师,必须取得会计师任职资格后,主管一个单位或者单位内一个重要方面的财会工作时间不少于三年。

14.凡是设置总会计师的单位,不应当再设置与总会计师职责重叠的行政副职。

15.总会计师的免职或者解聘程序与任命或者聘任程序相同。

16.《企业财务会计报告条例》于2000年6月21日颁布,自2001年1月1日起施行,是对《会计法》中有关财务会计报告的规定的细化。

19.目前有效的会计部门规章有财政部第26号部长令签发的《会计从业资格管理办法》、财政部第33号部长令签发的《企业会计准则——基本准则》等。

20.《企业会计准则——应用指南》是对会计实务中一些要点、重点和难点进行的规范,会计准则应用指南属于操作层面的规定。

21.2000年12月29日财政部颁布了统一的、适用于不同行业和不同经济成分的《企业会计制度》。

23.《金融企业会计制度》适用于中华人民共和国境内依法成立的各类金融企业。是境内依法成立的,境外成立的企业不适用于此法。

28.财政部对全国的会计工作进行统一指导,对地方的管理工作予以指导、监督。

30.财政部在制定会计准则制度及相关标准规范的过程中,有关部门和地方可以参与其

第一章 会计法律制度

中；会计准则制度及相关标准规范发布后，在财政部的统一规划和指导下，有关部门和地方应当积极配合做好组织实施工作。

35.设立会计师事务所，由省级财政部门审批，批准后，报财政部备案。

36.凡取得会计专业技术资格的会计人员，表明其已具备担任相应级别会计专业技术职务的任职资格；用人单位可根据工作需要和德才兼备的原则，从获得会计专业技术资格的会计人员中择优聘任。

39.对先进会计工作者的表彰奖励属于会计人才评价的范畴。

41.对获得全国先进会计工作者荣誉称号的人员，由财政部颁发荣誉证书。

42.为不断提高会计人员的专业胜任能力，促进会计人员整体素质的提高，我国规定会计人员应当参加继续教育。

44.县级以上财政部门组织实施本行政区域内的会计信息质量检查，并依法对本行政区域内单位或人员的违法会计行为实施行政处罚。

48.我国会计行业协会主要指中国注册会计师协会以及各省级注册会计师协会。

50.中国注册会计师协会是注册会计师行业的全国组织。

55.单位负责人负责单位内部的会计工作管理，是本单位会计行为的责任主体。

57.会计人员的选拔任用由所在单位具体负责。

63.并非所有实际发生的经济业务事项都需要进行会计记录和会计核算。

64.签订合同或协议的经济业务事项，在签订时，往往无须进行会计核算。

65.以实际发生的经济业务事项为依据进行会计核算，是会计核算的重要前提，是填制会计凭证、登记会计账簿、编制财务会计报告的基础，是保证会计资料质量的关键。

72.使用电子计算机进行会计核算的，其软件及其生成的会计凭证、会计账簿、财务会计报告和其他会计资料，也必须符合国家统一的会计制度的规定。

75.会计机构、会计人员对记载不准确、不完整的原始凭证予以退回，并要求经办人员按照国家统一的会计制度的规定进行更改、补充。

76.原述表达不清楚，不够明确。准确表达应该是，记账凭证应当根据经过审核的原始凭证及有关资料编制。

80.登记会计账簿时，要用蓝黑色墨水或者碳素墨水书写，不得使用圆珠笔（银行的复写账簿除外）或铅笔书写。

82.账实相符，是会计账簿记录与实物、款项实有数核对相符。账证相符，是会计账簿记录与会计凭证有关内容核对相符。

83.账账相符是会计账簿之间相对应记录核对相符。账表相符是会计账簿记录与会计报表有关内容核对相符。

88.资产负债表、利润表、现金流量表和所有者权益变动表分别从不同的角度反映企业的财务状况、经营成果和现金流量。

89.中期会计报表是以短于一个完整会计年度的报告期间为基础的会计报表，包括月度会计报表、季度会计报表和半年度会计报表等。

90.会计报表按编制主体的不同，可分为个别会计报表和合并会计报表。

我们不需要死读硬记，我们需要用基本的知识来发展和增进每个学习者的思考力。——列宁

91. 个别会计报表是企业在自身会计核算的基础上对账簿记录进行加工编制的用以反映企业自身的财务状况、经营成果和现金流量情况的会计报表。

92. 合并会计报表是以母公司和子公司组成的企业集团为会计主体,根据母公司和所属子公司的财务报表,由母公司编制的综合反映企业集团财务状况、经营成果和现金流量情况的会计报表。

94. 下一会计期间内很可能导致资产、负债账面价值重大调整的会计估计的确定依据也需要在会计报表附注中进行披露。

97. 企业应依照《企业财务会计报告条例》规定向有关各方提供财务会计报告,其编制基础、编制依据、编制原则和方法应当一致,不能因为所处行业或地位的不同而改变财务会计报告原则或方法。以不同的依据编制的财务会计报告,实际上都是虚假的财务会计报告,是一种严重违法行为,必须依法制止和严惩。

98. 企业在年终之日起5个月内报送纳税申报表,并同时附送财务会计报告。

99. 企业应当于年度终了编报财务会计报告。年度财务报告涵盖的期间短于一年的,应当披露年度财务报告的涵盖期间,以及短于一年的原因。

103. 接受企业财务会计报告的组织或者个人,在企业财务会计报告未正式对外披露前,应当对其内容保密。

106. 当年形成的会计档案在会计年度终了后,可暂由本单位会计部门保管一年。保管期满之后,原则上应由会计部门编制清册,移交本单位的档案部门保管,未设立档案部门的,应在会计部门内部指定专人保管。

107. 会计档案的保管期限分为永久、定期两类。

108. 永久期是指会计档案须永久保存,不可销毁;定期是指会计档案保存应达到法定的时间。

109. 会计档案的定期保管期限分为3年、5年、10年、15年和25年五类。

110. 会计档案原则上不得借出,遇有特殊需要,经本单位负责人批准,在不拆散原卷册的前提下,可以提供查阅或者复印,但必须办理登记手续、登记查阅人或复印人姓名、单位、查阅或复印档案的卷数和内容等,以便备查。

111. 会计档案在保管期需要销毁的,由本单位档案管理部门会同会计机构提出销毁意见。

112. 销毁会计档案时,应当由单位档案机构和会计机构共同派员监销;财政部门销毁会计档案时,则应当由同级审计部门派员监销。

115. 对于保管期满但未结清的债权债务原始凭证和涉及其他未了事项的原始凭证,不得销毁,而应当单独抽出立卷,保管到未了事项完结时为止。

117. 正在项目建设期间的建设单位的会计档案,无论其是否保管期满,都不得销毁,必须妥善保管,等到项目办理竣工结算后按规定的交接手续交给项目的接收单位进行妥善保管。

122. 业务收支以人民币以外的货币为主的单位,可以选定一种货币为记账本位币,但是编制的财务会计报告应当折算为人民币,以便财务会计报告使用者的阅读和使用,也便于税

第一章 会计法律制度

务、工商等部门通过财务会计报告计算应缴税款和进行工商年检。

123. 会计核算原则上应当以人民币为记账本位币,以人民币以外的货币为主的单位,可以选定人民币以外的货币为记账本位币。

125. 采用不同的处理方法,或者在不同的会计期间采用不同的会计处理方法,都会影响会计资料的一致性和可比性,进而影响会计资料的使用。

131. 在对重大经济业务事项的决策和执行程序中,既要考虑决策和执行程序的明确化,做到制度化、规范化,又要体现决策人员与执行人员之间能够相互监督、相互制约;既要防止权限过于集中,也要防止政出多门,各行其是。

134. 对违反《会计法》和国家统一的会计制度规定的会计事项,如果会计机构、会计人员不行使或不认真行使这一职权,其他人员阻挠会计机构、会计人员行使这一职权,都是违法或违规行为。

135. 会计资料是会计工作的最终产品,对其实施有效的控制和监督,是会计机构和会计人员的基本职责。

137. 有关部门应当避免重复查账,应当尽可能地利用已有的检查结论,以免加重被监督检查单位的负担,影响监督检查部门的工作效率和形象。

138. 各单位采用的会计年度、记账本位币、会计处理方法、会计记录文字等是否符合法律、行政法规和国家统一的会计制度规定,属于单位会计核算情况检查的内容。

145. 注册会计师审计中为了提高审计效率可以利用内部审计的成果。

146. 注册会计师审计在形式和实质上都要与被审计单位保持独立性,具有完全的独立性;而内部审计在形式上要受本部门、本单位直接领导,但在审计时要保持实质的独立性,只具有相对独立性。

147. 注册会计师审计是接受委托进行审计,必须按照《注册会计师法》、执业准则、规则实施审计;而内部审计灵活性较大,由各单位根据经营管理的需要而自行组织实施。

148. 注册会计师受托对财务会计报告进行审计,对财务会计报告发表审计意见,对外出具的审计报告具有鉴证作用。内部审计主要是审计内部控制制度的执行情况。

151. 注册会计师承担会计工作的社会监督主要是通过承办审计业务来实现的。

154. 注册会计师独立执行审计业务,对审计报告承担审计责任,被审计单位对会计资料的真实性和完整性承担会计责任。

155. 会计责任是被审计单位对建立健全和有效执行本单位的内部控制制度,保护本单位提交的会计资料的真实性、合法性和完整性,保护本单位资产的安全与完整等负有的责任。

157. 审计责任和会计责任不能相互替代、减轻和免除。

162. 不具备单独设置会计机构条件的,应当在有关机构中配备专职会计人员,并指定会计主管人员。

163. 会计机构负责人是指在一个单位内具体负责会计工作的中层领导人员。

166. 2005年1月22日财政部新颁布了《代理记账管理办法》,对从事代理记账的条件、代理记账的程序、委托双方的责任和义务等作了具体规定,并自2005年3月1日起施行。

举一反三者,博学,举已得三者,多学。——书摘

167. 我国对代理记账实行审批制,由县级以上人民政府的财政部门负责审批。

171. 代理记账机构对其专职从业人员和兼职从业人员的业务承担责任。

172. 代理记账机构及其从事代理记账业务人员在办理业务中违反会计法律、会计行政法规和国家统一的会计制度规定的,由县级以上人民政府财政部门依据《会计法》及其相关法规的规定处理。

174. 委托人故意向代理记账机构隐瞒真实情况或者委托人会同代理记账机构共同提供不真实会计资料的,由代理记账机构承担相应法律责任。

178. 会计从业资格证书是具备会计从业资格的证明文件,在全国范围内有效。

180. 香港特别行政区、澳门特别行政区、台湾地区人员及外籍人员在中国内地从事会计工作,必须取得会计从业资格,持有会计从业资格证书。

183. 财政部委托中共中央直属机关事务管理局、国务院机关事务管理局按照各自权限分别负责中央在京单位的会计从业资格管理。

185. 会计从业资格的考试大纲由财政部统一制定并公布。

186. 会计从业资格不实行全国统一考试制度。

187. 会计从业资格管理机构作出准予颁发会计从业资格证书的决定,应当自作出决定之日起10日内向申请人颁发会计从业资格证书。

189. 隐匿或者故意销毁依法应当保存的会计凭证、会计账簿、财务会计报告的人员五年内不得重新取得会计从业资格证书。

190. 因有提供虚假财务会计报告,做假账,隐匿或者故意销毁会计凭证、会计账簿、财务会计报告,贪污、挪用公款,职务侵占等与会计职务有关的违法行为,被依法追究刑事责任的人员,不得参加会计从业资格考试,不得取得或者重新取得会计从业资格证书。

192. 持证人员在统一会计从业资格管理机构调转工作单位,且继续从事会计工作的,应当自离开原工作单位之日起90日内,填写调转登记表,持会计从业资格证书及调入单位开具的从事会计工作的证明,办理调转登记。

195. 会计从业资格证书实行定期登记制度,每两年为一个周期免费登记一次,检查和督促持证人员是否按要求完成继续教育学时和内容,了解持证人员奖惩情况、在岗情况等。

197. 会计人员继续教育,是指取得会计从业资格的人员持续接受一定形式的、有组织的理论知识、专业技能和职业道德的教育和培训活动,保持并不断提高其专业胜任能力和职业道德水平。

199. 继续教育的针对性是指针对不同的对象,确定不同的教育内容,采取不同的教育方式。

200. 继续教育在培训内容、培训方法、培训形式等方面,因人、因事、因地而异,具有很强的灵活性。

201. 培训方法可以采用讲授、撰写论文、远程教学、参加考试等。

202. 继续教育培训方式,可采取培训班、进修、自学等多渠道形式。

204. 年度内完成一项市级以上财政部门会计管理机构或会计学术组织认可的会计专业课题研究或在省部级及以上刊物上发表一篇会计类学术论文的可以不必完成该周期的继续

第一章 会计法律制度

教育学时。

206.通过本年度审计、统计、经济专业技术资格、注册资产评估师、注册税务师考试,或通过会计专业技术资格、注册会计师考试中任何一个科目的都等可视同完成一个周期的继续教育学时。

208.会计专业职务划分中,助理会计师和会计员均为初级职务,会计师为中级职务。

211.我国对初级、中级会计资格实行全国统一考试制度。

212.我国中级会计资格考试成绩均采用两年一个周期,单科成绩滚动计算的方法,初级会计资格考试未实行单科成绩滚动计算的方法,而实行一年内一次通过全部科目考试的方法。

213.高级会计师资格考试科目是高级会计实务,由全国统一组织考试。

215.会计工作年限是指取得相应学历前、后从事会计工作时间的总和。

217.对于伪造学历、会计从业资格证书和资历证明,或者在考试期间有违纪行为的,由会计专业技术资格考试管理机构吊销其会计专业技术资格,由发证机关收回其会计专业技术资格证书,两年内不得再参加会计专业技术资格考试。

221.单位内部审计、社会审计、政府审计工作不属于会计岗位。

223.会计人员工作交接,指会计人员工作调动、离职或因病暂时不能工作,与接管人员办理交接手续的一种工作程序。

224.办理会计交接,是有关单位和办理交接双方的法定义务,会计人员未与接管人员办清工作交接手续的,不得调动或离职。

227.会计交接中,库存现金、有价证券要根据会计账簿记录余额进行当面点交,不得短缺。

228.接管人员发现不一致或者白条顶库现象时,移交人员在规定期限内负责查清处理。

231.交接后,接管人员应继续使用移交前的账簿,不得擅自另立账簿,以保证会计记录前后衔接,内容完整。

235.行政处分是行政机关对国家工作人员故意或者过失侵犯行政相对人的合法权益所实施的法律制裁。行政处罚是指行政机关对违反行政管理法律法规的行政管理相对人所实施的一种行政制裁措施。

236."账外账"或"两本账",也是私设会计账簿的行为,是指不在依法设置的会计账簿上对经济业务事项进行统一登记核算,而另外私设会计账簿进行登记核算的行为,属于违法行为。

239.向不同的会计资料使用者提供的财务会计报告编制的依据不一致的,属于违法行为。

243.会计人员不依法设置会计账簿,情节严重的,由县级以上人民政府财政部门吊销会计从业资格证书。构成犯罪的,依法追究刑事责任。

第二章　支付结算法律制度

一、单项选择题

1. 支付结算作为社会经济、金融活动的重要组成部分,其主要功能是实现(　　)从当事人一方向另一方的转移。

   A. 支票　　　　　　　　　　B. 汇票
   C. 资金　　　　　　　　　　D. 本票

   【难度系数】★★★

   【专家解读】支付结算作为社会经济、金融活动的重要组成部分,其主要功能是实现资金从当事人一方向另一方的转移。支票、汇票、本票都是支付的一种工具而已。

2. 支付结算的(　　)是实现资金从当事人一方向当事人另一方的转移。

   A. 方式　　　　　　　　　　B. 内容
   C. 目的　　　　　　　　　　D. 对象

   【难度系数】★★★★

   【专家解读】支付结算的目的是实现资金从当事人一方向当事人另一方的转移。支付结算的方式就是使用票据、信用卡、汇兑、托收承付、委托收款等结算方式进行给付及其资金清算。

3. 《支付结算办法》规定,(　　)是支付结算和资金清算的中介机构。

   A. 企业单位　　　　　　　　B. 事业单位
   C. 银行　　　　　　　　　　D. 中国人民银行

   【难度系数】★★★★

   【专家解读】《支付结算办法》规定,银行是支付结算和资金清算的中介机构。需要注意的是《支付结算办法》所指的是中国人民银行及其批准的金融机构并非仅仅指中国人民银行。

4. 未经(　　)批准的非银行金融机构和其他单位不得作为中介机构经营支付结算业务。

   A. 中国建设银行　　　　　　B. 中国农业银行
   C. 中国邮政储蓄　　　　　　D. 中国人民银行

   【难度系数】★★★

   【专家解读】未经中国人民银行批准的非银行金融机构和其他单位不得作为中介机构经营支付结算业务。

5. (　　)是指法律规定必须按照一定形式进行,否则,即为无效的行为。

   A. 要式行为　　　　　　　　B. 要使行为

第二章 支付结算法律制度

C. 形式行为   D. 固定行为

【难度系数】★★★★

【专家解读】要式行为是指法律规定必须按照一定形式进行,否则,即为无效的行为。它是支付结算的一种特征。

6. 银行在支付结算活动中,必须履行(　　)义务。

A. 审核   B. 审查

C. 自查   D. 检查

【难度系数】★★★★

【专家解读】银行在支付结算活动中,必须履行审查义务。本题主要区别会计专用语审查义务的表述。

7. 当事人对自己在银行的存款享有(　　);银行依法为单位、个人在银行开立的存款账户中的存款保密,维护其资金的该种权利。

A. 所有权   B. 使用权

C. 支配权   D. 占有权

【难度系数】★★★

【专家解读】当事人对自己在银行的存款享有支配权;银行依法为单位、个人在银行开立的存款账户中的存款保密,维护其资金的自主支配权。

8. (　　)负责制定统一的支付结算制度,组织、协调、管理、监督全国的支付结算工作,调解、处理银行之间的支付结算纠纷。

A. 中国人民银行分行   B. 中国人民银行总行

C. 充当中介机构的银行   D. 中国人民银行支行

【难度系数】★★★

【专家解读】中国人民银行总行负责制定统一的支付结算制度,组织、协调、管理、监督全国的支付结算工作,调解、处理银行之间的支付结算纠纷。中国人民银行各分行根据统一的支付结算制定实施细则,报总行备案。

9. 签发转账银行汇票,下列说法不正确的是(　　)。

A. 需要填写代理付款人名称

B. 申请人或收款人为单位的,银行不得为其签发现金银行汇票

C. 中国人民银行代理兑付银行汇票的商业银行向设有分支机构地区签发转账银行汇票应填写代理付款人名称

D. 遵守合法合规原则

【难度系数】★★

【专家解读】签发转账银行汇票,不得填写代理付款人名称,但由中国人民银行代理兑付银行汇票的商业银行,向设有分支机构地区签发转账银行汇票的除外,申请人或收款人为单位的,银行不得为其签发现金银行汇票。

10. 银行汇票丧失,失票人可以凭(　　)出具的其享有票据权利的证明,向出票银行请求付款或退款。

A. 中国人民银行　　　　　　　　B. 国家财政部
C. 人民法院　　　　　　　　　　D. 人民检察院

【难度系数】★★

【专家解读】银行汇票丧失,失票人可以凭人民法院出具的其享有票据权利的证明,向出票银行请求付款或退款。办理银行应由中国人民银行授权批准。

11. 付款单位在办理结算过程中只能用（　　）支付其他单位款项,收款单位也只能在款项已经在银行办妥了收款手续,进入本单位账户后才能支配使用。

A. 收款单位余额　　　　　　　　B. 付款单位余额
C. 银行款项　　　　　　　　　　D. 相关单位款项

【难度系数】★★★

【专家解读】付款单位在办理结算过程中只能用自己的存款余额支付其他单位款项,收款单位也只能在款项已经在银行办妥了收款手续,进入本单位账户后才能支配使用。这是遵守支付结算中银行不垫款的原则。

12. 下列结算属于票据结算的是（　　）。

A. 汇兑　　　　　　　　　　　　B. 托收承付
C. 本票　　　　　　　　　　　　D. 信用卡

【难度系数】★★★

【专家解读】以汇票、本票、支票三种票据为支付工具的称为票据结算,以汇兑、托收承付、委托收款、电子支付、信用卡等票据以外的结算凭证进行的结算称为非票据结算。本选项只给出了本票这一种票据结算,因此只选C项。

13. （　　）签发的转账银行汇票的付款,应通过同城票据交换将银行汇票和解讫通知提交给同城的有关银行审核支付后抵用。

A. 跨区域　　　　　　　　　　　B. 跨系统银行
C. 同银行　　　　　　　　　　　D. 同区域

【难度系数】★★★★

【专家解读】跨系统银行签发的转账银行汇票的付款,应通过同城票据交换将银行汇票和解讫通知提交给同城的有关银行审核支付后抵用。

14. 代理付款人不得受理（　　）的持票人为单位直接提交的银行汇票。

A. 未在本地开立存款账户　　　　B. 未在本地开立转账账户
C. 未在本行开立存款账户　　　　D. 未在本行开立转账账户

【难度系数】★★★

【专家解读】代理付款人不得受理未在本行开立存款账户的持票人为单位直接提交的银行汇票。未在本地开立存款账户的应当按照有关规定办理。

15. 银行汇票的（　　）是指票据法规定必须在票据上记载的事项,若欠缺记载,票据便为无效。

A. 相对记载事项　　　　　　　　B. 非法定记载事项
C. 绝对记载事项　　　　　　　　D. 法定记载事项

【难度系数】★★★

【专家解读】银行汇票的绝对记载事项是指票据法规定必须在票据上记载的事项,若欠缺记载,票据便为无效。相对记载事项是指应当记载但未记载的,并不影响汇票本身的效力,由法律直接规定后果的事项。银行汇票的非法定记载事项是指法律规定以外的记载事项。

16.下列事项具有票据上的效力的是( )。
A.签发票据的原因　　　　　　　　B.签发票据的用途
C.该票据项下交易合同号码　　　　D.出票人签发票据的地点

【难度系数】★★★

【专家解读】法律规定以外的事项主要是指与汇票的基础关系有关的事项,如签发票据的原因或用途、该票据项下交易合同号码等。因此,这些事项尽管有利于当事人清算方便,但却与票据关系本身关系不大,故其不具有票据上的效力,属于非法定记载事项。

17.银行汇票的提示付款期限为自出票日起( ),持票人超过提示付款期限付款的,代理付款人不予受理。
A.30 天　　　　　　　　　　　　　B.一个月
C.两个月　　　　　　　　　　　　D.三个月

【难度系数】★★★

【专家解读】银行汇票的提示付款期限为自出票日起1个月(不分大小月,统一按次月对日计算,到期遇法定节假日顺延),持票人超过提示付款期限付款的,代理付款人不予受理。

18.银行汇票是( ),需要使用银行汇票向代理付款人支取现金的,申请人须在"银行汇票申请书"上填明代理付款人名称,在"汇票金额"栏先填写"现金"字样,后填写汇票金额。
A.申请人为个人　　　　　　　　　B.付款人为个人
C.申请人和付款人均为个人　　　　D.申请人或付款人为单位

【难度系数】★★★★

【专家解读】银行汇票是申请人和付款人均为个人,需要使用银行汇票向代理付款人支取现金的,申请人须在"银行汇票申请书"上填明代理付款人名称,在"汇票金额"栏先填写"现金"字样,后填写汇票金额。申请人或者收款人为单位的,不得在"银行汇票申请书"上填明"现金"字样。

19.银行汇票受理中,申请人取得银行汇票时,应根据银行盖章退回的( ),编制记账凭证。
A.申请书存根联　　　　　　　　　B.申请书发票联
C.申请书抵扣联　　　　　　　　　D.申请书记账联

【难度系数】★★★★

【专家解读】银行汇票受理中,申请人取得银行汇票时,应根据银行盖章退回的申请书存根联,编制记账凭证。存根联是与发票联、抵扣联、记账联组合成为的一种四联票据凭证,属于原始凭证,用来存档。

20.( )是指根据购销合同由收款人发货后委托银行向异地付款人收取款项,由付款人向银行承认付款的结算方式。

A. 委托付款　　　　　　　　　　B. 托收承付

C. 委托收款　　　　　　　　　　D. 委托承付

【难度系数】★★★

【专家解读】托收承付是指根据购销合同由收款人发货后委托银行向异地付款人收取款项,由付款人向银行承认付款的结算方式。

21.(　　)是指销货单位委托开户银行收取结算款项的行为。

A. 托收　　　　　　　　　　　　B. 承付

C. 验单承付　　　　　　　　　　D. 验货承付

【难度系数】★★★

【专家解读】托收是指销货单位委托开户银行收取结算款项的行为。承付是指购货单位在承付期内,向银行承认付款的行为。其中验单承付和验货承付属于承付的两种方式。

22.无论采用验单承付或验货承付,购货单位都必须在承付期内承付,验单承付期为(　　)。

A. 三天　　　　　　　　　　　　B. 一周

C. 一个月　　　　　　　　　　　D. 10 天

【难度系数】★★★

【专家解读】无论采用验单承付或验货承付,购货单位都必须在承付期内承付,验单承付期为 3 天,从购货单位开户银行发出通知的次日算起(遇法定节假日的顺延)。

23.下列不属于支付结算的主要法律依据的是(　　)。

A.《经济法》　　　　　　　　　　B.《中华人民共和国票据法》

C.《支付结算办法》　　　　　　　D.《国内信用证结算办法》

【难度系数】★★★

【专家解读】为了规范支付结算工资,我国制定了一系列支付结算方面的法律、法规和制度,属于支付结算方面的法律有《中华人民共和国票据法》;属于支付结算方面的行政法规有《票据管理实施办法》;属于支付结算方面的规章有《支付结算办法》《国内信用证结算办法》《银行卡业务管理办法》《电子支付指引(第一号)》。

24.下列有关阿拉伯小写金额数字书写要求中,不正确的有(　　)。

A. 阿拉伯数字中间有"0"时,中文大写金额要写"零"字

B. 阿拉伯数字中间连续几个"0"时,中文大写金额中间可以只写一个"零"字

C. 阿拉伯金额数字万位或元位是"0",中文大写金额不得写零

D. 阿拉伯金额数字角位是"0",而分位不是"0"时,中文大写金额"元"后面应写"零"字

【难度系数】★★★★★

【专家解读】在填写票据和结算凭证时,阿拉伯小写金额数字的书写中注意:阿拉伯数字中间有"0"时,中文大写金额要写"零"字;阿拉伯数字中间连续几个"0"时,中文大写金额中间可以只写一个"零"字;阿拉伯金额数字万位或元位是"0",或者数字中间连续有几个"0",万位、元位也是"0",但千位、角位不是"0"时,中文大写金额中可以只写一个零字,也可以不

第二章　支付结算法律制度

写零字;阿拉伯金额数字角位是"0",而分位不是"0"时,中文大写金额"元"后面应写"零"字。

25.(　　)是指,无权更改票据内容的人对票据上签章以外的记载事项加以改变的行为。

A.伪造　　　　　　　　　　B.变造
C.变更　　　　　　　　　　D.捏造

【难度系数】★★★★

【专家解读】"伪造"是指,无权限人假冒他人或虚构人名义签章的行为。"变造"是指,无权更改票据内容的人对票据上签章以外的记载事项加以改变的行为。

26.根据《现金管理暂行条例》的规定,(　　)是金融主管机关,负责对开户银行执行现金管理制度的情况进行监督和稽核。

A.中国人民银行　　　　　　B.中国人民银行各级机构
C.中国人民银行各级开户银行　D.中国建设银行

【难度系数】★★★★

【专家解读】根据《现金管理暂行条例》的规定,中国人民银行各级机构是金融主管机关,负责对开户银行执行现金管理制度的情况进行监督和稽核。各级开户银行是现金管理的具体执行机关,负责现金管理的具体实施。

27.开户银行应当根据开户单位的实际需要,核定开户单位(　　)所需的日常零星开支库存现金限额。

A.3天　　　　　　　　　　B.5天
C.3～5天　　　　　　　　　D.1个月

【难度系数】★★★★

【专家解读】开户银行应当根据开户单位的实际需要,核定开户单位3～5天所需的日常零星开支库存现金限额。边远地区和交通不便地区的开户单位,其库存现金限额,可按多于5天、但不得超过15天的日常零星开支的需要确定。

28.企业必须严格按规定的限额控制现金结余量,超过限额的部分,必须及时(　　)。

A.自行保管　　　　　　　　B.送存银行
C.送交单位负责人　　　　　D.送交企业会计人员

【难度系数】★★★★

【专家解读】企业必须严格按规定的限额控制现金结余量,超过限额的部分,必须及时送存银行。

29.库存现金低于限额时,可以签发(　　)从银行提取现金。

A.银行本票　　　　　　　　B.银行汇票
C.商业汇票　　　　　　　　D.现金支票

【难度系数】★★★★

【专家解读】库存现金低于限额时,可以签发现金支票从银行提取现金。

30.开户单位现金收入应当于(　　)送存开户银行。

A.当日　　　　　　　　　　B.第二天

C. 三天内 D. 一周内

【难度系数】★★★

【专家解读】开户单位现金收入应当于当日送存开户银行,当日送存确有困难的,由开户银行确定送存时间。

31. 应当按规定对库存现金进行定期和不定期的清查,一般采用(　　)法,对于清查的结果应当编制现金盘点报告单。

A. 对账盘点 B. 实地盘点
C. 调查分析 D. 计算研究

【难度系数】★★★★

【专家解读】应当按规定对库存现金进行定期和不定期的清查,一般采用实地盘点法,对于清查的结果应当编制现金盘点报告单。

32. 各单位应按(　　)建立货币业务的岗位责任制,明确相关部门和岗位的职责权限。

A. 相似岗位相互融合 B. 不相容岗位相互分离原则
C. 不相容岗位相互合作 D. 相似岗位互相分离原则

【难度系数】★★★

【专家解读】各单位应按不相容岗位相互分离的原则建立货币业务的岗位责任制,明确相关部门和岗位的职责权限,形成相互制衡机制。

33. 货币资金的收付及保管只能由(　　)负责处理,严禁未授权的机构或人员办理货币资金业务或直接接触货币资金。

A. 出纳人员 B. 授权的出纳人员
C. 会计人员 D. 授权的会计人员

【难度系数】★★★★

【专家解读】货币资金的收付及保管只能由经授权的出纳人员负责处理,严禁未授权的机构或人员办理货币资金业务或直接接触货币资金。

34. 对于重要的货币资金支付业务,应当实行(　　),并建立责任追究制度,有效防范货币资金被贪污、侵占、挪用。

A. 负责人决策和审批 B. 所有会计人员决策和审批
C. 集体决策和审批 D. 所有出纳人员决策和审批

【难度系数】★★★

【专家解读】对于重要的货币资金支付业务,应当实行集体决策和审批,并建立责任追究制度,有效防范货币资金被贪污、侵占、挪用。

35. 人民币银行结算账户是指存款人在经办银行开立的办理资金收付结算的人民币(　　)。

A. 活期存款账户 B. 定期存款账户
C. 存款账户 D. 取款账户

【难度系数】★★★

【专家解读】人民币银行结算账户是指存款人在经办银行开立的办理资金收付结算的人

民币活期存款账户。

36. 存款人是银行的"客户",双方法律关系的发生必须有平等的协商和意思表示一致;另外,银行对存款人的账户行使（　　）,可以对违反账户管理的存款人进行处罚。
A. 使用权
B. 占有权
C. 所有权
D. 管理权

【难度系数】★★★

【专家解读】存款人是银行的"客户",双方法律关系的发生必须有平等的协商和意思表示一致;另外,银行对存款人的账户行使管理权,可以对违反账户管理的存款人进行处罚,双方存在着不平等的管理与被管理关系。

37. （　　）账户具有结算功能。
A. 活期存款
B. 定期存款
C. 单位定期存款
D. 个人定期存款

【难度系数】★★★★

【专家解读】活期存款账户具有结算功能,单位定期存款账户不具有结算功能,该类账户的开立和使用应遵守《人民币单位存款管理办法》的规定。

38. 邮政储蓄机构办理银行卡业务开立的账户纳入（　　）。
A. 本地银行结算账户
B. 异地银行结算账户
C. 个人银行结算账户
D. 单位银行结算账户

【难度系数】★★★

【专家解读】邮政储蓄机构办理银行卡业务开立的账户同借记卡、信用卡在银行开立的银行结算账户一样,都被纳入个人银行结算账户。

39. 银行结算账户根据（　　）的不同,分为本地银行结算账户和异地银行结算账户。
A. 开户地
B. 用途
C. 存款人
D. 形式

【难度系数】★★★

【专家解读】从用途的角度划分,单位银行结算账户可以分为基本存款账户、一般存款账户、专用存款账户、临时存款账户。基本存款账户、专用存款账户是单位银行结算账户根据用途所做的划分。银行结算账户根据开户地的不同,分为本地银行结算账户和异地银行结算账户。

40. 本地银行结算账户是指存款人在注册地或住所地开立的银行结算账户。其中,注册地是指（　　）。
A. 存款人所在地
B. 单位所在地
C. 开户证明文件记载地
D. 单位主要业务所在地

【难度系数】★★★★

【专家解读】本地银行结算账户是指存款人在注册地或住所地开立的银行结算账户。其中,注册地是指存款人的营业执照等开户证明文件上记载的住所地。

41.授权他人办理单位银行结算账户的,下列不必出具的是( )。
A.被授权本人的身份证件
B.法定代表人或单位负责人的授权书
C.法定代表人或单位负责人身份证件
D.被授权本人签名
【难度系数】★★★
【专家解读】由法定代表人或单位负责人直接办理的,应出具法定代表人或单位负责人本人的身份证件;授权他人办理的,除出具被授权本人的身份证件外,还应出具其法定代表人或单位负责人的授权书及身份证件。

42.申请开立使用支票、信用卡等信用支付工具的个人银行结算账户时,因存款人要办理预留签名或名章等开户手续,( )办理。
A.必须由他人   B.可以由个人
C.必须由个人   D.可以由他人
【难度系数】★★★★
【专家解读】个人申请开立个人银行结算账户时,提倡由存款人本人亲自办理。申请开立使用支票、信用卡等信用支付工具的个人银行结算账户时,因存款人要办理预留签名或名章等开户手续,必须由存款人本人亲自办理。

43.中国人民银行应于两个工作日内对银行报送的基本存款账户、临时存款账户和预算单位专用存款账户的开户资料的( )予以审核,符合开户条件的,予以核准。
A.合法性   B.有效性
C.层次性   D.合规性
【难度系数】★★★★
【专家解读】中国人民银行应于两个工作日内对银行报送的基本存款账户、临时存款账户和预算单位专用存款账户的开户资料的合规性予以审核,符合开户条件的,予以核准。

44.中国人民银行当地分行依法核准后办理开户手续;符合开立一般存款账户、其他专用存款账户和个人银行结算账户条件的,银行应办理开户手续,并于开户之日起( )工作日内向中国人民银行当地分支行备案。
A.2个   B.3个
C.5个   D.7个
【难度系数】★★★★
【专家解读】中国人民银行当地分行依法核准后办理开户手续;符合开立一般存款账户、其他专用存款账户和个人银行结算账户条件的,银行应办理开户手续,并于开户之日起5个工作日内向中国人民银行当地分支行备案。应与书面通知的时间相区别。

45.银行为存款人开立一般存款账户、其他专用存款账户,应自开户之日起( )工作日内书面通知基本存款账户开户银行。
A.2个   B.3个
C.5个   D.7个

第二章 支付结算法律制度

【难度系数】★★★★

【专家解读】银行为存款人开立一般存款账户、其他专用存款账户,应自开户之日起3个工作日内书面通知基本存款账户开户银行。应与备案时间相区别。

46.( )是记载单位银行结算账户信息的有效证明,存款人应按规定使用,并妥善保管。

A. 开户通知书　　　　　　　　B. 开户登记证
C. 开户说明书　　　　　　　　D. 开户许可证

【难度系数】★★★

【专家解读】开户登记证是记载单位银行结算账户信息的有效证明,存款人应按规定使用,并妥善保管。它是银行为存款人办理基本存款账户开户手续后,给存款人出具的。

47. 银行结算账户的变更中,存款人更改名称,但不改变开户银行及账号的,应于( )工作日内向开户银行提出银行结算账户的变更申请,并出具有关部门的证明文件。

A. 2个　　　　　　　　　　　　B. 3个
C. 5个　　　　　　　　　　　　D. 7个

【难度系数】★★★

【专家解读】银行结算账户的变更中,存款人更改名称,但不改变开户银行及账号的,应于5个工作日内向开户银行提出银行结算账户的变更申请,并出具有关部门的证明文件。银行办理开户手续时也是于开户之日起5个工作日内向中国人民银行当地分支行备案。注意归类记忆。

48. 开户银行对已开户( ),但未发生任何业务的账户,应通知存款人自发出通知30日内到开户银行办理销户手续。

A. 一个月　　　　　　　　　　B. 半年
C. 一年　　　　　　　　　　　D. 五年

【难度系数】★★★

【专家解读】开户银行对已开户一年,但未发生任何业务的账户,应通知存款人自发出通知30日内到开户银行办理销户手续,逾期视同自愿销户。

49. 企业法人申请开立基本存款账户,应出具( )。

A. 企业营业执照正本　　　　　B. 企业法人营业执照正本
C. 企业负责人签名　　　　　　D. 企业会计主管盖章

【难度系数】★★★

【专家解读】企业法人申请开立基本存款账户,应出具企业法人营业执照正本。非法人企业,应出具企业营业执照正本。

50. 机关和实行预算管理的事业单位申请开立基本存款账户,应出具( )。

A. 政府人事部门的批文和财政部门同意其开户的证明
B. 政府人事部门登记证书
C. 编制委员会的批文
D. 政府人事部门的批文

【难度系数】★★★

【专家解读】机关和实行预算管理的事业单位,应出具政府人事部门的批文或编制委员会的登记证书和财政部门同意其开户的证明;非预算管理的事业单位,应出具政府人事部门的批文或编制委员会的登记证书。

51.外地常设机构申请开立基本存款账户,应出具(　　)。
A.国家有关主管部门的批文　　　　B.国家有关主管部门的证明
C.驻在地政府主管部门的批文　　　D.国家登记机关颁发的登记证

【难度系数】★★★★

【专家解读】外地常设机构申请开立基本存款账户,应出具其驻在地政府主管部门的批文。外国驻华机构,应出具国家有关主管部门的批文或证明;外资企业驻华代表处、办事处应出具国家登记机关颁发的登记证。

52.一般存款账户是指存款人因借款或其他结算需要,在(　　)开户银行以外的银行营业机构开立的银行结算账户。
A.专用存款账户　　　　B.临时存款账户
C.基本存款账户　　　　D.长期存款账户

【难度系数】★★★★

【专家解读】一般存款账户是指存款人因借款或其他结算需要,在基本存款账户开户银行以外的银行营业机构开立的银行结算账户。无长期存款账户一说。

53.下列(　　)不属于一般存款账户的使用范围。
A.现金支取　　　　B.现金缴存
C.借款转存　　　　D.借款归还

【难度系数】★★★

【专家解读】一般存款账户用于办理存款人借款转存、借款归还和其他结算的资金收付。该账户可以办理现金缴存,但不得办理现金支取。

54.专用存款账户是指存款人按照法律、行政法规和规章,对有(　　)进行专项管理和使用而开立的银行结算账户。
A.自由资金　　　　B.特定用途资金
C.借款资金　　　　D.营业收入资金

【难度系数】★★★

【专家解读】专用存款账户是指存款人按照法律、行政法规和规章,对有特定用途资金进行专项管理和使用而开立的银行结算账户。

55.专用存款账户的使用范围不包括(　　)。
A.基本建设资金　　　　B.财政预算内资金
C.单位银行卡备用金　　D.社会保障基金

【难度系数】★★★

【专家解读】专用存款账户用于办理各项专用资金的收付。适用于基本建设资金,更新改造资金,财政预算外资金,粮、棉、油收购资金,证券交易结算资金,期货交易保证金,信托

第二章 支付结算法律制度

基金,金融机构存放同业资金,政策性房地产开发资金,单位银行卡备用金,住房基金,社会保障基金,收入汇缴资金,业务支出资金,党、团、工会设在单位的组织机构经费等专项管理和使用的资金。

56.存款人申请开立证券交易结算资金专用存款账户,应出具其开立基本存款账户规定的证明文件、基本存款账户开户登记证和( )的证明。

A.财务部门相关证明　　　　　B.税务部门相关证明
C.证券公司证明　　　　　　　D.期货管理部门证明

【难度系数】★★★★

【专家解读】存款人申请开立证券交易结算资金专用存款账户,应出具其开立基本存款账户规定的证明文件、基本存款账户开户登记证和证券公司或证券管理部门的证明。而不需要财务或税务部门证明,更与期货管理部门无关。

57.下列资金申请开立专用存款账户的,( )不需要主管部门批文。

A.资金　　　　　　　　　　　B.更新改造资金
C.政策性房地产开发资金　　　D.收入汇缴资金

【难度系数】★★★★

【专家解读】对于基本建设资金、更新改造资金、政策性房地产开发资金、住房基金、社会保障基金,存款人申请开立专用存款账户,应向银行出具其开立基本存款账户规定的证明文件、基本存款账户开户登记证和主管部门批文。而收入汇缴资金除基本证明外还需要基本存款账户存款人相关的证明,不需要主管部门批文。

58.存款人对单位银行卡备用金,申请开立专用存款账户的,应向银行出具其开立基本存款账户规定的证明文件、基本存款账户开户登记证和( )批准的银行卡章程的规定出具有关证明和资料。

A.中国人民银行分支行　　　　B.中国人民银行
C.财政部　　　　　　　　　　D.主管部门

【难度系数】★★★

【专家解读】存款人对单位银行卡备用金,申请开立专用存款账户的,应向银行出具其开立基本存款账户规定的证明文件、基本存款账户开户登记证和中国人民银行批准的银行卡章程的规定出具有关证明和资料。

59.因注册验资而申请的临时存款账户,在验资期间的特点是( )。

A.只付不收　　　　　　　　　B.只收不付
C.可付可收　　　　　　　　　D.现金收付

【难度系数】★★★

【专家解读】因注册验资而申请的临时存款账户,在验资期间的特点是只收不付。这个需要大家牢记。

60.临时存款账户的有效期最长不得超过( )。

A.1年　　　　　　　　　　　　B.2年
C.3年　　　　　　　　　　　　D.5年

【难度系数】★★★

【专家解读】临时存款账户的有效期最长不得超过两年。这也是临时存款账户与基本存款账户、专用存款账户、一般存款账户的不同之处。也是由其对象的特点决定的。

61.对于临时机构申请开立临时存款账户的,应出具其(　　)主管部门同意设立临时机构的批文。

A.公司所在地　　　　　　　　B.主营业务所在地

C.驻在地　　　　　　　　　　D.营业执照注册地

【难度系数】★★★★

【专家解读】对于临时机构申请开立存款账户的,应出具其驻在地主管部门同意设立临时机构的批文。目的是配合临时机构的设置,进行临时业务的开展。

62.(　　)是自然人因投资、消费、结算等而开立的可办理支付结算业务的存款账户。

A.个人银行结算账户　　　　　B.单位银行结算账户

C.临时存款账户　　　　　　　D.基本存款账户

【难度系数】★★★★

【专家解读】个人银行结算账户是自然人因投资、消费、结算等而开立的可办理支付结算业务的存款账户。它的区别性特点在于办理主体为自然人。

63.储蓄账户用于办理(　　)业务。

A.转账收付　　　　　　　　　B.现金支取

C.现金存取　　　　　　　　　D.转账结算

【难度系数】★★★

【专家解读】个人银行结算账户用于办理个人转账收付和现金支取,储蓄账户仅限于办理现金存取业务,不得办理转账结算。其中转账收付与转账结算同义,均不在储蓄账户业务范围内。

64.(　　)是指存款人符合法定条件,根据需要在异地开立相应的银行结算账户。

A.个人银行存款账户　　　　　B.异地银行结算账户

C.基本存款账户　　　　　　　D.临时存款账户

【难度系数】★★★★

【专家解读】异地银行结算账户是指存款人符合法定条件,根据需要在异地开立相应的银行结算账户。

65.经营地与注册地不在同一行政区域的存款人,开立异地银行结算账户除应按照规定的程序办理并提交有关证明文件外,开立异地单位银行结算账户,存款人还应出具(　　)。

A.注册地中国人民银行分支行的开立基本存款账户的证明

B.注册地中国人民银行分支行的未开立基本存款账户的证明

C.基本存款账户开户登记证

D.一般存款账户开户登记证

【难度系数】★★★

【专家解读】经营地与注册地不在同一行政区域的存款人,开立异地银行结算账户除应

第二章 支付结算法律制度

按照规定的程序办理并提交有关证明文件外,开立异地单位银行结算账户,存款人还应出具注册地中国人民银行分支行的未开立基本存款账户的证明。

66.( )是银行结算账户的监督管理部门,负责对银行结算账户的开立、使用、变更和撤销进行检查监督。

A.国家财政部　　　　　　　　　B.省级财政部
C.中国人民银行　　　　　　　　D.中国人民银行分支行

【难度系数】★★★★

【专家解读】中国人民银行是银行结算账户的监督管理部门,负责对银行结算账户的开立、使用、变更和撤销进行检查监督。

67.下列( )不属于中国人民银行的职责范围。

A.监督、检查银行结算账户的开立、使用、变更、撤销,实施监控和管理
B.管理基本存款账户、临时存款账户和预算单位专用存款账户开户许可证
C.变造基本存款账户开户许可证
D.办理普通商业银行开户和个人开户

【难度系数】★★★★

【专家解读】中国人民银行应监督、检查银行结算账户的开立、使用、变更、撤销,实施监控和管理;管理基本存款账户、临时存款账户和预算单位专用存款账户开户许可证;依法处罚存款人、开户银行违反银行结算账户管理规定的行为。

68.中国人民银行管理所属营业机构银行结算账户的开立和使用,对违规开立和使用银行结算账户的行为进行( )。

A.纠正　　　　　　　　　　　　B.处罚
C.批评　　　　　　　　　　　　D.罚款

【难度系数】★★★

【专家解读】中国人民银行管理所属营业机构银行结算账户的开立和使用,监督和检查《账户管理办法》的执行情况,对违规开立和使用银行结算账户的行为进行纠正。

69.指派专人负责银行结算账户的开立、使用和撤销的审查和管理,建立健全开销户登记制度,建立银行结算账户管理档案,按( )要求进行管理。

A.审计档案　　　　　　　　　　B.财务档案
C.人事档案　　　　　　　　　　D.会计档案

【难度系数】★★★★

【专家解读】指派专人负责银行结算账户的开立、使用和撤销的审查和管理,建立健全开销户登记制度,建立银行结算账户管理档案,按会计档案要求进行管理。其管理主体为中国人民银行。

70.银行结算账户管理档案的保管期限为银行结算账户撤销后( )。

A.十天　　　　　　　　　　　　B.一年
C.十年　　　　　　　　　　　　D.二十年

【难度系数】★★★★

【专家解读】银行结算账户管理档案的保管期限为银行结算账户撤销后十年。

71. 对已开立的单位银行结算账户实行年检制度,检查开立银行结算账户的合规性,核实开户资料的(　　)。

　　A. 真实性　　　　　　　　　　B. 合理性
　　C. 合情性　　　　　　　　　　D. 合法性

【难度系数】★★★

【专家解读】对已开立的单位银行结算账户实行年检制度,检查开立银行结算账户的合规性,核实开户资料的真实性;对不符合账户管理规定开立的单位银行结算账户,应予以撤销。

72. 中国人民银行在审核单位银行结算账户的真实性时,对不符合账户管理规定开立的单位银行结算账户,应予以(　　)。

　　A. 纠正　　　　　　　　　　　B. 处罚
　　C. 变革　　　　　　　　　　　D. 撤销

【难度系数】★★★

【专家解读】中国人民银行在审核单位银行结算账户的真实性时,对不符合账户管理规定开立的单位银行结算账户,应予以撤销,以管理银行结算账户的开立。

73. 对经核实的各类银行的结算账户的资料变动情况,应及时报告(　　)。

　　A. 中国人民银行　　　　　　　B. 中国人民银行当地支行
　　C. 国家财政部　　　　　　　　D. 中国国家统计局

【难度系数】★★

【专家解读】对经核实的各类银行的结算账户的资料变动情况,应及时报告中国人民银行当地支行。与国家财政部、国家统计局无直接关系。

74. 存款人的开户许可证遗失或毁损时,存款人应填写"补(换)发开户许可证申请书",加盖单位公章,比照有关开立银行结算账户的规定,通过(　　)向中国人民银行当地分支行提出补(换)发开户许可证的申请。

　　A. 开户银行　　　　　　　　　B. 当地财政部
　　C. 中国人民银行总行　　　　　D. 单位

【难度系数】★★★

【专家解读】存款人的开户许可证遗失或毁损时,比照有关开立银行结算账户的规定,存款人应填写"补(换)发开户许可证申请书",加盖单位公章,通过开户银行向中国人民银行当地分支行提出补(换)发开户许可证的申请。

75. 存款人收到开户银行转交的原始密码之后,应到中国人民银行当地分行或基本存款账户开户银行办理密码(　　)手续。

　　A. 注销　　　　　　　　　　　B. 变更
　　C. 重置　　　　　　　　　　　D. 加密

【难度系数】★★★★

【专家解读】存款人收到开户银行转交的原始密码之后,应到中国人民银行当地分行或

第二章 支付结算法律制度

基本存款账户开户银行办理密码变更手续。从而增加密码的有效性,以更好地保护存款人的账户基本信息。只有当密码遗失,我们才说重置密码。

76.非经营性的存款人在开立、撤销银行结算账户过程中,违反规定开立银行结算账户,应处以(　　)罚款。
　　A.一千元　　　　　　　　　　B.一万元
　　C.一万元以上　　　　　　　　D.三万元以下
【难度系数】★★★★
【专家解读】非经营性的存款人在开立、撤销银行结算账户过程中,违反规定开立银行结算账户,伪造、变造证明文件欺骗银行开立银行结算账户;违反规定不及时撤销银行结算账户等均处以1 000元的罚款。

77.银行在银行结算账户使用中开立或撤销单位银行结算账户,未按《账户管理办法》规定在其基本存款账户开户登记证上予以登记、签章或通知相关开户银行,情节严重的,(　　)有权停止对其开立基本存款账户的核准。
　　A.中国人民银行　　　　　　　B.中国建设银行
　　C.国家财政部　　　　　　　　D.国家统计局
【难度系数】★★★
【专家解读】银行在银行结算账户使用中开立或撤销单位银行结算账户,未按《账户管理办法》规定在其基本存款账户开户登记证上予以登记、签章或通知相关开户银行,情节严重的,中国人民银行有权停止对其开立基本存款账户的核准。

78.票据是指《中华人民共和国票据法》所规定的由出票人依法签发的,约定自己或者委托付款人在见票时或指定的日期向收款人或持票人(　　)一定金额并可转让的有价证券。
　　A.不支付　　　　　　　　　　B.无条件支付
　　C.条件性支付　　　　　　　　D.现金支付
【难度系数】★★★★
【专家解读】票据是指《中华人民共和国票据法》所规定的由出票人依法签发的,约定自己或者委托付款人在见票时或指定的日期向收款人或持票人无条件支付一定金额并可转让的有价证券。

79.(　　)是指票据法律关系中享有票据权利、承担票据义务的当事人,也称票据法律关系主体。
　　A.票据当事人　　　　　　　　B.出票人
　　C.付款人　　　　　　　　　　D.收款人
【难度系数】★★★
【专家解读】票据当事人是指票据法律关系中享有票据权利、承担票据义务的当事人,也称票据法律关系主体。其中票据基本当事人包括出票人、付款人和收款人。

80.(　　)是指票据到期后有权收取票据所载金额的人,又称票据权利人。
　　A.出票人　　　　　　　　　　B.收款人
　　C.背书人　　　　　　　　　　D.被背书人

【难度系数】★★★

【专家解读】 出票人是指依法定方式签发票据并将票据交付给收款人的人;收款人是指票据到期后有权收取票据所载金额的人,又称票据权利人;付款人是指由出票人委托付款或自行承担借款责任的人。

81.（　　）是指在转让票据时,在票据背面签字或盖章并将该票据交付给受让人的票据收款人或持有人。

　　A. 承兑人　　　　　　　　　B. 背书人

　　C. 被背书人　　　　　　　　D. 保证人

【难度系数】★★★

【专家解读】 承兑人是指接受汇票出票人的付款委托同意承担支付票款义务的人;背书人是指在转让票据时,在票据背面签字或盖章并将该票据交付给受让人的票据收款人或持有人;被背书人是指被记名受让票据或接受票据转让的人;保证人是指为票据债务提供担保的人,由票据债务人以外的他人担当。四者均为非基本当事人。

82.（　　）是指票据持票人向票据债务人请求支付票据金额的权利。

　　A. 付款请求权　　　　　　　B. 票据追索权

　　C. 票据权利　　　　　　　　D. 票据义务

【难度系数】★★★★

【专家解读】 票据权利是指票据持票人向票据债务人请求支付票据金额的权利,包括付款请求权和追索权。

83.（　　）是指票据当事人行使付款请求权遭到拒绝或其他法定原因存在时,向其前手请求偿还票据金额及其他法定费用的权利。

　　A. 付款请求权　　　　　　　B. 票据追索权

　　C. 票据权利　　　　　　　　D. 票据支付权

【难度系数】★★★

【专家解读】 付款请求权是指持票人向汇票的承兑人、本票的出票人、支票的付款人出示票据要求付款的权利。票据追索权是指票据当事人行使付款请求权遭到拒绝或其他法定原因存在时,向其前手请求偿还票据金额及其他法定费用的权利。

84.（　　）是指票据当事人以发生票据债务为目的的、以在票据上签名或盖章为权利义务成立要件的法律行为。

　　A. 票据行为　　　　　　　　B. 票据表现

　　C. 票据义务　　　　　　　　D. 票据责任

【难度系数】★★★

【专家解读】 《中华人民共和国票据法》规定的票据行为则是指票据当事人以发生票据债务为目的的、以在票据上签名或盖章为权利义务成立要件的法律行为。

85.（　　）是指持票人为将票据权利转让给他人或者将一定的票据权利授予他人行使,而在票据背面或者粘单上记载有关事项并签章的行为。

　　A. 出票　　　　　　　　　　B. 背书

C. 授权　　　　　　　　　　　D. 记载

【难度系数】★★★

【专家解读】出票是指出票人签发票据并将其交付给收款人的行为；背书是指持票人为将票据权利转让给他人或者将一定的票据权利授予他人行使，而在票据背面或者粘单上记载有关事项并签章的行为。

86. (　　)是指票据债务人以外的人，为担保特定债务人履行票据债务而在票据上记载有关事项并签章的行为。

A. 保证　　　　　　　　　　　B. 鉴证
C. 承兑　　　　　　　　　　　D. 汇兑

【难度系数】★★★★

【专家解读】承兑是指汇票付款人承诺在汇票到期日支付汇票金额并签章的行为；保证是指票据债务人以外的人，为担保特定债务人履行票据债务而在票据上记载有关事项并签章的行为。

87. (　　)是指依法在票据上记载票据相关内容的行为。

A. 票据签章　　　　　　　　　B. 票据记载事项
C. 票据记载　　　　　　　　　D. 票据记录事项

【难度系数】★★★★

【专家解读】票据记载事项是指依法在票据上记载票据相关内容的行为。票据签章是指票据有关当事人在票据上签名、盖章或签名加盖章的法律行为。

88. (　　)是指《中华人民共和国票据法》规定应该记载而未记载，但适用法律的有关规定而不使票据失效的事项。

A. 绝对记载事项　　　　　　　B. 相对记载事项
C. 任意记载事项　　　　　　　D. 一般记载事项

【难度系数】★★★

【专家解读】绝对记载事项是指《中华人民共和国票据法》明文规定必须记载的，如不记载票据即为无效的事项。相对记载事项是指《中华人民共和国票据法》规定应该记载而未记载，但适用法律的有关规定而不使票据失效的事项。任意记载事项是指《中华人民共和国票据法》不强制当事人必须记载而允许当事人自行选择，不记载时不影响票据效力，记载时则产生票据效力的事项。没有一般记载事项这么一说。

89. (　　)是指在票据丧失后由失票人向人民法院提出申请，请求人民法院以公告方式通知不确定的利害关系人限期申报权利，逾期未申报者，则权利失效，而由法院通过除权判决宣告所丧失的票据无效的一种制度或程序。

A. 挂失止付　　　　　　　　　B. 公示催付
C. 普通诉讼　　　　　　　　　D. 公示催告

【难度系数】★★★★★

【专家解读】公示催告是指在票据丧失后由失票人向人民法院提出申请，请求人民法院以公告方式通知不确定的利害关系人限期申报权利，逾期未申报者，则权利失效，而由法院通过除权判决宣告所丧失的票据无效的一种制度或程序。挂失止付是指失票人将丧失票据的情况通知付款人,由接受通知的付款人审查后暂停支付的一种方式。

90.票据的签发,不是为了证明已经存在的权利,而是为了创设一种权利,这是指票据的(　　)法律特征。
A.流通证券　　　　　　　　B.缴回证券
C.设权证券　　　　　　　　D.文义证券
【难度系数】★★★★
【专家解读】票据具有以下几个主要的法律特征:票据是设权证券,票据是要证券,票据是文义证券,票据是无因证券,票据是流通证券,票据是缴回证券。票据是设权证券即是指票据的签发,不是为了证明已经存在的权利,而是为了创设一种权利,无票据即无票据权利。

91.下列关于票据所创设的权利义务内容,说法正确的是(　　)。
A.完全依票据上所载文义而定　　B.可以任意解释
C.根据银行相关确定而定　　　　D.根据实际所需而定
【难度系数】★★★★
【专家解读】票据所创设的权利义务内容,完全依票据上所载文义而定,而不能任意解释或者根据票据以外的任何其他文件确定。

92.无因证券是指证券效力与作成证券的原因(　　)。
A.完全背离　　　　　　　　B.完全相关
C.完全内含　　　　　　　　D.完全分离
【难度系数】★★★★
【专家解读】无因证券是指证券效力与作成证券的原因完全分离,证券权利的存在和行使,不以作成证券的原因为要件。

93.(　　)是指付款人见票后必须立即付款给持票人的票据,如本票、银行本票、银行汇票和见票即付的商业汇票。
A.即期票据　　　　　　　　B.广义票据
C.狭义票据　　　　　　　　D.远期票据
【难度系数】★★★★
【专家解读】即期票据是指付款人见票后必须立即付款给持票人的票据,如本票、银行本票、银行汇票和见票即付的商业汇票;远期票据是指付款人见票后在一定期限或特定日期付款的票据。

94.(　　)是出票人签发的、委托办理支票存款业务的银行在见票时无条件支付确定的金额给收款人或者持票人的票据。
A.支票　　　　　　　　　　B.资金
C.现金　　　　　　　　　　D.汇票
【难度系数】★★★★★
【专家解读】支票是出票人签发的、委托办理支票存款业务的银行在见票时无条件支付确定的金额给收款人或者持票人的票据。汇票有商业汇票和银行汇票之分。题目中出现一

第二章 支付结算法律制度

般都是指定某种具体的汇票种类。

95. 下列( )支票可以用于支取现金,也可用于转账。
A. 现金支票　　　　　　　　B. 转账支票
C. 普通支票　　　　　　　　D. 划线支票
【难度系数】★★★
【专家解读】现金支票只能用于支取现金;转账支票只能用于转账;普通支票可以用于支取现金,也可用于转账。在普通支票左上角划两条平行线的,为划线支票,划线支票只能用于转账,不能支取现金。

96. 支票的( )是经中国人民银行当地分支行批准办理支票业务的银行机构开立可以使用支票的存款账户的单位和个人。
A. 出票人　　　　　　　　　B. 付款人
C. 承兑人　　　　　　　　　D. 使用者
【难度系数】★★★
【专家解读】支票的出票人是经中国人民银行当地分支行批准办理支票业务的银行机构开立可以使用支票的存款账户的单位和个人。支票的付款人为支票上记载的出票人开户银行。

97. 现金支票签发后,将支票从存根联与正联之间骑缝线剪开,( )留下作为记账依据。
A. 正联　　　　　　　　　　B. 存根联
C. 中间联　　　　　　　　　D. 首联
【难度系数】★★★
【专家解读】现金支票签发后,将支票从存根联与正联之间骑缝线剪开,正联交给收款人办理提现,存根联留下作为记账依据。

98. 签发银行汇票必须记载的事项不包括( )。
A. 表明"银行汇票"的字样　　B. 无条件支付的承诺,出票金额
C. 付款人名称　　　　　　　D. 签发原因及动机
【难度系数】★★★★★
【专家解读】签发银行汇票必须记载下列事项:表明"银行汇票"的字样,无条件支付的承诺,出票金额,付款人名称,收款人名称,出票日期,出票人签章等。欠缺记载以上事项之一的,银行汇票无效。

99. 银行汇票的出票银行为( )。
A. 使用银行　　　　　　　　B. 使用者
C. 付款人　　　　　　　　　D. 代理者
【难度系数】★★★★
【专家解读】银行汇票的出票银行为银行汇票的付款人,银行汇票的付款地为代理付款人或出票人所在地。

【参考答案】
1. C　2. C　3. C　4. D　5. A　6. B　7. C　8. B　9. A　10. C

11. B	12. C	13. B	14. C	15. C	16. D	17. B	18. C	19. A	20. B
21. A	22. A	23. A	24. C	25. B	26. B	27. C	28. B	29. D	30. A
31. B	32. B	33. C	34. C	35. A	36. D	37. A	38. C	39. A	40. C
41. D	42. C	43. D	44. C	45. B	46. B	47. C	48. C	49. B	50. A
51. C	52. C	53. A	54. B	55. B	56. C	57. D	58. B	59. B	60. B
61. C	62. A	63. C	64. B	65. B	66. C	67. D	68. A	69. D	70. C
71. A	72. D	73. B	74. A	75. B	76. A	77. A	78. B	79. A	80. B
81. B	82. C	83. B	84. A	85. B	86. A	87. B	88. B	89. D	90. C
91. A	92. D	93. A	94. B	95. C	96. A	97. B	98. D	99. C	

二、多项选择题

1. 支付结算是指单位、个人在社会经济活动中使用（　　）、委托收款等结算方式进行给付及其资金清算的行为。

A. 票据　　　　　　　　　　B. 信用卡

C. 汇兑　　　　　　　　　　D. 托收承付

【难度系数】★★★★

【专家解读】支付结算是指单位、个人在社会经济活动中使用票据、信用卡、汇兑、托收承付、委托收款等结算方式进行给付及其资金清算的行为。所以以上四项答案均为支付结算方式。

2. 支付结算的任务是（　　）。

A. 根据经济往来组织支付结算

B. 准确、及时、安全办理支付结算

C. 依法依规结算

D. 实现资金从当事人一方向当事人另一方的转移

【难度系数】★★

【专家解读】支付结算的任务是根据经济往来组织支付结算，准确、及时、安全办理支付结算，依法依规结算。其中实现资金从当事人一方向当事人另一方的转移属于支付结算的目的。

3. 支付结算的特征有（　　）。

A. 通过中国人民银行批准的金融机构进行

B. 是一种要式行为

C. 取决于委托人的意志

D. 实行统一管理和分级管理相结合的管理体制

【难度系数】★★★

【专家解读】支付结算的特征有：支付结算必须通过中国人民银行批准的金融机构进行，支付结算是一种要式行为，支付结算的发生取决于委托人的意志，支付结算实行统一管理和分级管理相结合的管理体制，支付结算必须依法进行。

4. 银行只要（　　）审查，对伪造、变造的票据和结算凭证上的盖章以及需要交验的个人有效身份证件,未发现异常而支付金额的,对出票人或付款人不再承担委托付款的责任,对持票人或收款人不再承担付款的责任。

A. 善意　　　　　　　　　　　B. 符合规定
C. 正常操作程序　　　　　　　D. 形式化

【难度系数】★★★★

【专家解读】银行只要以善意且符合规定的正常操作程序审查,对伪造、变造的票据和结算凭证上的盖章以及需要交验的个人有效身份证件,未发现异常而支付金额的,对出票人或付款人不再承担委托付款的责任,对持票人或收款人不再承担付款的责任。

5. 除国家法律、行政法规另有规定外,银行不得为任何单位或者个人(　　)。

A. 查询账户情况　　　　　　　B. 冻结款项
C. 扣划款项　　　　　　　　　D. 停止单位、个人存款的正常支付

【难度系数】★★★★

【专家解读】除国家法律、行政法规另有规定外,银行不得为任何单位或者个人查询账户情况,不得为任何单位或者个人冻结、扣划款项,不得停止单位、个人存款的正常支付。

6. 充当中介机构的银行可以根据统一的支付结算制度,进行如下哪些操作(　　)。

A. 结合本行情况,制定具体管理实施办法
B. 自行执行管理实施办法
C. 组织、管理、协调本行内的支付结算工资
D. 调解、处理本行内分支机构之间的支付结算纠纷

【难度系数】★★★★

【专家解读】充当中介机构的银行可以根据统一的支付结算制度,结合本行情况,制定具体管理实施办法,报经中国人民银行总行批准后执行,并负责组织、管理、协调本行内的支付结算工资,调解、处理本行内分支机构之间的支付结算纠纷。

7. (　　)和个人是办理支付结算的主体,这些主体在办理支付结算时必须严格依法进行,遵守国家的法律、行政法规和支付结算办法的各项规定。

A. 银行　　　　　　　　　　　B. 城市信用合作社
C. 农村信用合作社　　　　　　D. 单位

【难度系数】★★

【专家解读】银行、城市信用合作社、农村信用合作社以及单位和个人是办理支付结算的主体,这些主体在办理支付结算时必须严格依法进行,遵守国家的法律、行政法规和支付结算办法的各项规定。

8. 支付结算的基本原则有(　　)。

A. 恪守信用,履约付款　　　　B. 谁的钱进谁的账,由谁支付
C. 银行不垫款　　　　　　　　D. 合情合理

【难度系数】★★★

【专家解读】通过银行办理支付结算的主体应当遵守的基本原则有:恪守信用,履约付款;谁的钱进谁的账,由谁支付;银行不垫款等。

9. 各单位之间、单位与个人之间发生交易往来,通过银行办理结算时,应依据各自的具体条件,自行协商订约,使结算双方办理款项收付完全建立在( )的基础上。

A. 自觉自愿　　　　　　　　　B. 自行处理
C. 相互信任　　　　　　　　　D. 不垫款

【难度系数】★★★

【专家解读】各单位之间、单位与个人之间发生交易往来,通过银行办理结算时,应依据各自的具体条件,自行协商订约,使结算双方办理款项收付完全建立在自觉自愿、相互信任的基础上。这是支付结算基本原则中恪守信用、履约付款原则的体现。

10. 恪守信用、履约付款的原则要求结算当事人必须依照双方约定的民事法律关系内容依法承担义务和行使权利,严格遵守信用,履行付款义务,特别是应当按照约定的( )进行支付。

A. 付款金额　　　　　　　　　B. 付款币种
C. 付款手续　　　　　　　　　D. 付款日期

【难度系数】★★★★

【专家解读】恪守信用、履约付款的原则要求结算当事人必须依照双方约定的民事法律关系内容依法承担义务和行使权利,严格遵守信用,履行付款义务,特别是应当按照约定的付款金额和付款日期进行支付。付款币种、付款手续不比付款金额和付款日期重要。

11. 银行在办理结算时,必须按照存款人的委托,对存款人的资金,除国家法律另有规定外,必须( ),以维护存款人对存款资金的所有权或经营权,保证其对资金的自主支配权。

A. 由其自由支配　　　　　　　B. 银行代为支配
C. 将款项支付给其指定的收款人　D. 将款项随机处理

【难度系数】★★★

【专家解读】银行在办理结算时,必须按照存款人的委托,将款项支付给其指定的收款人;对存款人的资金,除国家法律另有规定外,必须由其自由支配,银行代扣款项,以维护存款人对存款资金的所有权或经营权,保证其对资金的自主支配权。

12. 单位日常活动中的结算可分为( )两大类。

A. 现金结算　　　　　　　　　B. 非现金结算
C. 票据结算　　　　　　　　　D. 非票据结算

【难度系数】★★★

【专家解读】单位日常活动中的结算可分为现金结算和非现金结算两大类。其中非现金结算又称支付结算,分为票据结算和非票据结算方式。

13. 我国《票据法》将汇票分为( )。

A. 银行本票　　　　　　　　　B. 商业汇票
C. 银行汇票　　　　　　　　　D. 商业本票

【难度系数】★★★★

【专家解读】我国《票据法》将汇票分为银行汇票和商业汇票。其中按照签发主体的不同,本票分为银行本票和商业本票。

14. 银行汇票的当事人有（　　）。
    A. 出票银行　　　　　　　　　　B. 收款人
    C. 开票单位　　　　　　　　　　D. 存款单位
    【难度系数】★★★
    【专家解读】银行汇票是出票银行签发的，由其在见票时按照实际结算金额无条件支付给收款人或者持票人的票据。所以银行汇票的当事人只有两个，即出票银行和收款人。

15. 银行汇票可分为（　　）。
    A. 商业汇票　　　　　　　　　　B. 商业转账汇票
    C. 银行现金汇票　　　　　　　　D. 银行转账汇票
    【难度系数】★★★
    【专家解读】银行汇票可分为银行现金汇票和银行转账汇票。其中商业汇票与银行汇票是我国汇票的两大类。

16. 单位和个人在（　　）的各种款项结算，均可使用银行汇票。
    A. 同城　　　　　　　　　　　　B. 异地
    C. 统一票据交换区域　　　　　　D. 统一开户银行
    【难度系数】★★★★
    【专家解读】单位和个人在同城、异地或统一票据交换区域的各种款项结算，均可使用银行汇票。这是银行汇票的使用范围。

17. 银行汇票的出票和付款，全国范围限于（　　）办理。
    A. 参加"全国联行往来"的银行机构　　B. 中国建设银行
    C. 中国人民银行　　　　　　　　D. 中国农业银行
    【难度系数】★★★★
    【专家解读】银行汇票的出票和付款，全国范围限于中国人民银行和各商业银行参加的"全国联行往来"的银行机构办理。

18. 银行汇票的绝对记载事项除包括付款人名称、收款人名称、出票日期等内容外，还必须包括（　　）。
    A. 表明"银行汇票"字样　　　　　B. 无条件支付的承诺
    C. 确定的金额　　　　　　　　　D. 出票人签章
    【难度系数】★★★
    【专家解读】银行汇票的绝对记载事项包括以下七个方面的内容，如果银行汇票上未记载这七个方面事项之一的，该汇票无效：表明"银行汇票"字样，无条件支付的承诺，确定的金额，付款人名称，收款人名称，出票日期，出票人签章。本题四个选项缺一不可。

19. 银行汇票的相对记载事项包括（　　）。
    A. 付款地　　　　　　　　　　　B. 出票地
    C. 存款地　　　　　　　　　　　D. 汇票使用地
    【难度系数】★★★
    【专家解读】相对记载事项包括：付款地，这是指汇票金额的支付地点。未记载付款地的,以付款人的营业场所、住所为付款地。出票地,这是出票人签发票据的地点。未记载出票地的,以出票人的营业场所、住所为出票地。

20.银行汇票的办理程序包括(　　)。

A.申请　　　　　　　　　　　B.受理

C.持票办理结算　　　　　　　D.编制记账凭证

【难度系数】★★★

【专家解读】银行汇票的办理程序包括:申请、受理、持票办理结算。其中编制记账凭证属于持票办理结算的细节内容。

21.申请人使用银行汇票,应向出票银行填写"银行汇票申请书",填明(　　)等事项并签章。

A.收款人名称　　　　　　　　B.汇票金额

C.申请人名称　　　　　　　　D.申请日期

【难度系数】★★★★

【专家解读】申请人使用银行汇票,应向出票银行填写"银行汇票申请书",填明收款人名称、汇票金额、申请人名称、申请日期等事项并签章。其签章为预留银行的签章。

22.申请人取得银行汇票后,即可向填明的收款单位办理结算,申请人应将(　　)一并交付给汇票上的收款人。

A.银行汇票　　　　　　　　　B.银行本票

C.解讫通知　　　　　　　　　D.申请书存根

【难度系数】★★★★

【专家解读】申请人取得银行汇票后,即可向填明的收款单位办理结算,申请人应将银行汇票和解讫通知一并交付给汇票上的收款人。申请人应根据收款人交付的发票等有关单据编制记账凭证。

23.收款人受理申请人交付的银行汇票时,(　　),银行不予受理。

A.未填明实际结算金额

B.未填明多余金额

C.实际结算金额超出汇票金额

D.未清楚填写银行汇票或解讫通知

【难度系数】★★★★

【专家解读】收款人受理申请人交付的银行汇票时,应在出票全额内,根据实际需要的款项办理结算,并将实际金额和多余金额准确、清晰地填入银行汇票和解讫通知的有关栏内。未填明实际结算金额和多余金额或实际结算金额超出汇票金额的,银行不予受理。

24.本票是由出票人约定自己付款的一种自付证券,其基本当事人有(　　)。

A.出票人　　　　　　　　　　B.持票人

C.收款人　　　　　　　　　　D.付款人

【难度系数】★★★

【专家解读】本票是由出票人约定自己付款的一种自付证券,其基本当事人有两个:出票人和收款人,在出票人之外不存在独立的付款人。

25.依据签发主体的不同,本票可以分为( )。
  A.定额本票　　　　　　　　B.不定额本票
  C.银行本票　　　　　　　　D.商业本票
  【难度系数】★★★★
  【专家解读】依据签发主体的不同,本票可以分为:银行本票和商业本票等。我国《票据法》规定的本票仅限于银行本票。根据面额的不同,银行本票可以分为定额银行本票和不定额银行本票。

26.《支付结算办法》规定,定额银行本票面额为( )。
  A.1 000元　　　　　　　　B.5 000元
  C.1万元　　　　　　　　　D.5万元
  【难度系数】★★★
  【专家解读】根据面额的不同,银行本票可以分为定额银行本票和不定额银行本票。《支付结算办法》规定,定额银行本票面额为1 000元、5 000元、1万元、5万元。

27.银行本票的绝对记载事项包括以下六个方面:表明"银行本票"的字样,确定的金额,出票日期以及( )。
  A.无条件支付的承诺　　　　B.收款人名称
  C.付款人名称　　　　　　　D.出票人签章
  【难度系数】★★★★
  【专家解读】银行本票的绝对记载事项包括以下六个方面:表明"银行本票"的字样,无条件支付的承诺,确定的金额,收款人名称,出票日期,出票人签章。欠缺记载六个事项之一的,银行本票无效。

28.银行汇票和银行本票的相对记载事项均包括( )。
  A.付款地　　　　　　　　　B.付款人名称
  C.付款金额　　　　　　　　D.出票地
  【难度系数】★★★
  【专家解读】银行汇票和银行本票的相对记载事项均包括付款地和出票地。付款人不是银行本票的当事人,所以无付款人一说。

29.根据《票据法》规定,收款人或持票人取得银行本票后,( )。
  A.银行见人就付
  B.银行本票见票即付
  C.持票人可随时请求出票人付款
  D.持票人需要出票人付款还得考虑出票人支付意愿
  【难度系数】★★★★
  【专家解读】根据《票据法》规定,银行本票见票即付,收款人或持票人取得银行本票后,可随时请求出票人付款。

30. 使用托收承付结算方式的收款单位和付款单位,必须是( )。
   A. 国有企业
   B. 供销合作社
   C. 经营管理较好并经开户银行审查同意的城乡计提所有制工业企业
   D. 所有制工业企业
   【难度系数】★★★★

   【专家解读】使用托收承付结算方式的收款单位和付款单位,必须是国有企业、供销合作社以及经营管理较好并经开户银行审查同意的城乡计提所有制工业企业。

31. 结算的款项包括( )。
   A. 代销款项
   B. 赊销款项
   C. 商品交易款项
   D. 因商品交易而产生的劳务供应的款项
   【难度系数】★★★★★

   【专家解读】结算的款项必须是商品交易款项,以及因商品交易而产生的劳务供应的款项,代销、寄销、赊销商品的款项,不得办理托收承担结算。

32. 托收承付的流程包括( )。
   A. 签发托收承付结算凭证   B. 托收
   C. 承付   D. 验单承付
   【难度系数】★★★★

   【专家解读】托收承付的流程包括:签发托收承付结算凭证,托收,承付。其中验单承付和验货承付属于承付的两种方式。

33. 签发托收承付结算凭证必须记载( )。
   A. 表明"托收承付"字样   B. 确定的金额,
   C. 付款人开户银行名称   D. 合同名称、号码
   【难度系数】★★★★★

   【专家解读】签发托收承付结算凭证必须记载下列事项:表明"托收承付"字样,确定的金额,付款人名称和账号,付款人开户银行名称,收款人开户银行名称,托收附寄单证张数或册数,合同名称、号码,委托日期,收款人签章。凡托收承付凭证上欠缺上述事项之一的,银行不予受理。所以本题给出的四个选项都必须记载。

34. 托收阶段,销货单位根据经济合同发货,取得发运证件后,填制托运承付结算凭证。应将( )送交开户银行办理托收手续。
   A. 托收承付结算凭证一式数联   B. 发票
   C. 托运单   D. 代垫运费
   【难度系数】★★★★

   【专家解读】托收阶段,销货单位根据经济合同发货,取得发运证件后,填制托运承付结算凭证。托收承付结算凭证一式数联,连同发票、托运单和代垫运费等单据,一并送交开户

银行办理托收手续。

35. 单位和个人凭已承兑的(　　)等付款人债务证明办理款项的结算,均可以使用委托收款的结算方式。

　　A. 商业汇票　　　　　　　　B. 商业本票
　　C. 债券　　　　　　　　　　D. 存单

【难度系数】★★★

【专家解读】 单位和个人凭已承兑的商业汇票、债券、存单等付款人债务证明办理款项的结算,均可以使用委托收款的结算方式。且委托收款在同城、异地都可以使用。

36. 委托收款流程中有(　　)。

　　A. 签发　　　　　　　　　　B. 承付
　　C. 委托　　　　　　　　　　D. 付款

【难度系数】★★★★

【专家解读】 委托收款流程包括:签发、委托、付款。所以经过比较没有承付这一过程。

37. 下列有关票据和结算凭证正确的说法有(　　)。

　　A. 是银行、单位和个人记账的会计凭证
　　B. 是记载经济业务和明确经济责任的一种书面证明
　　C. 是办理支付结算和现金收付的重要依据
　　D. 直接关系到支付结算的准确、及时和安全

【难度系数】★★★

【专家解读】 票据和结算凭证是银行、单位和个人记账的会计凭证,是记载经济业务和明确经济责任的一种书面证明,也是办理支付结算和现金收付的重要依据,直接关系到支付结算的准确、及时和安全。

38. 根据《正确填写票据和结算凭证的基本规定》的规定,票据和结算凭证应当符合(　　)。

　　A. 中文大写金额数字应当正楷或行书填写,不得自造简化字
　　B. 中文大写金额数字到"元"为止的,在"元"之后,应当写"整"或"正"字
　　C. 中文大写金额数字到"角"为止的,在"角"之后,应当写"整"或"正"字
　　D. 阿拉伯小写金额数字前面,均应填写人民币符号"￥"

【难度系数】★★★

【专家解读】 根据《正确填写票据和结算凭证的基本规定》的规定,票据和结算凭证应当符合:中文大写金额数字应当正楷或行书填写,不得自造简化字;中文大写金额数字到"元"为止的,在"元"之后,应当写"整"或"正"字,到"角""分"的不必写;中文大写金额数字前应标明"人民币"字样,大写金额数字应紧接着"人民币"字样填写,不得留有空白;阿拉伯小写金额数字前面,均应填写人民币符号"￥"。

39. 下列有关票据出票日期的书写要求正确的有(　　)。

　　A. 票据的出票日期必须使用中文大写
　　B. 票据出票日期使用小写填写的,银行不予受理

C.大写日期未按要求规范填写的,银行可予以受理,但由此造成损失的,由出票人自行承担

D.日为壹至玖和壹拾、贰拾和叁拾的,应在其前加"零"

【难度系数】★★★

【专家解读】票据的出票日期必须使用中文大写。为防止变造票据的出票日期,在填写月、日时,月为壹、贰和壹拾的,日为壹至玖和壹拾、贰拾和叁拾的,应在其前加"零";日为拾壹至拾玖的,应在其前面加"壹"。票据出票日期使用小写填写的,银行不予受理;大写日期未按要求规范填写的,银行可予以受理,但由此造成损失的,由出票人自行承担。

40.票据和结算凭证上的盖章,下列符合规定的有(　　)。

A.签名　　　　　　　　　　B.盖章

C.签名加盖章　　　　　　　D.签名或盖章两者只能选一种

【难度系数】★★★★

【专家解读】票据和结算凭证上的盖章,为签名、盖章或者签名加盖章。即两者都具备或者两者选一即可,而非两者只能选一种。

41.单位在票据上的签章和单位在结算凭证上的签章,下列哪些是该单位必须有的(　　)。

A.单位参阅　　　　　　　　B.单位盖章

C.法定代表人签名　　　　　D.法定代表人查收

【难度系数】★★★★

【专家解读】单位在票据上的签章和单位在结算凭证上的签章,为该单位的盖章加其法定代表人或其授权的代理人的签名或盖章。

42.票据和结算凭证的(　　)不得更改,更改的,票据无效。

A.金额　　　　　　　　　　B.出票

C.签发日期　　　　　　　　D.收款人名称

【难度系数】★★★★

【专家解读】票据和结算凭证的金额、出票或签发日期、收款人名称不得更改,更改的,票据无效。

43.下列事项可以用现金支付款项的有(　　)。

A.职工工资　　　　　　　　B.个人劳务报酬

C.向个人收购农副产品的价款　　D.出差人员必须随身携带的差旅费

【难度系数】★★★★★

【专家解读】根据《现金管理暂行条例》的规定,开户单位可在下列范围内使用现金支付款项:职工工资、津贴,个人劳务报酬,根据国家规定颁发给个人的科学技术、文化艺术、体育等各种奖金,各种劳保、福利费用以及国家规定的对个人的其他支出,向个人收购农副产品和其他物资支付的价款,出差人员必须随身携带的差旅费,结算起点1 000元以下的零星支出,中国人民银行确定需要支付现金的其他支出。

第二章 支付结算法律制度

44. 开户单位支付现金,可以( )。
A. 从本单位的现金收入中直接支付　　B. 从本单位库存现金限额中支付
C. 从本单位的任意现金中划取　　　　D. 从开户银行提取

【难度系数】★★★★

【专家解读】开户单位支付现金,可以从本单位库存现金限额中支付或从开户银行提取,不得从本单位的现金收入中直接支付("坐支")。因特殊情况需要坐支现金的,应当事先报经开户银行审查批准,由开户银行核定坐支范围和限额。坐支单位必须在现金账上如实反映坐支金额,并按月向开户银行报送坐支金额和使用情况。

45. 开户单位根据规定从开户银行提取现金时,需要经过( ),而后予以支付现金。
A. 如实写明提取现金的额度　　B. 由本单位财会部门负责人签字盖章
C. 经开户银行审核　　　　　　D. 如实写明提取现金的用途

【难度系数】★★★★

【专家解读】开户单位根据规定从开户银行提取现金时,应如实写明提取现金的用途,由本单位财会部门负责人签字盖章,经开户银行审核后,予以支付现金。

46. 因采购地点不确定、交通不便、生产或者市场急需,抢险救灾以及其他特殊情况必须使用现金的,开户单位应当( ),然后予以支付现金。
A. 向开户银行提出申请　　　　B. 本单位财会部门负责人签字盖章
C. 开户银行审核　　　　　　　D. 开户银行鉴别

【难度系数】★★★★★

【专家解读】因采购地点不确定、交通不便、生产或者市场急需,抢险救灾以及其他特殊情况必须使用现金的,开户单位应当向开户银行提出申请,由本单位财会部门负责人签字盖章,经开户银行审核后,予以支付现金。其中开户银行鉴别包含在开户银行审核中。

47. 开户单位应严格执行《现金管理暂行条例实施细则》规定的"七不准"包括( )等。
A. 不得"白条顶库"
B. 不准单位之间互借现金
C. 不准利用银行账户代其他单位和个人存入或支取现金
D. 禁止发行变相货币

【难度系数】★★★★

【专家解读】开户单位应严格执行《现金管理暂行条例实施细则》规定的"七不准":不准用不符合国家统一的会计制度的凭证顶替库存现金,即不得"白条顶库";不准单位之间互借现金;不准谎报用途套取现金;不准利用银行账户代其他单位和个人存入或支取现金;不准将单位收入的现金以个人名义存入储蓄;不准保留账外公款,禁止发行变相货币;不准以任何票券代替人民币在市场上流通。尽管答案选项中包含四个选项,但实际有七条,我们都应当牢记。

48. 财政部印发了《内部会计控制规范——货币资金(试行)》,以加强对单位货币资金的内部控制和管理,保证货币资金的安全,对健全现金的内部控制工作提出了具体要求,包括( )。

A. 建立单位货币资金内部控制制度 B. 加强货币资金业务岗位管理
C. 严格货币资金的授权管理 D. 按照规定程序办理货币资金支付业务

【难度系数】★★★★

【专家解读】为了加强对单位货币资金的内部控制和管理,保证货币资金的安全,财政部印发了《内部会计控制规范——货币资金(试行)》,对健全现金的内部控制工作提出了具体要求,包括:建立单位货币资金内部控制制度,加强货币资金业务岗位管理,严格货币资金的授权管理,按照规定程序办理货币资金支付业务。

49. 出纳人员不得兼任( )工作。
A. 稽核 B. 会计档案保管
C. 收入账目登记 D. 债权债务登记

【难度系数】★★★★

【专家解读】出纳人员不得兼任稽核、会计档案保管和收入、支出、费用、债权债务账目的登记工作,形成岗位的相互制衡。

50. 规定程序办理货币资金支付业务程序包括( )。
A. 支付申请 B. 支付审批
C. 支付复核 D. 办理支付

【难度系数】★★★★

【专家解读】规定程序办理货币资金支付业务程序包括:支付申请,支付审批,支付复核,办理支付,必须按照此程序办理货币资金支付业务。

51. 单位有关部门或个人用款时,应当提前向审批人提交货币资金支付申请,注明款项的( )等内容,并附有效经济合同或相关证明。
A. 用途 B. 金额
C. 预算 D. 支付方式

【难度系数】★★★

【专家解读】单位有关部门或个人用款时,应当提前向审批人提交货币资金支付申请,注明款项的用途、金额、预算、支付方式等内容,并附有效经济合同或相关证明。

52. 复核人应当对批准后的货币资金支付申请进行复核,复核内容包括( )。
A. 批准范围、权限、程序是否正确 B. 手续及相关单证是否齐备
C. 金额计算是否准确 D. 支付方式、支付单位是否妥当

【难度系数】★★★

【专家解读】复核人应当对批准后的货币资金支付申请进行复核,复核货币资金支付申请的批准范围、权限、程序是否正确,手续及相关单证是否齐备,金额计算是否准确,支付方式、支付单位是否妥当等。复核无误后,交由出纳人员办理支付手续。

53. 出纳人员应当根据复核无误的支付申请,按规定办理货币资金支付手续,及时登记( )。
A. 银行存款日记账 B. 总账
C. 现金日记账 D. 会计报表

第二章 支付结算法律制度

【难度系数】★★★★

【专家解读】 出纳人员应当根据复核无误的支付申请,按规定办理货币资金支付手续,及时登记现金和银行存款日记账。

54.人民币银行中的"银行"是指在中国境内经中国人民银行批准经营支付结算业务的( )等金融机构。

A.政策性银行
B.商业银行、城市信用合作社
C.农村信用合作社
D.农村医疗合作社

【难度系数】★★★

【专家解读】 人民币银行中的"银行"是指在中国境内经中国人民银行批准经营支付结算业务的政策性银行、商业银行、城市信用合作社、农村信用合作社等金融机构。

55.银行结算账户的特征有( )。

A.银行结算账户是存款人与银行之间产生的一种法律关系
B.银行结算账户的性质是活期存款账户
C.银行结算账户的目的是办理资金收付结算
D.银行结算账户是人民币活期存款账户

【难度系数】★★★

【专家解读】 银行结算账户有如下特征:银行结算账户是存款人与银行之间产生的一种法律关系,银行结算账户的性质是活期存款账户,银行结算账户的目的是办理资金收付结算,银行结算账户是人民币活期存款账户。本题的四个选项均为银行结算账户的特征。

56.下列属于银行结算账户法律关系的主体的是( )。

A.存款人
B.借款人
C.银行
D.财政部

【难度系数】★★★

【专家解读】 银行结算账户法律关系的主体是存款人与银行,存款人与银行之间既有平等的经济协调法律关系,也有不平等的经济管理法律关系。

57.根据存款人的不同,银行结算账户分为( )。

A.基本存款账户
B.专用存款账户
C.个人银行结算账户
D.单位银行结算账户

【难度系数】★★★★

【专家解读】 根据存款人的不同,银行结算账户分为个人银行结算账户和单位银行结算账户。从用途的角度划分,单位银行结算账户可以分为基本存款账户、一般存款账户、专用存款账户、临时存款账户。基本存款账户、专用存款账户是单位银行结算账户根据用途所做的划分。

58.个人银行结算账户中的个人包括( )。

A.中国公民
B.中国内地公民
C.外国公民
D.中国人民

【难度系数】★★★

哪里有天才,我是把别人喝咖啡的工夫都用在学习上的。——鲁迅

【专家解读】个人银行结算账户是指存款人凭个人身份证件以自然人名称开立的银行结算账户,其中个人包括中国公民和外国公民。

59. 银行结算账户应当遵守的基本原则有(　　)。

　　A. 一个基本账户原则　　　　　　B. 自主选择原则
　　C. 守法合规原则　　　　　　　　D. 存款信息保密原则

【难度系数】★★★★

【专家解读】银行结算账户应当遵守以下基本原则:一个基本账户原则,自主选择原则,守法合规原则,存款信息保密原则。

60. 存款人可根据银行结算账户的用途以及不同的资金来源,开立不同的银行账户,可以开立(　　)。

　　A. 基本存款账户　　　　　　　　B. 一般存款账户
　　C. 临时存款账户　　　　　　　　D. 专用存款账户

【难度系数】★★★★

【专家解读】存款人可根据银行结算账户的用途以及不同的资金来源,开立不同的银行账户。比如,可以开立基本存款账户、一般存款账户、临时存款账户和专用存款账户。

61. 银行结算账户的开立和使用应当遵守法律、行政法规,不得利用银行结算账户进行(　　)活动。

　　A. 资金结算　　　　　　　　　　B. 偷逃税款
　　C. 逃废债务　　　　　　　　　　D. 套取现金

【难度系数】★★★

【专家解读】银行结算账户的开立和使用应当遵守法律、行政法规,不得利用银行结算账户进行违法犯罪活动,如不得利用银行结算账户进行偷逃税款、逃废债务、套取现金及其他违法犯罪活动。

62. 银行必须依法为存款人的银行结算账户信息保密,不得代任何单位或个人对存款人账户内存款和有关资料进行(　　)。

　　A. 查询　　　　　　　　　　　　B. 冻结
　　C. 扣划　　　　　　　　　　　　D. 使用

【难度系数】★★★

【专家解读】银行结算账户信息包括开立的主体、账号、密码、余额及资金往来情况等。银行应依法为存款人信息保密,除国家法律、行政法规另有规定外,不得代任何单位或个人查询、冻结、扣划存款人账户内存款和有关资料。对于存款人账户内存款更不得外人或单位无理由无条件使用。

63. 银行结算账户的开立一般程序包括(　　)。

　　A. 填制开户申请书　　　　　　　B. 签订协议
　　C. 开户银行依法审查　　　　　　D. 中国人民银行当地分支行依法核准

【难度系数】★★★

【专家解读】银行结算账户的开立一般程序包括:填制开户申请书、签订协议、开户银行

第二章　支付结算法律制度

依法审查、中国人民银行当地分支行依法核准、开立账户。

64. 单位申请开立单位银行结算账户时,应当由(　　)办理。
A. 法定代表人　　　　　　　　B. 授权他人办理
C. 单位负责人　　　　　　　　D. 单位会计人员
【难度系数】★★★★
【专家解读】单位申请开立单位银行结算账户时,应当由法定代表人或单位负责人直接办理,如因特殊原因法定代表人或单位负责人不能亲自办理的,必须授权他人办理。

65. 无字号的个体工商户开立银行结算账户的名称,由(　　)组成。
A. 营业执照记载的经营者姓名　　B. 营业执照上记载的注册地址
C. "个体户"字样　　　　　　　　D. 单位名称
【难度系数】★★★
【专家解读】无字号的个体工商户开立银行结算账户的名称,由"个体户"字样和营业执照记载的经营者姓名组成。

66. 开立银行结算账户时,银行应与存款人签订银行结算账户管理协议,明确双方(　　)。
A. 权利　　　　　　　　　　　B. 真实性
C. 有效性　　　　　　　　　　D. 义务
【难度系数】★★★
【专家解读】开立银行结算账户时,银行应与存款人签订银行结算账户管理协议,主要是为了明确双方的权利与义务。

67. 存款人为单位的,其预留签章为(　　)。
A. 个人签名或盖章　　　　　　B. 单位公章及法定代表人签名
C. 财务专用章及授权代理人盖章　D. 单位公章或财务专用章
【难度系数】★★★★
【专家解读】存款人为单位的,其预留签章为该单位的公章或财务专用章加其法定代表人或其授权代理人的签名或盖章;存款人为个人的,其预留签章为个人的签名或盖章。

68. 下列情况下账户名称、存款人名称及预留银行签章中的公章或财务专用章的名称可以不同的有(　　)。
A. 因注册验资开立的临时存款账户
B. 预留银行签章中公章或财务专用章的名称
C. 没有字号的个体工商户开立的银行结算账户
D. 普通个人工商户开立的银行结算账户
【难度系数】★★★★★
【专家解读】账户名称、存款人名称及预留银行签章中的公章或财务专用章的名称应当保持一致,但下列情况除外:因注册验资开立的临时存款账户,其账户名称为工商行政管理部门核发的"企业名称预先核准通知书"或政府有关部门批文中注明的名称,其预留银行签章中的公章或财务专用章的名称应是存款人与银行在银行结算账户管理协议中约定的出资

读一本好书,就是和许多高尚的人谈话。——歌德

人名称;预留银行签章中公章或财务专用章的名称依法可使用简称,账户名称应与其保持一致;没有字号的个体工商户开立的银行结算账户,其预留签章中公章或财务专用章应是个人户字样加营业执照上载明的经营者的签名或盖章。

69.银行应对存款人的开户申请书填写的事项和证明文件的( )进行认真审查。

A.真实性 B.有效性
C.完整性 D.合规性

【难度系数】★★★★★

【专家解读】对存款人的开户申请书填写的事项和证明文件,银行应对其的真实性、完整性、合规性进行认真审查。其中未提到有效性的要求。

70.存款人有( )情形的,应向开户银行提出撤销银行结算账户的申请。

A.被撤并、解散、宣告破产或关闭的 B.注销、被吊销营业执照的
C.因迁址需要变更开户银行的 D.正常经营的

【难度系数】★★★★

【专家解读】存款人有以下情形之一的,应向开户银行提出撤销银行结算账户的申请:被撤并、解散、宣告破产或关闭的,注销、被吊销营业执照的,因迁址需要变更开户银行的,其他原因需要撤销银行结算账户的。

71.存款人撤销银行结算账户,必须与开户银行核对银行结算账户存款余额,交回( ),银行核对无误后方可办理销户手续。

A.开户证明 B.空白票据
C.结算凭证 D.开户登记证

【难度系数】★★★

【专家解读】存款人撤销银行结算账户,必须与开户银行核对银行结算账户存款余额,交回各种重要空白票据及结算凭证和开户登记证,银行核对无误后方可办理销户手续,从而注销该银行结算账户。

72.基本存款账户是存款人因办理( )需要开立的银行结算账户。

A.日常转账结算 B.借款
C.现金收付 D.特殊资金取用

【难度系数】★★★★

【专家解读】基本存款账户是存款人因办理日常转账结算和现金收付需要开立的银行结算账户。一般存款账户是指存款人因借款或其他结算需要。

73.下列存款人,可以申请开立基本存款账户的有( )。

A.企业法人 B.非法人企业
C.团级(含)以上军队 D.民办非企业组织

【难度系数】★★★★

【专家解读】可以申请开立基本存款账户的有:企业法人,非法人企业,机关、事业单位,团级(含)以上军队,武警部队及分散执勤的支(分)队,社会团体,民办非企业组织,异地常设机构,外国驻华机构,个体工商户,居民委员会,村民委员会,社区委员会,单位设立的独立核

算的附属机构,其他组织。因为本题只给出四个选项,所以全选。

74.基本存款账户使用范围包括( )。
A.资金收付
B.工资支取
C.支票结算
D.奖金支取
【难度系数】★★★★
【专家解读】基本存款账户是存款人的主办账户。存款人日常经营活动的资金收付及其工资、奖金和现金的支取,应通过该账户办理。

75.独立核算的附属机构申请开立基本存款账户时,应出具( )。
A.主管部门的基本存款账户开户登记证
B.主管部门的基本存款账户开户批文
C.企业法人营业执照正本
D.企业营业执照正本
【难度系数】★★★
【专家解读】独立核算的附属机构,应出具其主管部门的基本存款账户开户登记证和批文。企业法人申请开立基本存款账户,应出具企业法人营业执照正本。非法人企业,应出具企业营业执照正本。

76.存款人因向银行借款需要,申请开立一般存款账户,应向银行出具( )。
A.开立基本存款账户规定的证明文件
B.基本存款账户开户登记证
C.借款合同
D.结算证明
【难度系数】★★★
【专家解读】开立一般存款账户应按照规定的程序办理并提交有关证明文件。存款人申请开立一般存款账户,应向银行出具其开立基本存款账户规定的证明文件、基本存款账户开户登记证和下列证明文件:存款人因向银行借款需要,应出具借款合同;存款人因其他结算需要,应出具有关证明。

77.金融机构因存放同业资金而开立专用存款账户的申请开立专用存款账户,应向银行出具其开立( )和相关证明文件。
A.基本存款账户开户登记证
B.一般存款账户规定的证明文件
C.基本存款账户规定的证明文件
D.一般存款账户开户登记证
【难度系数】★★★★
【专家解读】金融机构因存放同业资金而开立专用存款账户的申请开立专用存款账户,应向银行出具其开立基本存款账户规定的证明文件、基本存款账户开户登记证和相关证明文件。两者缺一不可。

78.收入汇缴资金和业务支出资金而申请开立专用存款账户的,应向银行出具其开立基本存款账户相关的( )。
A.开户证明文件
B.单位证明
C.存款人证明
D.开户登记证
【难度系数】★★★

【专家解读】收入汇缴资金和业务支出资金而申请开立专用存款账户的,应向银行出具其开立基本存款账户规定的证明文件、基本存款账户开户登记证和基本存款账户存款人有关的证明。

79.临时存款账户是指存款人( )而开立的银行结算账户。
  A.临时需要   B.专门资金使用
  C.日常使用   D.规定期限内使用
  【难度系数】★★★
  【专家解读】临时存款账户是指存款人因临时需要并在规定期限内使用而开立的银行结算账户。专用存款账户的对象是具有特定使用用途的资金所需设立的。

80.存款人在( )情况下,可以选择申请开立临时存款账户。
  A.金融机构存放同业资金   B.设立临时机构
  C.异地临时经营活动   D.注册验资
  【难度系数】★★★
  【专家解读】存款人有设立临时机构、异地临时经营活动、注册验资情况的,可以申请开立临时存款账户。金融机构在存放同业资金时一般选用申请专用存款账户。

81.申请开立临时存款账户,进行的资金收付主体为( )。
  A.持续经营业务   B.临时机构
  C.临时经营活动   D.持续经营机构
  【难度系数】★★★
  【专家解读】临时存款账户用于办理临时机构以及存款人临时经营活动发生的资金收付。

82.开立临时存款账户应按照规定的程序办理并提交有关证明文件。存款人申请开立临时存款账户下列( )在申请临时存款账户时,需要基本存款账户开户登记证。
  A.异地建筑施工   B.注册验资
  C.安装单位   D.异地从事临时经营活动的单位
  【难度系数】★★★
  【专家解读】异地建筑施工及安装单位,申请开立临时存款账户的,应出具其营业执照正本或其隶属单位的营业执照正本,以及施工及安装地建设主管部门核发的许可证或建筑施工及安装合同及其基本存款账户开户登记证。异地从事临时经营活动的单位,应出具其营业执照正本以及临时经营地工商行政管理部门的批文及其基本存款账户开户登记证。

83.有下列( )情况的,可以申请开立个人银行结算账户。
  A.使用支票支付的   B.使用信用卡支付的
  C.办理汇兑业务的   D.办理定期贷记的
  【难度系数】★★★★
  【专家解读】有下列情况的,可以申请开立个人银行结算账户:①使用支票、信用卡等信用支付工具的;②办理汇兑、定期借记、定期贷记、借记卡等结算业务的。

84.对于香港、澳门、台湾居民,在中国内地申请办理个人银行结算账户时,应出

第二章 支付结算法律制度

具( )。

A. 通行证　　　　　　　　　　B. 有效旅行证件
C. 护照　　　　　　　　　　　D. 户口簿

【难度系数】★★

【专家解读】对于香港、澳门居民,在中国内地申请办理个人银行结算账户时,应出具港澳居民来往内地通行证;台湾居民,应出具台湾居民往来大陆通行证或者其他有效旅行证件。

85. 银行为中国居民开立个人银行结算账户时,根据需要除出具居民身份证件外,还可要求申请人出具( )等有效证件。

A. 银行卡　　　　　　　　　　B. 户口簿
C. 驾驶执照　　　　　　　　　D. 护照

【难度系数】★★★★

【专家解读】银行为个人开立银行结算账户时,对象为中国居民,应出具居民身份证或临时身份证。根据需要还可要求申请人出具户口簿、驾驶执照、护照等有效证件。

86. ( )只要符合相关规定,都可根据需要在异地开立相应的银行结算账户。

A. 单位　　　　　　　　　　　B. 个人
C. 大型组织　　　　　　　　　D. 社会团体

【难度系数】★★★★

【专家解读】单位或个人只要符合相关规定,都可根据需要在异地开立相应的银行结算账户,而不局限于组织规模或是否为社会团体。

87. 存款人有下列情形( ),可以在异地开立有关银行结算账户。

A. 营业执照注册地与经营地不在同一行政区域,需要开立基本存款账户的
B. 办理异地借款需要开立一般存款账户的
C. 异地临时经营活动需要开立临时存款账户的
D. 自然人根据需要在异地开立个人银行结算账户的

【难度系数】★★★

【专家解读】存款人有如下情形的,可以在异地开立有关银行结算账户:①营业执照注册地与经营地不在同一行政区域(跨省、市、县),需要开立基本存款账户的;②办理异地借款和其他结算需要开立一般存款账户的;③存款人因附属的非独立核算单位或派出机构发生的收入汇缴或业务支出需要开立专用存款账户的;④异地临时经营活动需要开立临时存款账户的;⑤自然人根据需要在异地开立个人银行结算账户的。

88. 异地借款的存款人,在异地开立一般存款账户的,应出具( )。

A. 基本存款账户开户登记证　　B. 临时存款账户开户登记证
C. 异地取得贷款的借款合同　　D. 隶属单位证明

【难度系数】★★

【专家解读】异地借款的存款人,在异地开立一般存款账户的,应出具在异地取得贷款的借款合同及基本存款账户开户登记证。

玉不琢,不成器,人不学,不知义。——《礼记》

89.中国人民银行当地分支行通过(　　)等系统的连接,依法检测和查处未经中国人民银行核对或未向中国人民银行备案的银行结算账户。
　　A.账户管理系统　　　　　　　　B.支付系统
　　C.同城票据交换系统　　　　　　D.互联网系统
　　【难度系数】★★★★
　　【专家解读】中国人民银行当地分支行通过账户管理系统与支付系统,同城票据交换系统等系统的连接,实现相关银行结算账户信息的比对,依法检测和查处未经中国人民银行核对或未向中国人民银行备案的银行结算账户。

90.中国人民银行应建立健全开户许可证的(　　)制度。
　　A.印制　　　　　　　　　　　　B.保管
　　C.领用　　　　　　　　　　　　D.颁发
　　【难度系数】★★★
　　【专家解读】中国人民银行应建立健全开户许可证的印制、保管、领用、颁发、缴收和销毁制度。任何单位及个人不得伪造、变造及私自印制开户许可证。

91.针对银行结算账户而言,中国人民银行对存款人的管理包括(　　)。
　　A.加强处罚力度　　　　　　　　B.加强对预留银行签章的管理
　　C.加强对开户许可证的管理　　　D.妥善保管其密码
　　【难度系数】★★★
　　【专家解读】中国人民银行对存款人的管理包括:存款人应加强对预留银行签章的管理,应加强对开户许可证的管理,应妥善保管其密码。

92.单位遗失预留公章或财务专用章的,应向开户银行出具(　　)等相关证明文件。
　　A.书面申请　　　　　　　　　　B.开户许可证
　　C.营业执照　　　　　　　　　　D.负责人身份证
　　【难度系数】★★★
　　【专家解读】单位遗失预留公章或财务专用章的,应向开户银行出具书面申请、开户许可证、营业执照等相关证明文件。无须负责人身份证。

93.更换预留公章或财务专用章时,应向开户银行出具(　　)等相关证明文件。
　　A.书面申请　　　　　　　　　　B.原预留签章的式样
　　C.开户许可证　　　　　　　　　D.营业执照正本
　　【难度系数】★★
　　【专家解读】更换预留公章或财务专用章时,应向开户银行出具书面申请、原预留签章的式样等相关证明文件。对于开户许可证及营业执照正本只在无法提供原预留公章时需要提供。

94.更换预留公章或财务专用章但无法提供原预留公章或财务专用章的,应向开户银行出具(　　)等相关证明文件。
　　A.原印鉴卡片　　　　　　　　　B.开户许可证
　　C.营业执照正本　　　　　　　　D.司法部门证明

第二章 支付结算法律制度

【难度系数】★★★★

【专家解读】更换预留公章或财务专用章但无法提供原预留公章或财务专用章的,应向开户银行出具原印鉴卡片、开户许可证、营业执照正本、司法部门证明等相关证明文件。应注意区别能提供预留公章或财务专用章与不能提供预留公章的情况。

95.个人遗失或更换预留个人印章或更换签字人时,应向开户银行出具(　　)。

A.经签名确认的书面申请　　　　B.原预留印章

C.签字人的个人身份证件　　　　D.个人户籍证明

【难度系数】★★★★

【专家解读】个人遗失或更换预留个人印章或更换签字人时,应向开户银行出具经签名确认的书面申请,以及原预留印章或签字人的个人身份证件。其中根据原预留印章或签字人的个人身份证件便可办理业务变更,无须个人户籍证明。

96.对于经营性的存款人,在开立、撤销银行结算账户过程中有(　　)情况下,给予警告并处以1万元以上3万元以下的罚款。

A.违反规定开立银行结算账户

B.伪造证明文件欺骗银行开立银行结算账户

C.违反规定不及时撤销银行结算账户

D.变造证明文件欺骗银行开立银行结算账户

【难度系数】★★★★★

【专家解读】对于经营性的存款人,有下列情形之一的给予警告并处以1万元以上3万元以下的罚款;构成犯罪的,移交司法机关依法追究刑事责任:违反规定开立银行结算账户;伪造、变造证明文件欺骗银行开立银行结算账户;违反规定不及时撤销银行结算账户。

97.对于非经营性的存款人,使用银行结算账户过程中,有(　　)情况下,给予警告并处以1 000元的罚款。

A.违反规定将单位款项转入个人银行结算账户

B.违反规定支取现金

C.利用开立银行结算账户逃废银行债务

D.出租、出借银行结算账户

【难度系数】★★★★★

【专家解读】非经营性的存款人在使用银行结算账户过程中,有下列行为之一的给予警告并处以1 000元的罚款:违反规定将单位款项转入个人银行结算账户;违反规定支取现金;利用开立银行结算账户逃废银行债务;出租、出借银行结算账户;从基本存款账户之外的银行结算账户转账存入,将销货收入或现金存入单位信用卡账户。

98.对于经营性的存款人,违反规定将单位款项转入个人银行结算账户给予(　　)处罚。

A.警告　　　　　　　　　　　　B.以5 000元以上3万元以下罚款

C.1 000元的罚款　　　　　　　　D.5万元罚款

【难度系数】★★★★★

知识是珍贵宝石的结晶,文化是宝石放出的光泽。——泰戈尔

【专家解读】对于经营性的存款人,违反规定将单位款项转入个人银行结算账户;违反规定支取现金;利用开立银行结算账户逃废银行债务;出租、出借银行结算账户;从基本存款账户之外的银行结算账户转账存入、将销货收入或现金存入单位信用卡账户,给予警告并处以5 000元以上3万元以下的罚款。

99.存款人违反规定,( )开户登记证的,属非经营性的,处以1 000元罚款。

A. 伪造　　　　　　　　　　B. 变造

C. 私自印制　　　　　　　　D. 使用

【难度系数】★★★

【专家解读】存款人违反规定,伪造、变造、私自印制开户登记证的,属非经营性的处以1 000元罚款,构成犯罪的,移交司法机关依法追究刑事责任。

100.银行在银行结算账户的开立过程中明知或应知是单位资金,而允许以自然人名称开立账户存储,应给予银行( )处罚。

A. 警告　　　　　　　　　　B. 纪律处分

C. 5万元以上30万元以下的罚款　　D. 1万元以上5万元以上罚款

【难度系数】★★★★★

【专家解读】银行在银行结算账户的开立过程中明知或应知是单位资金,而允许以自然人名称开立账户存储,应给予银行以警告,并处以5万元以上30万元以下的罚款。

101.银行在银行结算账户的开立过程中,违反规定为存款人多头开立银行结算账户的,应( )。

A. 对该银行直接负责的高级管理人员给予纪律处分

B. 对银行处以5万元以上30万元以下的罚款

C. 停止银行开立基本存款账户的核准

D. 责令该银行停业整顿

【难度系数】★★★★

【专家解读】银行在银行结算账户的开立过程中,违反规定为存款人多头开立银行结算账户的,给予警告,并处以5万元以上30万元以下的罚款;对该银行直接负责的高级管理人员、其他直接负责的主管人员、直接责任人员按照规定给予纪律处分;情节严重的,中国人民银行有权停止其开立基本存款账户的核准,责令该银行停业整顿或者吊销经营金融业许可证;构成犯罪的,移交司法机关依法追究刑事责任

102.下列( )属于银行在银行结算账户使用中的违法行为。

A. 提供虚假开户申请资料欺骗中国人民银行许可开立基本存款账户

B. 违反规定办理个人银行结算账户转账结算

C. 为储蓄账户办理转账结算

D. 违反规定为存款人支付现金或办理现金存入

【难度系数】★★★

【专家解读】银行在银行结算账户使用中,有下列行为之一的,均属违规违法行为:提供虚假开户申请资料欺骗中国人民银行许可开立基本存款账户、临时存款账户、预算单位专用

存款账户;开立或撤销单位银行结算账户,未按《账户管理办法》规定在其基本存款账户开户登记证上予以登记、签章或通知相关开户银行;违反规定办理个人银行结算账户转账结算;为储蓄账户办理转账结算;违反规定为存款人支付现金或办理现金存入;超过期限或未向中国人民银行报送账户开立、变更、撤销资料。

103.一般来讲,票据具有(　　)职能。
A.信用　　　　　　　　　　B.支付
C.汇总　　　　　　　　　　D.结算
【难度系数】★★★★
【专家解读】一般来讲,票据具有信用、支付、汇总和结算等职能。票据结算是支付结算的重要内容。

104.在我国,票据包括(　　)等。
A.银行汇票　　　　　　　　B.商业汇票
C.银行本票　　　　　　　　D.支票
【难度系数】★★
【专家解读】在我国,票据包括银行汇票、商业汇票、银行本票和支票。

105.行使追索权的当事人可以是(　　)。
A.票载收款人　　　　　　　B.最后被背书人
C.代为清偿票据债务的保证人　D.代为清偿票据债务的背书人
【难度系数】★★★
【专家解读】行使追索权的当事人除票载收款人和最后被背书人外,还可能是代为清偿票据债务的保证人、背书人。

106.行使付款请求权的持票人可以是(　　)。
A.代为清偿票据债务的保证人　B.代为清偿票据债务的背书人
C.票载收款人　　　　　　　D.最后的被背书人
【难度系数】★★★★
【专家解读】行使付款请求权的持票人可以是票载收款人或最后的被背书人。

107.票据义务是指票据债务人向持票人支付票据金额的责任。它是基于债务人特定的票据行为而应承担的义务,主要包括(　　)。
A.付款义务　　　　　　　　B.偿还义务
C.背书义务　　　　　　　　D.承兑义务
【难度系数】★★★★
【专家解读】票据义务是指票据债务人向持票人支付票据金额的责任。它是基于债务人特定的票据行为而应承担的义务,主要包括付款义务和偿还义务。其中如出票、背书、承兑等不属于义务,而是一种票据行为。

108.《中华人民共和国票据法》规定的票据行为包括(　　)。
A.出票　　　　　　　　　　B.背书
C.承兑　　　　　　　　　　D.保证

【难度系数】★★★★

【专家解读】《中华人民共和国票据法》规定的票据行为包括出票、背书、承兑和保证四种。四个选项均为票据行为,故全选。

109.票据记载事项可分为( )等。
　　A.绝对记载事项　　　　　　　　　　B.相对记载事项
　　C.混合记载事项　　　　　　　　　　D.任意记载事项
【难度系数】★★★

【专家解读】票据记载事项可分为绝对记载事项、相对记载事项和任意记载事项等。没有混合记载事项这样的说法。

110.下列有关任意记载事项说法正确的是( )。
　　A.法律明文规定必须记载　　　　　　B.法律未明文规定必须记载
　　C.记载时不产生票据效力　　　　　　D.不记载时不影响票据效力
【难度系数】★★★

【专家解读】任意记载事项,是指《票据法》不强制当事人必须记载而允许当事人自行选择,不记载时不影响票据效力,记载时则产生票据效力的事项。

111.下列属于相对记载事项的有( )。
　　A.汇票上未记载付款日期的
　　B.汇票上未记载付款地的
　　C.汇票上未记载付款人的营业场所
　　D.付款人经常居住地为付款地汇票上未记载的
【难度系数】★★★

【专家解读】相对记载事项是指《中华人民共和国票据法》规定应该记载而未记载,但适用法律的有关规定而不使票据失效的事项,如汇票上未记载付款日期的,为见票即付;汇票上未记载付款地的,付款人的营业场所、住所或经常居住地为付款地等即属于相对记载事项。

112.票据丧失后可以采取( )方式进行补救。
　　A.重大诉讼　　　　　　　　　　　　B.挂失止付
　　C.公示催告　　　　　　　　　　　　D.普通诉讼
【难度系数】★★★★★

【专家解读】票据丧失后可以采取挂失止付、公示催告、普通诉讼三种形式进行补救。采用普通诉讼即可,无须重大诉讼。

113.票据具有的主要的法律特征包括( )。
　　A.是设权证券　　　　　　　　　　　B.是要证券
　　C.是文义证券　　　　　　　　　　　D.是无因证券
【难度系数】★★★★

【专家解读】票据具有以下几个主要的法律特征:票据是设权证券,票据是要证券,票据是文义证券,票据是无因证券,票据是流通证券,票据是缴回证券。票据有六个法律特征,本

第二章　支付结算法律制度

题给出四个,自然四个均选。

114. 票据格式表现为票据的(　　)等。
A. 必须记载的事项　　　　　　B. 票据用纸
C. 书写方法　　　　　　　　　D. 书写工具
【难度系数】★★★
【专家解读】票据格式表现为票据的必须记载的事项、票据用纸(包括纸质、纸色、尺寸)、书写方法、书写工具及墨水颜色等。

115. 下列有关票据的缴回证券特征的有(　　)。
A. 票据的转让可以依背书和交付的简单程序进行
B. 票据的转让必须通知债务人
C. 票据的转让不必通知债务人
D. 票据债权人受领了票据金额后,将票据交换债务人
【难度系数】★★★
【专家解读】票据的转让可以依背书和交付的简单程序进行,而不必通知债务人。票据债权人受领了票据金额后,将票据交换债务人属于票据的缴回证券特征。

116. 票据的种类的分类方法包括(　　)。
A. 范围　　　　　　　　　　　B. 内容
C. 付款时间　　　　　　　　　D. 持续性
【难度系数】★★★★
【专家解读】票据种类的一般分类方法包括:按范围划分和按付款时间划分。

117. 票据按范围划分可分为(　　)。
A. 大额票据　　　　　　　　　B. 小额票据
C. 广义票据　　　　　　　　　D. 狭义票据
【难度系数】★★★
【专家解读】票据按范围划分为广义票据和狭义票据。广义票据包括各种有价证券和凭证,如股票、国库券、企业债券、发票、提单、仓单等;狭义票据仅指《票据法》上规定的票据,即汇票、本票和支票。

118. 广义票据包括(　　)等。
A. 有价证券　　　　　　　　　B. 国库券
C. 企业债券　　　　　　　　　D. 发票
【难度系数】★★
【专家解读】狭义票据仅指《票据法》上规定的票据,即汇票、本票和支票;广义票据包括各种有价证券和凭证,如股票、国库券、企业债券、发票、提单、仓单等。

119. 票据按付款时间可分为(　　)。
A. 即期票据　　　　　　　　　B. 长期票据
C. 短期票据　　　　　　　　　D. 远期票据
【难度系数】★★★★

【专家解读】票据按付款时间可分为即期票据和远期票据。无长期票据、短期票据之说。

120.支票分为( )。
A.现金支票 B.转账支票
C.普通支票 D.汇兑支票
【难度系数】★★★★
【专家解读】支票分为现金支票、转账支票和普通支票。现金支票只能用于支取现金;转账支票只能用于转账;普通支票可以用于支取现金,也可用于转账。

121.签发支票必须记载( )事项。
A.表明"支票"的字样 B.无条件支付的委托
C.确定的金额 D.付款人名称
【难度系数】★★★★
【专家解读】签发支票必须记载下列事项:表明"支票"的字样,无条件支付的委托,确定的金额,付款人名称,出票日期,出票人签章。欠缺记载任何一项,支票都为无效。

122.下列( )可以由出票人授权补记。
A.出票人签章 B.收款人名称
C.出票日期 D.支票的金额
【难度系数】★★★
【专家解读】支票的金额、收款人名称,可以由出票人授权补记,未补记前不得背书转让。出票日期,出票人签章也属于签发支票必须记载的事项。

123.下列关于支票签发的规定的说法正确的是( )。
A.签发支票应使用碳素墨水或墨汁填写
B.签发现金支票和用于支取现金的普通支票必须符合国家现金管理的规定
C.禁止签发空头支票
D.支票的出票人在票据上的签章,应为其预留银行的签章
【难度系数】★★★★★
【专家解读】签发支票应使用碳素墨水或墨汁填写;签发现金支票和用于支取现金的普通支票必须符合国家现金管理的规定;支票的出票人签发支票的金额不得超过付款时在付款人处实有的金额。禁止签发空头支票;支票的出票人在票据上的签章,应为其预留银行的签章,该签章是银行审核支票付款的依据;出票人不得签发与其预留银行签章不符的支票;使用支付密码的,出票人不得签发支付密码错误的支票;出票人不得签发空头支票、签章与预留银行签章不符的支票。

124.持票人委托开户银行收款时,应作委托收款背书,并填写( ),并将支票和填制的进账单送交开户银行。
A.在支票背面背书人签章栏签章 B.记载"委托收款"字样
C.记载背书日期 D.在被背书人栏记载开户银行名称
【难度系数】★★★
【专家解读】持票人委托开户银行收款时,应作委托收款背书,在支票背面背书人签章栏

第二章 支付结算法律制度

签章、记载"委托收款"字样、背书日期,在被背书人栏记载开户银行名称,并将支票和填制的进账单送交开户银行。

125. 持票人为个人时,收款人持用于支取现金的支票向付款人提示付款时,应进行( )。

A. 在支票背面"收款人签章"处签章　　B. 交验本人身份证件
C. 支票背面注明证件名称、号码　　D. 在支票背面注明证据发证机关

【难度系数】★★★★

【专家解读】收款人持用于支取现金的支票向付款人提示付款时,应在支票背面"收款人签章"处签章,持票人为个人的,还需交验本人身份证件,并在支票背面注明证件名称、号码及发证机关。

126. 在支票正联用大写填写出票日期时,为防止变造支票的出票日期,在填写月、日时应注意( )。

A. 月为壹、贰和壹拾的,应在其前加"零"
B. 日为拾壹至拾玖的,应在其前加"壹"
C. 日为壹至玖和壹拾、贰拾和叁拾的,应在其前加"零"
D. 月为壹至拾的,应在其前加"零"

【难度系数】★★★★★

【专家解读】在支票正联用大写填写出票日期时,为防止变造支票的出票日期,在填写月、日时应注意:月为壹、贰和壹拾的,日为壹至玖和壹拾、贰拾和叁拾的,应在其前加"零";日为拾壹至拾玖的,应在其前加"壹"。

127. 转账支票的填制要求包括( )。

A. 支票正联出票日期必须使用中文大写
B. 支票存根部分出票日期可用阿拉伯数字书写
C. 收款单位名称应填写全称并与预留银行印鉴中单位名称保持一致
D. 如实写明用途,存根联与支票正联填写的用途应一致

【难度系数】★★★

【专家解读】签发日期应填写实际出票日期,支票正联出票日期必须使用中文大写,支票存根部分出票日期可用阿拉伯数字书写;收款单位名称应填写全称并与预留银行印鉴中单位名称保持一致;如实写明用途,存根联与支票正联填写的用途应一致;在签发人签章处按预留银行印鉴分别签章,签章不能缺漏;转账支票签发后,将支票从存根联与正联之间骑缝线剪开,正联交给收款人办理转账,存根联留下作为记账依据。

128. 标明现金字样的"银行汇票"的银行汇票可以用于( )。

A. 转账　　B. 提取现金
C. 现金支付　　D. 现金存取

【难度系数】★★★

【专家解读】银行汇票可以用于转账,标明现金字样的"银行汇票"也可以提取现金。

129. 银行汇票的出票人在票据上的签章,应为( )。
   A. 中国人民银行负责人盖章
   B. 中国人民银行批准使用的该银行汇票专用章
   C. 该银行法定代表人签名
   D. 授权经办人的签名
   【难度系数】★★★
   【专家解读】银行汇票的出票人在票据上的签章,应为经中国人民银行批准使用的该银行汇票专用章加其法定代表人或其授权经办人的签名或者盖章。

130. 下列( )不能背书转让。
   A. 填写实际结算金额时区分大小写   B. 未填写实际结算金额
   C. 实际结算金额超过出票金额   D. 实际结算金额较大
   【难度系数】★★★
   【专家解读】银行汇票的背书转让以不超过出票金额的实际结算金额为准。未填写实际结算金额或实际结算金额超过出票金额的银行汇票不得背书转让。实际结算金额即使再大,只要没有超过出票金额就可以背书转让。填写实际结算金额时区分大小写属于规范填写。

131. 下列( )不能挂失止付。
   A. 填明"现金"字样   B. 填写代理付款人
   C. 未填明"现金"字样   D. 未填写代理付款人
   【难度系数】★★★★
   【专家解读】填明"现金"字样和代理付款人的银行汇票丧失,可以由失票人通知付款人或者代理付款人挂失止付。未填明"现金"字样和代理付款人的银行汇票丧失,不得挂失止付。

132. 申请人或收款人为单位的,在使用银行汇票,应向出票银行填写( )。
   A. 填明"现金"字样   B. 填明收款人名称
   C. 汇票金额   D. 申请人名称
   【难度系数】★★★★
   【专家解读】申请人使用银行汇票,应向出票银行填写"银行汇票申请书",填明收款人名称、汇票金额、申请人名称、申请日期等事项并鉴章,其鉴章为预留银行印鉴。申请人或收款人为单位的,不得在"银行汇票申请书"上填明"现金"字样。

133. 申请人因银行汇票超过付款提示期限或其他原因要求退款时,应向银行提交( )。
   A. 个人工作职业证明   B. 银行汇票
   C. 解讫通知   D. 本人身份证件
   【难度系数】★★★
   【专家解读】申请人因银行汇票超过付款提示期限或其他原因要求退款时,应将银行汇票和解讫通知同时提交到出票银行,并提供本人身份证件或单位证明。对于代理付款银行查询的该张银行汇票,应在汇票提示付款期满后方能办理退款。

134.收款人受理银行汇票时,应审查的事项包括( )。

A.银行汇票和解讫通知是否齐全、汇票号码和记载的内容是否一致

B.收款人是否确为本单位或本人

C.银行汇票是否在提示付款期限内

D.必须记载的事项是否齐全

【难度系数】★★★★

【专家解读】收款人受理银行汇票时,应审查下列事项:银行汇票和解讫通知是否齐全、汇票号码和记载的内容是否一致;收款人是否确为本单位或本人;银行汇票是否在提示付款期限内;必须记载的事项是否齐全;出票人签章是否符合规定,是否有压数机压印的出票金额,并与大写出票金额一致;出票金额、出票日期、收款人名称是否更改,更改的其他记载事项是否由原记载人签章证明。

135.被背书人受理银行汇票时,除审查收款人应审查的一般事项外,还应审查( )。

A.银行汇票是否记载实际结算金额,有无更改

B.其金额是否超过出票金额

C.背书是否连续

D.背书人签章是否符合规定

【难度系数】★★★

【专家解读】被背书人受理银行汇票时,除审查收款人应审查的一般事项外,还应审查银行汇票是否记载实际结算金额,有无更改,其金额是否超过出票金额;背书是否连续,背书人签章是否符合规定,背书使用粘单的是否按规定签章;背书人为个人的,应验证其个人身份证件。

136.持票人向银行提示付款时,必须同时提交( )。

A.银行汇票存根联　　　　　B.银行汇票顾客联

C.银行汇票记账联　　　　　D.解讫通知

【难度系数】★★★

【专家解读】在银行开立存款账户的持票人向开户银行提示付款时,应在汇票背面"持票人向银行提示付款签章"处签章,签章须与预留银行签章相同,并将银行汇票和解讫通知、进账单送交开户银行。银行审查无误后办理转账。

【参考答案】

1. ABCD	2. ABC	3. ABCD	4. ABC	5. ABCD	6. ACD
7. ABCD	8. ABC	9. AC	10. AD	11. AC	12. AB
13. BC	14. AB	15. CD	16. ABC	17. AC	18. ABCD
19. AB	20. ABC	21. ABCD	22. AC	23. ABC	24. AC
25. CD	26. ABCD	27. ABD	28. AD	29. BC	30. ABC
31. CD	32. ABC	33. ABCD	34. ABCD	35. ACD	36. ACD
37. ABCD	38. ABD	39. ABCD	40. ABC	41. BC	42. ABCD

为学之道,莫先于穷理,穷理之要,必先于读书。——朱熹

43. ABCD	44. BD	45. BCD	46. ABC	47. ABCD	48. ABCD
49. ABCD	50. ABCD	51. ABCD	52. ABCD	53. AC	54. ABC
55. ABCD	56. AC	57. CD	58. AC	59. ABCD	60. ABCD
61. BCD	62. ABCD	63. ABCD	64. ABC	65. AC	66. AD
67. BC	68. ABC	69. ACD	70. ABC	71. BCD	72. AC
73. ABCD	74. ABD	75. AB	76. ABC	77. AC	78. ACD
79. AD	80. BCD	81. BC	82. ACD	83. ABCD	84. AB
85. BCD	86. AB	87. ABCD	88. AC	89. ABC	90. ABCD
91. BCD	92. ABC	93. AB	94. ABCD	95. ABC	96. ABCD
97. ABCD	98. AB	99. ABC	100. AC	101. ABCD	102. ABCD
103. ABCD	104. ABCD	105. ABCD	106. CD	107. AB	108. ABCD
109. ABD	110. BD	111. ABCD	112. BCD	113. ABCD	114. ABCD
115. AC	116. AC	117. CD	118. ABCD	119. AD	120. ABC
121. ABCD	122. BD	123. ABCD	124. ABCD	125. ABCD	126. ABC
127. ABCD	128. AB	129. BCD	130. BC	131. CD	132. BCD
133. BCD	134. ABCD	135. ABCD	136. ABCD		

三、判断题

1. 票据和结算凭证必须按照中国人民银行统一规定的格式要求及填写规范进行填写。（   ）

【难度系数】★★★

2. 银行作为支付结算的中介机构，可以自行为当事人决定支付款项，并为当事人办理货币给付及资金清算。（   ）

【难度系数】★★★

3. 中国人民银行各分行可以根据需要制定并经单位负责人商议通过后执行单项支付结算办法。（   ）

【难度系数】★★★★

4. 中国人民银行分、支行负责组织、协商、管理、监督本辖区的支付结算工作，协调、处理本辖区银行之间的支付结算纠纷。（   ）

【难度系数】★★

5. 银行汇票的出票银行就是银行汇票的付款人。（   ）

【难度系数】★★★★

6. 票面上载有"转账"字样的或未载明"现金"字样的，是银行转账汇票，银行转账汇票一律不得用于支取现金。（   ）

【难度系数】★★★

7. 汇票上有签发银行按规定载明"现金"字样的是银行现金汇票，可用于支付现金。（   ）

【难度系数】★★★

第二章　支付结算法律制度

8.银行汇票的代理付款人是代理本系统出票银行或跨系统签约银行审核支付汇票款项的银行。(　　)
【难度系数】★★★★

9.相对记载事项是指应当记载但未记载的,并不影响汇票本身的效力,由法律直接规定后果的事项。(　　)
【难度系数】★★★

10.根据《票据法》的规定,汇票上可以记载本法规定事项以外的其他出票事项,且该记载事项具有汇票上的效力。(　　)
【难度系数】★★★★

11.申请人或者收款人为单位的,不得在"银行汇票申请书"上填明"现金"字样。(　　)
【难度系数】★★★★★

12.出票银行受理银行汇票申请书,收妥款项后签发银行汇票,并用压数机压印出汇票金额,将银行汇票和解讫通知一并交给申请人。(　　)
【难度系数】★★★★

13.签发转账银行汇票,由中国人民银行代理兑付银行汇票的商业银行向设有分支机构地区签发转账银行汇票的,不得填写代理人付款人名称。(　　)
【难度系数】★★★

14.申请银行汇票时,申请人或者收款人为单位的,银行不得为其签发银行汇票。(　　)
【难度系数】★★

15.申请人在取得银行汇票后,应根据收款人交付的发票等有关单据编制记账凭证。(　　)
【难度系数】★★★

16.银行汇票的实际汇票金额可以根据实际需要进行更改。(　　)
【难度系数】★★★

17.银行汇票的实际结算金额低于出票金额的,其多余金额由出票银行退交申请人。(　　)
【难度系数】★★★

18.收款人可以将银行汇票背书转让给被背书人,包括"现金"字样的银行汇票。(　　)
【难度系数】★★★★

19.未填写实际结算金额或实际结算金额超过出票金额的银行汇票不得背书转让。(　　)
【难度系数】★★★★

20.本票是付款人签发的,承诺自己在见票时无条件支付确定的金额给收款人或者持票人的票据。(　　)
【难度系数】★★★

21.在出票人完成出票行为之后,即承担了无条件支付票据金额的责任,本票与商业汇

票不同,不需要进行承兑。(   )

【难度系数】★★★★

22.银行本票的出票人,为经中国人民银行当地分行批准办理银行本票业务的银行机构,非银行金融机构不得签发银行本票。(   )

【难度系数】★★★★

23.《支付结算办法》规定,单位和个人在同一票据交换区域、异地各种款项结算,均可以使用银行本票。(   )

【难度系数】★★★★

24.申请人或收款人为单位的,银行不得为其签发现金银行本票。(   )

【难度系数】★★★

25.本票的出票人在持票人提示见票时,必须承担付款的责任。本票的持票人未按照规定期限提示见票的,仍保留前手的追索权。(   )

【难度系数】★★★★

26.《票据法》和《支付结算办法》规定,银行本票的提示付款期限自出票之日起不得超过一个月。(   )

【难度系数】★★★★

27.持票人超过提示付款期限不获付款的,在票据权利时效期内向出票银行作出说明,并提供本人身份或单位说明、持银行本票向出票银行请求付款。(   )

【难度系数】★★★

28.托收承付结算每笔的金额起点为3万元。(   )

【难度系数】★★★★★

29.收付双方使用托收承付结算必须签有符合《合同法》的购销合同,并在合同上注明使用异地托收承付结算方式。(   )

【难度系数】★★★

30.购货单位承付货款有验单承付和验货承付两种方式。(   )

【难度系数】★★★

31.承付期内,如未向银行表示拒绝付款,银行即作为默认拒绝承付。(   )

【难度系数】★★

32.验货付款的承付期为3天,即从运输部门向付款人发出提货通知的次日算起,付款人收到提货通知后,应立即向银行交验货提货通知。(   )

【难度系数】★★★★★

33.购货单位如果既没有将提货通知送交银行,又未将货物尚未到达的情况告知银行,银行即视作验货同意付款,并于10天期满的次日办理划拨。(   )

【难度系数】★★★★

34.承付期满时,如购货单位资金不足,应将全部承付款项作为延期付款处理,并支付一定的赔偿金。(   )

【难度系数】★★★

35. 如果购货单位经过验单或验货,发现销货单位托收款项计算有错误,或者商品品种、质量、规格、数量与合同规定不符时,购货单位在承付期内有权全部或部分拒付货款。(   )
【难度系数】★★★

36. 委托收款是收款人委托银行向付款人收取款项的结算方式。(   )
【难度系数】★★★

37. 以单位为付款人的,银行应在当日将款项主动支付给收款人。(   )
【难度系数】★★★

38. 付款人审查有关债务证明后,对收款人委托收取的款项需要拒绝付款的,可以办理拒绝付款。(   )
【难度系数】★★

39. 以单位为付款人的,应自收到委托收款及债务证明的次日起3日内出具拒绝证明,连同有关债务证明、凭证寄给被委托银行,转交收款人。(   )
【难度系数】★★★★

40. 在银行开立存款账户的单位和个人办理支付结算,账户内需有足够的资金保证支付。国家法律、行政法规另有规定的除外。(   )
【难度系数】★★★★

41. 票据和结算凭证是办理支付结算的工具。未使用按中国人民银行统一规定印制的票据,票据无效;未使用中国人民银行统一规定格式的结算凭证,银行不予受理。(   )
【难度系数】★★★★

42. 中文大写金额数字应当正楷或行书填写,如果金额数字书写中使用繁体字,也应受理。(   )
【难度系数】★★★

43. 在填写票据和结算凭证时,大写金额数字前未印"人民币"字样的,应加填"人民币"三字。(   )
【难度系数】★★★★

44. 为了填写方便,在票据和结算凭证大写金额栏内应当预印固定的"仟、佰、拾、万、仟、佰、拾、元、角、分"字样。(   )
【难度系数】★★★★

45. 在填写票据和结算凭证时,阿拉伯小写金额数字的书写中,阿拉伯数字中间有"0"时,中文大写金额要写"零"字。(   )
【难度系数】★★★★★

46. 票据和结算凭证金额以中文大写和阿拉伯小写同时记载,二者必须一致,二者不一致的票据无效;二者不一致的结算凭证,银行不予受理。(   )
【难度系数】★★★

47. 少数民族地区和外国驻华使馆根据实际需要,金额大写可以使用少数民族文字或者外国文字记载。(   )

【难度系数】★★★

48.伪造票据的方法多是在合法票据的基础上对票据加以剪接、挖补、覆盖、涂改,从而非法改变票据的加载事项。(   )

【难度系数】★★★★

49.伪造、变造票据属于欺诈行为,应追究其刑事责任。(   )

【难度系数】★★★★

50.票据上有伪造、变造签章的,同时也会影响票据上其他当事人真实签章的效力。(   )

【难度系数】★★★

51.个人在票据和结算凭证上的盖章,为个人本名的签名并盖章。(   )

【难度系数】★★★★

52.更改的结算凭证,银行不予受理。(   )

【难度系数】★★★★

53.对票据和结算凭证上的其他记载事项,原记载人可以更改,更改时只要有接收单位在场即可。(   )

【难度系数】★★★

54.开户单位之间的经济往来,除按条例规定的范围可以使用现金外,其他款项的支付应当通过开户银行进行转账结算。(   )

【难度系数】★★★★

55.对于向个人收购农副产品和其他物资支付的价款以及出差人员必须随身携带的差旅费,开户单位支付给个人的款项,可以不经过开户银行审核,便可以全额支付现金。(   )

【难度系数】★★★★

56.现金使用的限额,是指为了保证开户单位日常零星开支的需要,允许单位留存现金的最低数额。(   )

【难度系数】★★★

57.库存现金限额一经核定,开户单位必须严格遵守。(   )

【难度系数】★★

58.开户单位需要增加或者减少库存现金限额的,应当向开户银行提出申请,由开户银行核定。(   )

【难度系数】★★★

59.对没有银行单独开立账户的附属单位无须实行现金管理。(   )

【难度系数】★★★

60.商业和服务业的找零备用现金也要根据营业额核定定额,且包括在开户单位的库存现金限额之内。(   )

【难度系数】★★

61.因特殊情况需要坐支现金的,应当事先报经开户银行审查批准,由开户银行核定坐

支范围和限额。坐支单位必须在现金账上如实反映坐支金额,并按月向开户银行报送坐支金额和使用情况。(   )

【难度系数】★★★★

62.为了保证现金的安全完整,各单位应当建立健全现金账目,逐日记载现金支付。(   )

【难度系数】★★

63.各单位账目应当日清月结,账款相符。(   )

【难度系数】★★★

64.各单位应当根据国家有关法律法规和《内部会计控制规范——货币资金(试行)》,结合部门或系统的货币资金内部控制规定,建立适合本单位业务特点和管理要求的货币资金内部控制制度,并组织实施。(   )

【难度系数】★★★

65.单位会计人员对本单位货币资金内部控制的建立健全和有效实施以及货币资金的安全完整负责。(   )

【难度系数】★★★★★

66.国务院有关部门可以根据国家有关法律法规和本规范,制定本部门或本系统的货币资金内部控制规定。(   )

【难度系数】★★★★

67.单位应选取合格的会计人员办理货币资金业务,并根据具体情况进行定期轮岗、换岗制度。(   )

【难度系数】★★★

68.单位应明确规定设计货币资金工作的授权审批的范围、权限、程序、责任等内容。(   )

【难度系数】★★★★

69.审批人应当根据货币资金授权批准制度,在授权范围内进行审批,不得超越审批权限。(   )

【难度系数】★★★★

70.经办人员应当在权责范围内,按照审批人的批准意见办理货币资金业务。对于审批人超越授权范围审批的货币资金业务,经办人员向审批人的上级授权部门报告后及时办理。(   )

【难度系数】★★★

71.审批人根据其职责、权限和相应程序对支付申请进行审批。对不符合规定的货币资金支付申请,审批人应当拒绝批准。(   )

【难度系数】★★

72.人民币银行结算中的"存款人"是指在中国境内外开立银行结算账户的机关、团体、部队、企业、事业单位、其他组织、个体工商户和自然人。(   )

【难度系数】★★★★

73.活期存款是指银行与存款人对存款的期限和提取方式事先约定的存款。（　　）
【难度系数】★★

74.开立银行结算账户的目的是为了存取本金和支取利息,储蓄账户不具有办理资金收付结算的功能。（　　）
【难度系数】★★★★

75.存款人开立银行结算账户与储蓄账户具有不同的目的。（　　）
【难度系数】★★

76.银行结算账户与外币存款账户的目的有所不同。（　　）
【难度系数】★★★★

77.外币存款账户主要是办理人民币的资金收付结算,其开立使用应遵守《支付结算办法》及其他相关法律、法规。（　　）
【难度系数】★★★

78.个人银行结算账户是指存款人凭个人身份证件以自然人名称开立的银行结算账户。（　　）
【难度系数】★★★★

79.个人因投资、消费使用各种支付工具,包括借记卡、信用卡在银行开立的银行结算账户,属于单位银行结算账户管理。（　　）
【难度系数】★★★★

80.单位银行结算账户是指存款人以单位名称开立的银行结算账户。其中单位包括机关、团体、部队、企业、事业单位和其他组织等。（　　）
【难度系数】★★★

81.根据《人民币银行结算账户管理办法》的规定,个体工商户凭营业执照以字号或经营者姓名开立的银行结算账户纳入个人银行结算账户管理。（　　）
【难度系数】★★★★

82.存款人开立基本存款账户、临时存款账户和预算单位开立专用存款账户实行核准制,经中国人民银行核准后由银行核发开户登记证。（　　）
【难度系数】★★★★

83.存款人因注册验资需要开立的临时存款账户实行核准制,经中国人民银行核准后由银行核发开户登记证。（　　）
【难度系数】★★

84.异地银行结算账户是指存款人在异地(跨省、市、县)开立的银行结算账户。（　　）
【难度系数】★★★

85.存款人可以自主选择银行开立账户,银行也可以自愿选择存款人。（　　）
【难度系数】★★★

86.除国家法律、行政法规和国务院规定外,任何单位和个人不得强令存款人到指定银行开立银行结算账户。（　　）
【难度系数】★★★★

87. 存款人必须在注册地或住所地开立银行结算账户。（　　）
【难度系数】★★★

88. 开立银行结算账户存款人应遵循相关国家法律、行政法规和国务院相关规定，不得任意开立银行结算账户。（　　）
【难度系数】★★★

89. 单位开立银行结算账户的名称应与其提供的申请开户的证明文件的名称全称一致。（　　）
【难度系数】★★★★★

90. 有字号的个体工商户银行结算账户的名称，应与其营业执照的字号相一致。（　　）
【难度系数】★★★

91. 自然人开立银行结算账户的名称，应与其提供的有效身份证件中的名称全称一致。（　　）
【难度系数】★★★

92. 开立银行结算账户时，银行应建立存款人预留签章卡片，并将签章式样和有关证明文件的原件或复印件留存归档。（　　）
【难度系数】★★★

93. 账户名称、存款人名称及预留银行签章中的公章或财务专用章的名称应当保持一致。（　　）
【难度系数】★★★

94. 开户申请书填写的事项齐全，符合开立基本存款账户、临时存款账户和预算单位专用存款账户条件的，银行应将存款人的开户申请书、相关的证明文件和银行审核意见等开户资料报送中国人民银行当地分支行。（　　）
【难度系数】★★

95. 对于审核的开户资料不符合开户条件的，应在开户申请书上签署意见，并协同开户人协商处理。（　　）
【难度系数】★★★★

96. 存款人开立单位银行结算账户，自正式开立之日起5个工作日后，方可使用该账户办理付款业务。（　　）
【难度系数】★★★★

97. 银行为存款人办理基本存款账户开户手续后，应给存款人出具开户登记证。（　　）
【难度系数】★★★★

98. 单位的法定代表人或主要负责人、住址以及其他开户资料发生变更时，应于15个工作日内书面通知开户银行并提供有关证明。（　　）
【难度系数】★★★★

99. 银行接到存款人的变更通知后，应及时办理变更手续，并即刻向中国人民银行报告。（　　）
【难度系数】★★★

100. 存款人尚未清偿其开户银行债务的,因公司发展需要,需撤销银行结算账户的,可以向银行申请撤销银行结算账户。(　　)

【难度系数】★★★★★

101. 单位设立的独立核算的附属机构可以申请开立基本存款账户。(　　)

【难度系数】★★★

102. 基本存款账户是存款人的主办账户。(　　)

【难度系数】★★★

103. 开立基本存款账户应按照规定的程序办理并提交有关证明文件。(　　)

【难度系数】★★★★

104. 军队、武警团级(含)以上单位以及分散执勤的支(分)队,申请开立基本存款账户,军队军级单位财务部门、武警总队财务部门的开户证明。(　　)

【难度系数】★★★

105. 民办非企业组织申请开立基本存款账户,应出具民办非企业登记证书。(　　)

【难度系数】★★★★

106. 社会团体及宗教组织在申请开立基本存款账户时,出具社会团体登记证书即可。(　　)

【难度系数】★★★★

107. 个体工商户在申请开立基本存款账户时,应出具个体工商户营业执照正本。(　　)

【难度系数】★★★

108. 居民委员会、村民委员会、社区委员会申请开立基本存款账户时,应出具其主管部门的批文或证明。(　　)

【难度系数】★★★★★

109. 存款人如为从事生产、经营活动纳税人的,应出具税务部门颁发的税务登记证。(　　)

【难度系数】★★★

110. 存款人因其他结算需要,应向银行出具其开立基本存款账户规定的证明文件、基本存款账户开户登记证和有关证明。(　　)

【难度系数】★★★★

111. 金融机构存放同业资金不在专用存款账户使用范围内。(　　)

【难度系数】★★★★

112. 开立专用存款账户应按照规定的程序办理并提交有关证明文件。(　　)

【难度系数】★★★

113. 存款人对于期货交易保证金,申请开立专用存款账户的,应向银行出具其开立基本存款账户规定的证明文件、基本存款账户开户登记证和证券公司或证券管理部门的证明。(　　)

【难度系数】★★★★

第二章 支付结算法律制度

114. 党、团、工会设在单位的组织机构经费申请开立专用存款账户的,应向银行出具其开立基本存款账户规定的证明文件、基本存款账户开户登记证和有关部门的批文或证明。( )
【难度系数】★★★★★

115. 对于财政预算外资金,存款人申请开立专用存款账户,应向银行出具其开立基本存款账户规定的证明文件、基本存款账户开户登记证和财政部门的证明。( )
【难度系数】★★★★

116. 粮、棉、油收购资金,存款人申请开立专用存款账户,应向银行出具其开立基本存款账户规定的证明文件、基本存款账户开户登记证即可。( )
【难度系数】★★★★

117. 临时存款账户支取现金,应按照国家支票管理的规定办理。( )
【难度系数】★★

118. 注册验资资金,应出具工商行政管理部门核发的企业名称预先核准通知书或有关部门的批文。( )
【难度系数】★★★

119. 自然人可根据需要申请开立个人银行结算账户,也可以在已开立的储蓄账户中选择并向开户银行申请确认为个人银行结算账户。( )
【难度系数】★★★★

120. 外国公民在中国境内无权办理个人银行结算账户。( )
【难度系数】★★★★

121. 存款人可以根据自身需要在银行开立一个或多个基本存款账户。( )
【难度系数】★★★★

122. 中国人民解放军军人在申请办理个人银行结算账户时,应出具军人身份证件。( )
【难度系数】★★★

123. 中国人民武装警察申请办理个人银行结算账户时,应出具武警身份证件。( )
【难度系数】★★★

124. 异地银行结算账户应按照开设的不同账户的使用规定进行使用。( )
【难度系数】★★

125. 因经营需要在异地办理收入汇缴和业务支出的存款人,在异地开立专用存款账户的,应出具异地取得贷款的借款合同的证明。( )
【难度系数】★★★

126. 中国人民银行具有依法处罚存款人、开户银行违反银行结算账户管理规定的行为的权利。( )
【难度系数】★★

127. 中国人民银行应监督存款人使用银行结算账户的情况,对存款人可疑支付应按照中国人民银行规定的程序及时报告。( )

【难度系数】★★★★
128. 银行在办理预留银行签章的变更时,应凭已留存证件原件进行办理。(　　)

【难度系数】★★★★
129. 换发开户许可证的,存款人应缴回原开户许可证。(　　)

【难度系数】★★
130. 存款人遗失密码的,应持其开户时需要出具的证明文件和基本存款账户开户许可证到中国人民银行当地分行申请重置密码。(　　)

【难度系数】★★★
131. 对于经营性的存款人在开立、撤销银行结算账户过程中,构成犯罪的,移交司法机关依法追究刑事责任。(　　)

【难度系数】★★★
132. 非经营性的存款人从基本存款账户之外的银行结算账户转账存入、将销货收入存入或现金存入单位信用卡账户的,处以1万元的罚款。(　　)

【难度系数】★★★★
133. 存款人的法定代表人或主要负责人、存款人地址以及其开户资料的变更事项未在规定期限内通知银行的,给予警告并处以1万元的罚款。(　　)

【难度系数】★★★
134. 存款人违反规定,伪造、变造、私自印制开户登记证的,属经营性的处以1万元以上3万元以下的罚款;构成犯罪的,移交司法机关依法追究刑事责任。(　　)

【难度系数】★★★★★
135. 违反规定为存款人多头开立银行结算账户;明知或应知是单位资金,而允许以自然人名称开立账户存储都是银行在银行结算账户的开立过程中的不合法做法。(　　)

【难度系数】★★★★
136. 提供虚假开户申请资料欺骗中国人民银行许可开立基本存款账户、临时存款账户、预算单位专用存款账户的,给予银行处以5 000元以上3万元以下的罚款;并对该银行直接负责的高级管理人员、其他直接负责的主管人员、直接责任人员按规定给予纪律处分。(　　)

【难度系数】★★★
137. 银行在银行结算账户使用中构成犯罪的,移交司法机关依法追究刑事、民事责任。(　　)

【难度系数】★★
138. 出票人、付款人和收款人,是票据的基本当事人,是在票据作成和交付时就已存在的当事人,是构成票据法律关系的必要主体。(　　)

【难度系数】★★★★
139. 出票人是指依法定方式签发票据并将票据交付给收款人的人。(　　)

【难度系数】★★★
140. 作为票据基本当事人的付款人是指由出票人委托付款或自行承担借款责任的

第二章 支付结算法律制度

人。（　　）

【难度系数】★★★★

141. 承兑人、背书人、被背书人、保证人等也是基本当事人。（　　）

【难度系数】★★★

142. 出票人是在票据作成并交付后，通过一定的票据行为加入票据关系而享有一定权利、义务的当事人，属非基本当事人。（　　）

【难度系数】★★★★

143. 被背书人是指被记名受让票据或接受票据转让的人。（　　）

【难度系数】★★★

144. 承兑人是指为票据债务提供担保的人，由票据债务人以外的他人担当。三者均为非基本当事人。（　　）

【难度系数】★★★★

145. 票据权利与义务是指票据法律关系主体所享有的权利和应承担的义务，是票据法律关系的重要内容。（　　）

【难度系数】★★★

146. 票据义务具有制裁性质。（　　）

【难度系数】★★★

147. 票据行为是指能够产生票据权利与义务关系的法律行为。（　　）

【难度系数】★★★★

148. 票据签章是指票据有关当事人在票据上签名、盖章或签名加盖章的法律行为。（　　）

【难度系数】★★★★★

149. 票据签章是票据行为生效的重要条件，也是票据行为表现形式中不可缺少的应载事项。（　　）

【难度系数】★★★★

150. 如果票据缺少当事人的签章，该项票据行为无效。（　　）

【难度系数】★★★

151. 出票人在汇票记载"不得转让"字样的，汇票不得转让，且本类事项属于任意记载事项。（　　）

【难度系数】★★★★

152. 绝对记载事项是指《中华人民共和国票据法》明文规定必须记载的，如不记载票据即为无效的事项。（　　）

【难度系数】★★★★★

153. 票据丧失是指票据因灭失、遗失、被盗等原因而使票据权利人脱离其对票据的占有。（　　）

【难度系数】★★★

154. 挂失止付是指失票人将丧失票据的情况通知付款人，由接受通知的付款人审查后

暂停支付的一种方式。（　　）

【难度系数】★★★

155.重大诉讼是指丧失票据的失票人直接向人民法院提起民事诉讼,要求法院判令付款人向其支付票据金额的活动。（　　）

【难度系数】★★★★

156.票据权利的发生必须首先作成票据,无票据即无票据权利。（　　）

【难度系数】★★★

157.票据必须具备法定格式才能有效,指的是票据的缴回证券特征。（　　）

【难度系数】★★★

158.除票据法另有规定者外,票据不具备法定格式的,不发生票据的效力。（　　）

【难度系数】★★

159.票据格式对墨水颜色没有要求。（　　）

【难度系数】★★★★

160.法定的必须记载的事项不齐备而又被票据法所不容许的,票据无效。（　　）

【难度系数】★★★

161.即使票据上记载的文义有错,也要以该文义为准,体现了票据是文义证券的法律特征。（　　）

【难度系数】★★★★

162.按照实事求是的原则,当票据上记载的出票日与实际出票日不一致时,我们应以票据实际出票日期为准。（　　）

【难度系数】★★★★

163.票据的持票人行使票据权利时,不必证明其取得票据的原因,以及票据权利发生的原因。（　　）

【难度系数】★★★★★

164.票据取得的原因存在与否、有效与否,与票据权利的行使有密切联系。（　　）

【难度系数】★★★

165.票据的持票人仅依票据上所载的文义就可以请求给付一定金额的货币,这体现了票据的无因证券的法律特征。（　　）

【难度系数】★★★★

166.票据债权人受领了票据金额后,将票据交还债务人,转移票据所有权,使票据关系消灭,这属于票据的缴回证券特征。（　　）

【难度系数】★★★

167.同一票据交换区域需要支付各种款项的单位和个人均可以使用支票。（　　）

【难度系数】★★★

168.2010年,中国人民银行宣布,支票可以实现全国范围内互通使用。（　　）

【难度系数】★★★

169.在普通支票左上角划两条平行线的,为划线支票,划线支票和普通支票一样,可以

第二章 支付结算法律制度

用于支取现金,也可用于转账。( )

【难度系数】★★★★

170. 支票的付款地为付款人所在地。( )

【难度系数】★★★★

171. 支票在其票据交换区域内可以背书转让,但用于支取现金的支票不能背书转让。( )

【难度系数】★★★★

172. 出票人在付款人处的存款足以支付支票金额时,付款人应当在见票当日足额付款。( )

【难度系数】★★★★

173. 支票的出票人签发支票的金额不得超过付款时在付款人处实有的金额。( )

【难度系数】★★★

174. 出票人签发空头支票、签章与预留银行签章不符的支票,使用支付密码地区、支付密码错误的支票,银行应予以退票,并按票面金额处以5%但不低于1 000元的罚款;持票人有权要求出票人赔偿支票金额2%的赔偿金。( )

【难度系数】★★★

175. 对屡次签发空头支票的,银行应停止其签发支票。( )

【难度系数】★★

176. 存款人领购支票,必须填写票据和结算凭证领用单,并签章,签章应与预留银行的签章相符。( )

【难度系数】★★★★

177. 存款账户结清时可以保留剩余空白支票。( )

【难度系数】★★★

178. 出票人不得签发与其预留银行签章不符的支票;使用支付密码的,出票人不得签发支付密码错误的支票。( )

【难度系数】★★★★

179. 银行也可以与出票人约定使用支付密码,作为银行审核支付支票金额的条件。( )

【难度系数】★★★

180. 持票人可以委托开户银行收款或直接向付款人提示付款,但不可用支取现金的支票向付款人提示付款。( )

【难度系数】★★★★

181. 持票人持用于转账的支票向付款人提示付款时,应在支票背面背书人签章栏签章,并将支票和填制的进账单送交出票人开户银行。( )

【难度系数】★★★

182. 签发日期应填写实际出票日期,支票正联出票日期必须使用中文大写,支票存根部分出票日期可用阿拉伯数字书写。( )

【难度系数】★★★

183. 收款单位名称应填写全称并与预留银行印鉴中单位名称保持一致。如是本单位自行提取现金可填为"本单位"。（　　）

【难度系数】★★★★

184. 对于支票填写中,规定大写金额应紧接"人民币"书写,不得留有空白,以防加填;大小写金额要对应,要按规定书写。（　　）

【难度系数】★★★

185. 填写支票时,阿拉伯小写金额数字前面,均应填写人民币符号"￥"。阿拉伯小写金额数字要认真填写,不得连写分辨不清。（　　）

【难度系数】★★★★

186. 如实写明用途,存根联与支票正联填写的用途应一致。（　　）

【难度系数】★★★

187. 在签发人签章处按预留银行印鉴分别签章,签章不能缺漏。（　　）

【难度系数】★★★★

188. 银行汇票是出票银行签发的,由其在见票时按照实际结算金额无条件支付给收款人或者持票人的票据。（　　）

【难度系数】★★

189. 单位和个人在异地、同城或统一票据交换区域的各种款项结算,均可使用银行汇票。（　　）

【难度系数】★★★

190. 只有填明"现金"字样的银行汇票才能背书转让。（　　）

【难度系数】★★★

191. 银行汇票的实际结算金额不得更改,更改实际结算金额的银行汇票无效。（　　）

【难度系数】★★★

192. 申请人缺少解讫通知要求退款的,出票银行应于银行汇票提示付款期满一周后办理。（　　）

【难度系数】★★★★★

193. 收款人对申请人交付的银行汇票审查无误后,应在出票金额以内,根据实际需要的款项办理结算,并将实际结算金额和多余金额准确、清晰地填入银行汇票和解讫通知的有关栏内。（　　）

【难度系数】★★★

194. 未填明实际结算金额和多余金额或实际结算金额超过出票金额的,银行不予受理。（　　）

【难度系数】★★★★

195. 持票人超过期限向代理付款银行提示付款不获付款的,出票银行不必付款。（　　）

【难度系数】★★★

第二章 支付结算法律制度

【参考答案】

1.√	2.×	3.×	4.√	5.√	6.×	7.√	8.√	9.√	10.×
11.√	12.√	13.×	14.×	15.√	16.×	17.√	18.×	19.√	20.×
21.√	22.√	23.×	24.√	25.√	26.×	27.√	28.×	29.√	30.√
31.×	32.√	33.√	34.√	35.√	36.√	37.×	38.√	39.√	40.√
41.√	42.√	43.√	44.√	45.√	46.√	47.√	48.×	49.√	50.√
51.×	52.√	53.√	54.√	55.√	56.√	57.√	58.√	59.√	60.×
61.√	62.√	63.√	64.√	65.√	66.√	67.√	68.√	69.√	70.×
71.√	72.√	73.√	74.√	75.√	76.√	77.√	78.√	79.√	80.√
81.×	82.√	83.√	84.√	85.√	86.√	87.√	88.√	89.√	90.√
91.√	92.√	93.√	94.√	95.√	96.√	97.√	98.√	99.√	100.×
101.√	102.√	103.√	104.×	105.√	106.×	107.√	108.√	109.√	110.√
111.×	112.√	113.√	114.√	115.√	116.√	117.√	118.√	119.√	120.√
121.×	122.√	123.√	124.√	125.√	126.√	127.√	128.√	129.√	130.√
131.√	132.√	133.√	134.√	135.√	136.√	137.√	138.√	139.√	140.√
141.×	142.×	143.√	144.√	145.√	146.√	147.√	148.√	149.√	150.√
151.√	152.√	153.√	154.√	155.√	156.√	157.√	158.√	159.√	160.√
161.√	162.√	163.√	164.×	165.√	166.√	167.√	168.√	169.√	170.√
171.√	172.√	173.√	174.√	175.√	176.√	177.√	178.√	179.√	180.×
181.√	182.√	183.√	184.√	185.√	186.√	187.√	188.√	189.√	190.×
191.√	192.×	193.√	194.√	195.×					

【专家解读】

2.银行作为支付结算的中介机构,必须有当事人支付款项的意思表示,才能为当事人办理货币给付及资金清算。

3.中国人民银行各分行可以根据需要制定单项支付结算办法,报中国人民银行总行批准后执行。

6.汇票上有签发银行按规定载明"现金"字样的是银行现金汇票,可用于支付现金;票面上载有"转账"字样的或未载明"现金"字样的,是银行转账汇票,银行转账汇票一般用于结算,不用于支取现金,需要支付现金的,付款银行按照现金管理规定审查后才予以支付。

10.根据《票据法》的规定,汇票上可以记载本法规定事项以外的其他出票事项,但是该记载事项不具有汇票上的效力。

13.签发转账银行汇票,不得填写代理人付款人名称,但由中国人民银行代理兑付银行汇票的商业银行向设有分支机构地区签发转账银行汇票的除外。

14.申请人或者收款人为单位的,银行不得为其签发现金银行汇票。

16.银行汇票的实际汇票金额不得更改,更改实际结算金额的银行汇票无效。

18.收款人可以将银行汇票背书转让给被背书人,但注明"现金"字样的银行汇票不得背书转让。

20. 本票是出票人签发的,承诺自己在见票时无条件支付确定的金额给收款人或者持票人的票据。本票的基本当事人只有两个:出票人和收款人。

23.《支付结算办法》规定,单位和个人在同一票据交换区域各种款项结算,均可以使用银行本票,异地结算不能使用银行本票。

25. 本票的出票人在持票人提示见票时,必须承担付款的责任。除票据时效届满而使票据权利消灭或者要式欠缺而使票据无效外,出票人的付款责任并不因持票人未在规定期限内向其提示付款而解除,所以持票人仍对出票人享有付款请求权和追索权,只是丧失对出票人以外的前手的追索权。

26.《票据法》和《支付结算办法》规定,银行本票的提示付款期限自出票之日起不得超过2个月。

28. 托收承付结算每笔的金额起点为1万元。

31. 承付期内,如未向银行表示拒绝付款,银行即作为默认承付,于期满的次日由购货单位的账户将款项转出。

32. 验货付款的承付期为10天,即从运输部门向付款人发出提货通知的次日算起,付款人收到提货通知后,应立即向银行交验货提货通知。验单承付期为3天,应与此相区别。

34. 承付期满时,如购货单位资金不足,不足支付部分作为延期付款处理,并支付一定的赔偿金。

37. 以银行为付款人的,银行应在当日将款项主动支付给收款人;以单位为付款人的,银行应及时通知付款人,需要将有关债务证明交给付款人的应交给付款人并签收。付款人应于接到通知的当日书面通知银行付款。

39. 以银行为付款人的,应自收到委托收款及债务证明的次日起3日内出具拒绝证明,连同有关债务证明、凭证寄给被委托银行,转交收款人;以单位为付款人的,应在付款人接到通知的次日起3日内出具拒绝证明,持有债务证明的,应将其送交开户银行。

44. 在票据和结算凭证大写金额栏内不得预印固定的"仟、佰、拾、万、仟、佰、拾、元、角、分"字样。

48. 变造票据的方法多是在合法票据的基础上对票据加以剪接、挖补、覆盖、涂改,从而非法改变票据的加载事项。

50. 票据上有伪造、变造签章的,不影响票据上其他当事人真实签章的效力。

51. 个人在票据和结算凭证上的盖章,为个人本名的签名或盖章。

53. 对票据和结算凭证上的其他记载事项,原记载人可以更改,更改时应当由原记载人在更改处签章证明。

55. 对于向个人收购农副产品和其他物资支付的价款以及出差人员必须随身携带的差旅费,开户单位支付给个人的款项,超过使用现金限额的部分,应当以支票或者银行本票支付;确需要全额支付现金的,经开户银行审核后,予以支付现金。

56. 现金使用的限额,是指为了保证开户单位日常零星开支的需要,允许单位留存现金的最高数额。

59. 对没有银行单独开立账户的附属单位也要实行现金管理,必须保留的现金,也要核定限额,其限额包括在开户单位的库存限额之内。

60.商业和服务业的找零备用现金也要根据营业额核定定额,但不包括在开户单位的库存现金限额之内。

62.为了保证现金的安全完整,各单位应当建立健全现金账目,逐笔记载现金支付。

65.单位负责人对本单位货币资金内部控制的建立健全和有效实施以及货币资金的安全完整负责。

70.经办人员应当在权责范围内,按照审批人的批准意见办理货币资金业务。对于审批人超越授权范围审批的货币资金业务,经办人员有权拒绝办理,并及时向审批人的上级授权部门报告。

72.人民币银行结算中的"存款人"是指在中国境内开立银行结算账户的机关、团体、部队、企业、事业单位、其他组织、个体工商户和自然人。

73.活期存款是指存款人可以随时存取的存款,定期存款是指银行与存款人对存款的期限和提取方式事先约定的存款。

74.开立银行结算账户的目的是为了在日常经济活动中随时办理资金的收付结算,而开立储蓄账户的目的是存取本金和支取利息,储蓄账户不具有办理资金收付结算的功能。

77.银行结算账户主要是办理人民币的资金收付结算,其开立使用应遵守《支付结算办法》及其他相关法律、法规,而外币存款账户办理的是外币业务,其开立和使用应遵守国家外汇管理局的有关规定。

79.个人因投资、消费使用各种支付工具,包括借记卡、信用卡在银行开立的银行结算账户,纳入个人银行结算账户管理。

81.根据《人民币银行结算账户管理办法》的规定,个体工商户凭营业执照以字号或经营者姓名开立的银行结算账户纳入单位银行结算账户管理。

83.存款人开立基本存款账户、临时存款账户和预算单位开立专用存款账户实行核准制,经中国人民银行核准后由银行核发开户登记证。但存款人因注册验资需要开立的临时存款账户除外。

87.存款人应在注册地或住所地开立银行结算账户。符合异地开户条件的,也可以在异地开立银行结算账户。

88.除国家法律、行政法规和国务院另有规定外,任何单位和个人不得强令存款人到指定银行开立银行结算账户。

95.对于审核的开户资料不符合开户条件的,应在开户申请书上签署意见,连同有关证明文件一并退回报送银行。

96.存款人开立单位银行结算账户,自正式开立之日起3个工作日后,方可使用该账户办理付款业务。

98.单位的法定代表人或主要负责人、住址以及其他开户资料发生变更时,应于5个工作日内书面通知开户银行并提供有关证明。

99.银行接到存款人的变更通知后,应及时办理变更手续,并于2个工作日内向中国人民银行报告。

学习知识要善于思考,思考,再思考,我就是靠这个方法成为科学家的。——爱因斯坦

100. 存款人尚未清偿其开户银行债务的,不得申请撤销银行结算账户。

104. 军队、武警团级(含)以上单位以及分散执勤的支(分)队,申请开立基本存款账户,应出具军队军级以上单位财务部门、武警总队财务部门的开户证明。

106. 社会团体,应出具社会团体登记证书,宗教组织还应出具宗教事务管理部门的批文或证明。

111. 金融机构存放同业资金,政策性房地产开发资金等属于专项管理和使用的资金,都在专用存款账户的使用范围内。

113. 存款人对于期货交易保证金,申请开立专用存款账户的,应向银行出具其开立基本存款账户规定的证明文件、基本存款账户开户登记证和期货公司或期货管理部门的证明。

116. 粮、棉、油收购资金,存款人申请开立专用存款账户,应向银行出具其开立基本存款账户规定的证明文件、基本存款账户开户登记证和主管部门批文。

117. 临时存款账户支取现金,应按照国家现金管理的规定办理。其间不涉及支票管理的事项。

120. 外国公民,应出具护照,即可在中国内地办理个人银行结算账户。

121. 存款人只能在银行开立一个基本存款账户,不能多头开立基本存款账户。

125. 因经营需要在异地办理收入汇缴和业务支出的存款人,在异地开立专用存款账户的,应出具隶属单位的证明。

128. 银行应留存相应的复印件,并凭以办理预留银行签章的变更。对于证件原件,一般单位日常经营必不可少,所以银行办理时一般采用复印件办理相关业务。

132. 非经营性的存款人从基本存款账户之外的银行结算账户转账存入、将销货收入存入或现金存入单位信用卡账户的,处以1 000元的罚款。

133. 存款人的法定代表人或主要负责人、存款人地址以及其开户资料的变更事项未在规定期限内通知银行的,给予警告并处以1 000元的罚款。

137. 银行在银行结算账户使用中构成犯罪的,移交司法机关依法追究刑事责任。

141. 承兑人、背书人、被背书人、保证人等是当事人,但不是基本当事人,他们的存在与否,取决于相应票据行为是否发生。

142. 承兑人、背书人、被背书人、保证人等也是当事人,但他们是在票据作成并交付后,通过一定的票据行为加入票据关系而享有一定权利、义务的当事人,属非基本当事人。

144. 承兑人是指接受汇票出票人的付款委托,同意承担支付票款义务的人。保证人是指为票据债务提供担保的人,由票据债务人以外的他人担当。三者均为非基本当事人。

146. 票据义务不具有制裁性质,它是基于债务人特定的票据行为而应承担的义务。

148. 票据签章是指票据有关当事人在票据上签名、盖章或签名加盖章的行为。它属于一种基本行为。

155. 普通诉讼,是指丧失票据的失票人直接向人民法院提起民事诉讼,要求法院判令付款人向其支付票据金额的活动。

157. 票据必须具备法定格式才能有效,指的是票据的要式证券特征。

159. 票据格式中,书写工具及墨水颜色不符合票据法规定的,属于无效票据。

第二章　支付结算法律制度

162. 当票据上记载的出票日与实际出票日不一致时,以票据上所记载的日期为准。

164. 票据取得的原因存在与否、有效与否,与票据权利原则上互不影响。

168. 2007年7月8日,中国人民银行宣布,支票可以实现全国范围内互通使用。

169. 在普通支票左上角划两条平行线的,为划线支票,划线支票只能用于转账,不能支取现金。

177. 存款账户结清时,必须将全部剩余空白支票交回银行注销。

180. 持票人可以委托开户银行收款或直接向付款人提示付款。用于支取现金的支票仅限于收款人向付款人提示付款。

190. 银行汇票可以背书转让,但填明"现金"字样的银行汇票不得背书转让。

192. 申请人缺少解讫通知要求退款的,出票银行应于银行汇票提示付款期满一个月后办理。

195. 持票人超过期限向代理付款银行提示付款不获付款的,必须在票据权利时效内向出票银行作出说明,并提供本人身份证件或单位证明,持银行汇票和解讫通知向出票银行请求付款。

第三章 税收法律制度

一、单项选择题

1.（　　）是国家为了实现国家职能,凭借政治权力,按照法律规定的标准,无偿取得财政收入的一种特定分配方式。
A.营业收入　　　　　　　　B.税收
C.管理费用　　　　　　　　D.财政补贴
【难度系数】★★★
【专家解读】税收是国家为了实现国家职能,凭借政治权力,按照法律规定的标准,无偿取得财政收入的一种特定分配方式,是国家组织财政收入的主要形式。

2.下列税收的（　　）特征不属于保证财政收入的稳定的直接原因。
A.针对不同企业具有不同标准　　B.强制性
C.无偿性　　　　　　　　　　　D.固定性
【难度系数】★★★
【专家解读】税收具有强制性、无偿性和固定性,能够保证将财政收入建立在及时、稳定、可靠的基础上,保证财政收入的稳定。

3.税收分配是凭借（　　）对物资利益进行调节,有利于达到巩固国家政权的目的。
A.法律手段　　　　　　　　B.政治权力
C.单位规定　　　　　　　　D.自身特征
【难度系数】★★★★
【专家解读】税收分配是凭借政治权力对物资利益进行调节,有利于达到巩固国家政权的目的。虽然税收分配具有强制性、无偿性,但其凭借政治权力进行利益调节,而非法律手段。

4.税收是国家以社会管理者身份,凭借政治权力,以（　　）确定征纳双方的权利义务关系并保证税收收入的实现。
A.政治形式　　　　　　　　B.法律形式
C.企业　　　　　　　　　　D.货币形式
【难度系数】★★★
【专家解读】税收是国家以社会管理者身份,凭借政治权力以法律形式确定征纳双方的权利义务关系并保证税收收入的实现,凭借政治权力对物资利益进行调节。

5.税收的无偿性体现在（　　）。
A.国家需要支付报酬　　　　B.归国家所有
C.国家需偿还给原纳税人　　D.国家无权使用

第三章 税收法律制度

【难度系数】★★★★

【专家解读】税收的无偿性是指国家征税以后,税款即归国家所有,国家不向原纳税人支付任何报酬或代价,也不再直接偿还给原来的纳税人。

6.税收的无偿性是由( )性质决定的。
  A.社会利益共享   B.税收固定
  C.社会费用补偿   D.税收补偿

【难度系数】★★★★

【专家解读】税收的无偿性是由社会费用补偿的性质决定的。由于公共需要的设施和服务大都是共享的,社会成员从中得到的利益无法直接计量,这就决定了国家对社会成员提供的公共服务只能是无偿的。相应地,国家要筹集满足公共需要的社会费用也只能采取无偿的形式。

7.下列不属于按照征税权限和收入支配方式进行税收的划分的是( )。
  A.中央税   B.地方税
  C.行为税   D.中央地方共享税

【难度系数】★★★

【专家解读】按照税收征收权限和收入支配分类,可分为中央税、地方税和中央地方共享税。行为税是税收按照征税对象进行的分类。

8.下列哪项税收不属于流转税( )。
  A.增值税   B.消费税
  C.营业税   D.城市维护建设税

【难度系数】★★★★★

【专家解读】我国现行的增值税、消费税、营业税、关税等都属于流转税类。其中城市维护建设税是按税收征收权限和收入支配权限进行税收的划分。

9.( )指各种劳务收入或服务性业务收入的金额。
  A.商品流转额   B.非商品流转额
  C.税收额   D.消费税额

【难度系数】★★★★

【专家解读】商品流转额,指商品交易的金额或数量;非商品流转额,指各种劳务收入或服务性业务收入的金额。

10.所得税,也称收益税类,是以纳税人的( )为征税对象的一类税收。
  A.特定收益额   B.各种收益额
  C.总收入   D.总支出

【难度系数】★★★★

【专家解读】所得税,也称收益税类,是以纳税人的各种收益额为征税对象的一类税收。所得税类税收的征税对象不是一般收入,而是总收入减除准予扣除项目后的余额。

11.所得税类体现了量能负担的原则,即( )。
  A.多得多征   B.少得或不得不征

C. 以总收入为依据　　　　　　　　D. 以项目费用为计量依据

【难度系数】★★★

【专家解读】 所得税类税收的征税对象不是一般收入,而是总收入减除准予扣除项目后的余额,所得多多征,所得少少征,无所得不征。

12. 资源税类,税负高低与(　　)收益水平关系密切。

A. 资源消耗　　　　　　　　B. 资源储存

C. 资源级差　　　　　　　　D. 资源分布

【难度系数】★★★★

【专家解读】 资源税类,以自然资源和某些社会资源为征税对象,税负高低与资源级差收益水平关系密切,征税范围选择比较灵活。资源税属于此类。

13. 行为税也称特定行为目的税类,它是国家为了实现某种特定目的,具有较强的(　　)。

A. 时效性　　　　　　　　B. 层次性

C. 多样性　　　　　　　　D. 广泛性

【难度系数】★★★

【专家解读】 行为税类,也称特定行为目的税类,它是国家为了实现某种特定目的,以纳税人的某些特定行为为征税对象,征税的选择性较为明显,税种较多,具有较强的时效性。

14. 下列不属于行为税的是(　　)。

A. 印花税　　　　　　　　B. 契税

C. 耕地占用税　　　　　　　　D. 关税

【难度系数】★★★

【专家解读】 印花税、车辆购置税、城市维护建设税、契税、耕地占用税等都属于行为税类。关税不属于行为税,不满足行为税的定义。

15. 关税类税收由(　　)负责征收管理,它是指对进出境的货物、物品征收的税收总称。

A. 国家财政部　　　　　　　　B. 国家贸易部

C. 海关　　　　　　　　D. 港口负责人员

【难度系数】★★★

【专家解读】 关税类税收由海关负责征收管理,它是指对进出境的货物、物品征收的税收总称,主要包括进出口关税、由海关代征的进口环节增值税、消费税和船舶吨税。

16. (　　)是指由中央政府征收和管理使用或者地方征收后全部划解中央由中央所有和支配的税收。

A. 中央税　　　　　　　　B. 地方税

C. 消费税　　　　　　　　D. 银行总部缴纳的营业税

【难度系数】★★★

【专家解读】 中央税是指由中央政府征收和管理使用或者地方征收后全部划解中央由中央所有和支配的税收。地方税是由地方政府征收、管理和支配的一类税收。其中海关代征的消费税及银行总部缴纳的营业税属于中央税。

第三章 税收法律制度

17.（　　）是指征税对象的价值或价格为计税依据征收的一种税，一般采用比例税率和累进税率。

A. 从量税　　　　　　　　　　B. 从价税
C. 从价从量相结合税　　　　　D. 量化税

【难度系数】★★★★

【专家解读】从价税是指征税对象的价值或价格为计税依据征收的一种税，一般采用比例税率和累进税率。从量税是指以征税对象的实物量作为计税依据征收的一种税，一般采用定额税率。复合税是指对征税对象采取从价和从量相结合的计税方法征收的一种税。

18. 下列（　　）采用从量计征形式。

A. 营业税　　　　　　　　　　B. 卷烟消费税
C. 资源税　　　　　　　　　　D. 个人所得税

【难度系数】★★★★

【专家解读】营业税、增值税、个人所得税等使用从价计征形式；资源税、耕地占用税、城镇土地使用税等均实行从量计征形式。复合税是指对征税对象采取从价和从量相结合的计税方法征收的一种税，如对卷烟、白酒征收的消费税。

19.（　　）特指由全国人民代表大会及其常务委员会制定和颁布的税收法律，如《中华人民共和国税收征收管理法》《中华人民共和国个人所得税法》等。

A. 税法　　　　　　　　　　　B. 广义的税法
C. 狭义的税法　　　　　　　　D. 税收

【难度系数】★★★★

【专家解读】广义的税法是指国家制定的用以调节国家与纳税人之间在征纳税方面的权利及义务关系的法律规范的总称。狭义的税法特指由全国人民代表大会及其常务委员会制定和颁布的税收法律，如《中华人民共和国税收征收管理法》《中华人民共和国个人所得税法》等。本处考察税法的划分及基本定义。

20. 下列有关税收和税法的关系，说法错误的是（　　）。

A. 税法相对于税收属于上层建筑
B. 税收属于经济基础
C. 税收是税法的法律依据和法律保障
D. 税法以保障税收活动的有序进行为其存在的理由和依据

【难度系数】★★★★

【专家解读】税收活动必须严格依照税法的规定进行，税法是税收的法律依据和法律保障。而税法又必须以保障税收活动的有序进行为其存在的理由和依据。税收作为一种经济活动，属于经济基础范畴。税法是一种法律制度，属于上层建筑范畴。

21.（　　）是税务管理方面的法律规范，具体规定税收征收管理、纳税程序、发票管理、税务争议处理等内容。

A. 税收规章　　　　　　　　　B. 税收实体法
C. 税收程序法　　　　　　　　D. 税收征收管理法

学如才识，不日进，则日退。——左宗棠

【难度系数】★★★★

【专家解读】税收实体法是规定税收法律关系主体的实体权利、义务的法律规范的总称。税收程序法是税务管理方面的法律规范,具体规定税收征收管理、纳税程序、发票管理、税务争议处理等内容。

22.按照税法法律级次划分,分为税收法律、税收行政法规、税收规章和税收规范性文件,其中(　　)属于税收规章。
A.《中华人民共和国税收征收管理法》
B.《中华人民共和国消费税暂行条例》
C.《中华人民共和国车船税暂行条例实施细则》
D.《增值税专用发票使用规定》
【难度系数】★★★★

【专家解读】按照税法法律级次划分,分为税收法律、税收行政法规、税收规章和税收规范性文件:《中华人民共和国税收征收管理法》为税收法律,《中华人民共和国消费税暂行条例》为税收行政法规,《中华人民共和国车船税暂行条例实施细则》为税收规章,《增值税专用发票使用规定》为税收规范性文件。

23.下列(　　)不属于税法的最基本构成要素。
A.纳税义务人　　　　　　　　B.征税对象
C.税率　　　　　　　　　　　D.纳税地点
【难度系数】★★★★

【专家解读】税法的构成要素一般包括总则、纳税义务人、征税对象、税目、税率、纳税环节、纳税期限、纳税地点、减税免税、罚款、附则等项目。其中,纳税义务人、征税对象、税率是构成税法的三个最基本的要素。

24.下列有关税法,说法错误的是(　　)。
A.包括实体性的　　　　　　　B.包括程序性的
C.扣缴义务人属于税法基本要素　D.税法要素具有普遍性
【难度系数】★★★★

【专家解读】税法要素既包括实体性的,也包括程序性的,它是所有完善的单行税法共同具备的,仅为某一税法单独具有的非普遍性内容,不构成税法要素,如扣缴义务人。

25.(　　)是指代表国家行使税收征管职权的各级税务机关和其他征收机关。
A.纳税人　　　　　　　　　　B.征税对象
C.征税人　　　　　　　　　　D.征收单位
【难度系数】★★★

【专家解读】征税人是指代表国家行使税收征管职权的各级税务机关和其他征收机关。因税收的不同,可能有不同的征税人。

26.下列不属于纳税义务人的是(　　)。
A.国家财政部　　　　　　　　B.自然人
C.法人　　　　　　　　　　　D.机构组织

【难度系数】★★★★★

【专家解读】纳税义务人又称纳税人,是指税法规定的直接负有纳税义务的自然人、法人或其他组织。所纳税款是国家财政部的主要收入来源。

27.税目是征税对象的具体化,是税法中规定应当征税的具体物品、行业或项目,体现了征税的( )。

A. 深度 B. 广度
C. 层次性 D. 阶段性

【难度系数】★★★★★

【专家解读】税目是征税对象的具体化,它反映了具体的征税范围,是税法中规定应当征税的具体物品、行业或项目,体现了征税的广度。

28.下列属于列举法的特点的是( )。

A. 税目少 B. 查找方便
C. 不便掌握 D. 界限明确

【难度系数】★★★

【专家解读】列举法界限明确,便于掌握,但税目过多,不便查找;概括法税目较少,查找方便,但税目过粗,不便准确掌握,容易出现纳税税收负担不合理的情况。

29.下列不属于我国现行税率的是( )。

A. 低额税率 B. 比例税率
C. 定额税率 D. 累进税率

【难度系数】★★★

【专家解读】我国现行的税率有:比例税率、定额税率、累进税率,税率的高低直接关系到国家财政收入和纳税人的负担,关系到国家、集体、个人三者的经济利益。

30.( )是指按课税对象数额的大小划分为几个等级各定一个税率递增征税。

A. 比例税率 B. 固定税率
C. 定额税率 D. 累进税率

【难度系数】★★★

【专家解读】比例税率是指对同一征税对象不论数额大小,都按同一比例征税。定额税率是按课税对象的计量单位直接规定应纳税额的税率形式,而不采用百分比的形式。累进税率是指按课税对象数额的大小划分为几个等级各定一个税率递增征税。

31.下列不属于实行比例税率的好处的是( )。

A. 有利于公平竞争
B. 计算简便,有利于税收征管
C. 能体现能力大者多征,能力小者少征的原则
D. 能够鼓励先进,鞭策落后

【难度系数】★★★

【专家解读】实现比例税率,同一课税对象的不同纳税人税收负担相同,能够鼓励先进,鞭策落后,有利于公平竞争;计算简便,有利于税收征管。但不能体现能力大者多征,能力小

者少征的原则。

32.计税依据与征税对象的共同点是( )。
A.反映征税客体				B.规定对什么征税
C.规定如何计量				D.在税收中扮演的角色相同
【难度系数】★★★★
【专家解读】计税依据与征税对象虽然同样反映征税客体,但征税对象规定对什么征税,计税依据则在确定征税对象之后解决如何计量的问题。

33.( )是指对按规定应征收的税款全部免除。
A.减税					B.免税
C.征税					D.减免税
【难度系数】★★★
【专家解读】减税是指从应征税额中减征部分税款,免税是指对按规定应征收的税款全部免除。

34.( )是指对征税对象达到一定数额才开始征税的界限。
A.起征额				B.起征期
C.起征点				D.起征日
【难度系数】★★★★
【专家解读】起征点是指对征税对象达到一定数额才开始征税的界限。没有起征期或起征额的说法。

35.下列( )不属于税收的行政责任的承担形式。
A.吊销税务登记证			B.罚款
C.税收保全及强制执行		D.加收滞纳金
【难度系数】★★★★
【专家解读】税收的经济责任表现形式有,补缴税款、加收滞纳金等;行政责任承担方式,包括吊销税务登记证、罚款、税收保全及强制执行等。

36.( )是对在我国境内销售或者提供加工、修理修配劳务以及进口货物的单位和个人就其货物销售或提供劳务的增值额和货物进口额为计税依据的一种流转税。
A.个人所得税			B.资源税
C.增值税				D.消费税
【难度系数】★★★
【专家解读】增值税是对在我国境内销售或者提供加工、修理修配劳务以及进口货物的单位和个人就其货物销售或提供劳务的增值额和货物进口额为计税依据的一种流转税。消费税是对从事生产、委托加工和进口应税消费品的单位和个人,就其应税消费品征收的一种流转税。

37.( )是指纳税人销售货物或者提供劳务,按照销售额和规定的税率计算的增值税税额。
A.增值税额				B.消费税额

C. 销项税额　　　　　　　　　　D. 进项税额

【难度系数】★★★

【专家解读】销项税额是指纳税人销售货物或者提供劳务,按照销售额和规定的税率计算的增值税税额。进项税额是指纳税人购进货物或者接受应税劳务所支付或者负担的增值税税额。

38. 下列有关销售额的说法不正确的是(　　)。
A. 是增值税的计税依据
B. 包括向购买方收取的销项税额
C. 包括纳税人销售货物收取的全部价款
D. 包括纳税人销售货物收取的价外费用

【难度系数】★★★★

【专家解读】销售额,是增值税的计税依据,包括纳税人销售货物或者应税劳务向购买方或承受应税劳务方收取的全部价款和价外费用,但是不包括向购买方收取的销项税额和其他符合规定的费用。

39. 准予抵扣的进项税额主要有(　　)。
A. 非正常损失的购进货物
B. 一般纳税人购进货物进项税额,增值税专用发票上注明的增值税额
C. 国务院财政部规定的纳税人自用消费品
D. 非正常损失在产品所耗用的购进货物

【难度系数】★★★

【专家解读】一般纳税人购进货物或者应税劳务的进项税额,为从销售方取得的增值税专用发票上注明的增值税额;一般纳税人进口货物的进项税额,为从海关取得的完税凭证上注明增值税额;一般纳税人向农业生产者购买的免税农产品,或者向小规模纳税人购买农产品,准予按照买家和13%的扣除率计算进项税额;一般纳税人外购或销售货物所支付的运输费用,按7%的扣除率计算进项税额准予扣除。

40. 纳税人以一个月或者一个季度为一个纳税期的,自期满之日起(　　)内申报纳税。
A. 一周内　　　　　　　　　　B. 半个月内
C. 一个月内　　　　　　　　　D. 三个月内

【难度系数】★★★★

【专家解读】纳税人以一个月或者一个季度为一个纳税期的,自期满之日起15日内申报纳税。

41. 营业税一般以营业收入额(　　)为计税依据,实行比例税率。
A. 加上额外费用　　　　　　　B. 扣减管理费用
C. 全额　　　　　　　　　　　D. 扣减摊销费用

【难度系数】★★★★

【专家解读】营业税一般以营业收入额全额为计税依据,实行比例税率,计征简便。

为学,正如撑上水船,一篙不可放缓。——朱熹

42. 下列( )的税率为3%。
   A. 服务业　　　　　　　　　　B. 转让无形资产
   C. 金融保险业　　　　　　　　D. 文化体育业

【难度系数】★★★

【专家解读】 交通运输业、建筑业、邮电通信业、文化体育业的税率为3%,服务业、转让无形资产、销售不动产的税率为5%,金融保险业的税率为5%,娱乐业的税率为5%～20%。

43. 企业所得税实行基本税率,基本税率为( )。
   A. 13%　　　　　　　　　　　B. 17%
   C. 15%　　　　　　　　　　　D. 25%

【难度系数】★★★

【专家解读】 企业所得税实行基本税率,基本税率为25%,适用于居民企业和在中国境内设有机构、场所且所得与机构、场所有关联的非居民企业。

44. 下列( )不属于准予扣除的税金。
   A. 消费税　　　　　　　　　　B. 营业税
   C. 印花税　　　　　　　　　　D. 企业所得税

【难度系数】★★★

【专家解读】 准予扣除的税金是指企业发生的除企业所得税和允许抵扣的增值税以外的企业缴纳的各项税金及其附加。如消费税、营业税、印花税等。

45. 企业纳税年度发生的亏损,准予向以后年度结转,用以后年度的所得弥补,但结转年限最长不得超过( )。
   A. 三年　　　　　　　　　　　B. 四年
   C. 五年　　　　　　　　　　　D. 十年

【难度系数】★★★★

【专家解读】 企业纳税年度发生的亏损,准予向以后年度结转,用以后年度的所得弥补,但结转年限最长不得超过五年。这里的亏损不是企业财务报表中的亏损数,而是按税法规定调整后的金额。

46. 居民企业纳税地点为( )。
   A. 实际管理机构所在地　　　　B. 登记注册地
   C. 所在地财政部　　　　　　　D. 企业所在地

【难度系数】★★★★★

【专家解读】 居民企业以企业登记注册地为纳税地点,税收法律、法规另有规定者除外;登记注册地在境外的,以实际管理机构所在地为纳税地点。

47. 按月或按季预缴的,应当自月份或者季度终了之日起( )内,向税务机关报送预缴企业所得税纳税申报表,预缴税款。
   A. 1周内　　　　　　　　　　B. 15日内
   C. 30日内　　　　　　　　　　D. 3个月内

【难度系数】★★★★

第三章 税收法律制度

【专家解读】按月或按季预缴的,应当自月份或者季度终了之日起15日内,向税务机关报送预缴企业所得税纳税申报表,预缴税款。其他日期均不对。专家建议此类日期型题目应当汇总记忆效果更佳。

48.（　　）是指在中国境内无住所又不居住,或者无住所而在一个纳税年度内在境内居住不满1年的个人。
　A.居民纳税人　　　　　　　　B.普通纳税人
　C.非居民纳税人　　　　　　　D.超额纳税人
【难度系数】★★★★
【专家解读】居民纳税人是指在中国境内有住所,或者无住所而在中国境内一个纳税年度内居住满1年的个人。非居民纳税人,是指在中国境内无住所又不居住,或者无住所而在一个纳税年度内在境内居住不满1年的个人。

49.劳务报酬所得,适用20％的比例税率,对劳务报酬所得一次收入畸高的,可以实行（　　）。
　A.增加征收　　　　　　　　　B.追加增收
　C.加成征收　　　　　　　　　D.累进征收
【难度系数】★★★★★
【专家解读】劳务报酬所得,适用20％的比例税率,对劳务报酬所得一次收入畸高的,可以实行加成征收。增加、追加、累进征收的说法均不存在。

50.工资、薪金所得,以每月收入额减除费用（　　）后的余额,为应纳税所得额。
　A.1 000元　　　　　　　　　 B.3 500元
　C.2 500元　　　　　　　　　 D.3 000元
【难度系数】★★★★
【专家解读】工资、薪金所得,以每月收入额减除费用3 500元后的余额,为应纳税所得额。其他均不对,诸如此类的题目应当进行归纳记忆。

51.下列有关纳税登记的说法,错误的是（　　）。
　A.是税收管理工作的首要环节和基础工作
　B.是征纳双方法律关系成立的依据和证明
　C.是纳税人必须依法履行的业务
　D.纳税人可以自由选择的一项权利
【难度系数】★★★
【专家解读】纳税登记是税收管理工作的首要环节和基础工作,是征纳双方法律关系成立的依据和证明,也是纳税人必须依法履行的业务。

52.需要办理开业税务登记的对象不包括（　　）。
　A.领取营业执照的从事生产、经营的纳税人
　B.不从事生产、经营,但依照法律、法规的规定负有纳税义务的单位
　C.不从事生产、经营,但依照法律、法规的规定负有纳税义务的个人
　D.改变法定代表人的企业

【难度系数】★★★

【专家解读】需要办理开业税务登记的对象是：领取营业执照的从事生产、经营的纳税人，不从事生产、经营，但依照法律、法规的规定负有纳税义务的单位和个人。改变法定代表人的企业应进行税务变更。

53.对纳税人填报的税务登记表及附送资料、证件审核无误的,分(　　)填制税种登记表,确定纳税人所适用的税种、税目、税率、报缴税款的期限、征收方式和缴库方式。

A.单位　　　　　　　　　　B.税种

C.金额　　　　　　　　　　D.部门

【难度系数】★★★★

【专家解读】对纳税人填报的税务登记表及附送资料、证件审核无误的,分税种填制税种登记表,确定纳税人所适用的税种、税目、税率、报缴税款的期限、征收方式和缴库方式等,逐户建档。

54.对纳税人填报的税务登记表及附送资料、证件审核无误的,应在(　　)予以登记,核发税务登记证及副本。

A.7日内　　　　　　　　　B.15日内

C.30日内　　　　　　　　 D.45日内

【难度系数】★★★★

【专家解读】对纳税人填报的税务登记表及附送资料、证件审核无误的,应在30日内予以登记,核发税务登记证及副本。

55.纳税人税务登记内容发生变化的,应自(　　)办理变更登记之日起30日内,持有关证件向原税务登记机关申报办理变更税务登记。

A.财政厅　　　　　　　　　B.税务机关

C.工商行政管理机关　　　　D.行政管理局

【难度系数】★★★

【专家解读】纳税人税务登记内容发生变化的,应自工商行政管理机关或其他机关办理变更登记之日起30日内,持有关证件向原税务登记机关申报办理变更税务登记。其他部门不受理此类业务。

56.(　　)是指在购销商品、提供或接受服务以及从事其他经营活动中,开具、收取的收付款书面证明。

A.会计凭证　　　　　　　　B.会计账簿

C.会计报表　　　　　　　　D.发票

【难度系数】★★★★

【专家解读】发票是指在购销商品、提供或接受服务以及从事其他经营活动中,开具、收取的收付款书面证明。它是确定经营收支行为发生的法定凭证,是会计核算的原始凭证,也是税务稽查的重要证据。

57.下列(　　)属于增值税专用发票的使用人。

A.一般纳税人　　　　　　　B.增值税小规模纳税人

C. 非增值税纳税人　　　　　　　D. 普通纳税人

【难度系数】★★★★

【专家解读】 增值税专用发票只限于增值税一般纳税人领购使用,增值税小规模纳税人和非增值税纳税人不得领购使用。增值税小规模纳税人需要开具专用发票时,可向主管税务机关申请代开。

58.(　　)作为购买方报送主管税务机关认证和保存备查的凭证。

A. 存根联　　　　　　　　　　　B. 发票联

C. 抵扣联　　　　　　　　　　　D. 记账联

【难度系数】★★★

【专家解读】 存根联由销货方留存备查,发票联作为购买方核算采购成本和增值税进项税额的记账凭证,抵扣联作为购买方报送主管税务机关认证和保存备查的凭证,记账联作为销售方核算销售收入和增值税销项税额的记账凭证。

59.(　　)适用于规模较小,账证不健全或者达不到有关设置账簿标准,不能提供完善的纳税资料因而难以实行查账征收的小型个体工商业户。

A. 查验征收　　　　　　　　　　B. 查定征收

C. 定期征收　　　　　　　　　　D. 定期定额征收

【难度系数】★★★

【专家解读】 定期定额征收适用于规模较小,账证不健全或者达不到有关设置账簿标准,不能提供完善的纳税资料因而难以实行查账征收的小型个体工商业户。

60. 已开具的发票存根联和发票登记簿应当保存(　　)。

A. 一年　　　　　　　　　　　　B. 二年

C. 五年　　　　　　　　　　　　D. 十年

【难度系数】★★★★

【专家解读】 已开具的发票存根联和发票登记簿应当保存五年。不得低于该基本年限。

61. 税务机关收到的纳税人数据电文与报送的书面资料不一致时,以(　　)为准。

A. 口头表述　　　　　　　　　　B. 电话通知

C. 书面数据　　　　　　　　　　D. 数据电文

【难度系数】★★★

【专家解读】 税务机关收到的纳税人数据电文与报送的书面资料不一致时,以书面数据为准。

62.(　　)是税收征收管理工作的中心环节,是全部税收征收管理工作的目的和归宿,是实现税收职能的最关键环节,在整个税收征收管理工作中占有极其重要的地位。

A. 税务登记　　　　　　　　　　B. 发票开具与管理

C. 纳税申报　　　　　　　　　　D. 税款征收

【难度系数】★★★

【专家解读】 税款征收是税收征收管理工作的中心环节,是全部税收征收管理工作的目的和归宿,是实现税收职能的最关键环节,在整个税收征收管理工作中占有极其重要的地位。

63.查定征收方式适用于( )、生产不稳定但能控制其材料、产量或进销货物的从事产品生产的纳税人。

A.会计账册不健全 B.财务制度不健全

C.经营品种比较单一、零星分散 D.经营地点、时间和商品来源不固定

【难度系数】★★★

【专家解读】查定征收方式适用于会计账册不健全、生产不稳定但能控制其材料、产量或进销货物的从事产品生产的纳税人。查验征收一般纳税人适用于财务制度不健全,经营品种比较单一、零星分散,经营地点、时间和商品来源不固定的纳税人。

64.下列有关税务代理的说法,不正确的是( )。

A.从事税务代理的专门人员称为税务师

B.税务师必须加入税务代理机构才能从事税务代理业务

C.一个税务师只能加入一个税务代理机构

D.一个税务师可加入多个税务代理机构

【难度系数】★★★★★

【专家解读】从事税务代理的专门人员称为税务师,税务师必须加入税务代理机构才能从事税务代理业务,一个税务师只能加入一个税务代理机构。

65.( )是指税务机关对可能由于纳税人的行为或某种客观原因致使税款的征收不能保证或难以保证的案件,采取限制其处理或转移商品、货物等财产的一种行政强制措施。

A.税收保全 B.税收强制

C.税收保全措施 D.税收强制执行

【难度系数】★★★★

【专家解读】税收保全措施是指税务机关对可能由于纳税人的行为或某种客观原因致使税款的征收不能保证或难以保证的案件,采取限制其处理或转移商品、货物等财产的一种行政强制措施。此题属于对基本概念的考查。

66.纳税人未按照规定使用税务登记证件,或者转借、涂改、毁损、买卖、伪造税务登记证的,处( )罚款。

A.2 000元以下 B.2 000元以上1万元以下

C.1万元以上5万元以下 D.5万元以上

【难度系数】★★★

【专家解读】纳税人未按照规定使用税务登记证件,或者转借、涂改、毁损、买卖、伪造税务登记证的,处2 000元以上1万元以下罚款;情节严重的,处1万元以上5万元以下的罚款。

67.纳税人、代扣代缴人、纳税担保人对国家税务总局做出的具体行政行为不服的,向( )申请行政复议。

A.人民法院 B.国家财政局

C.国家税务总局 D.省级地方税务局

【难度系数】★★

一般青年的任务,尤其是共产主义青年团及其他一切组织的任务,可以用一句话来表示,就是要学习。——列宁

【专家解读】纳税人、代扣代缴人、纳税担保人对国家税务总局做出的具体行政行为不服的,向国家税务总局申请行政复议。

【参考答案】

1. B	2. A	3. B	4. B	5. B	6. C	7. C	8. D	9. B	10. B
11. A	12. C	13. A	14. D	15. C	16. A	17. B	18. C	19. C	20. C
21. C	22. C	23. D	24. C	25. C	26. A	27. C	28. D	29. A	30. D
31. C	32. A	33. B	34. C	35. D	36. C	37. C	38. B	39. B	40. B
41. C	42. D	43. C	44. C	45. D	46. C	47. B	48. C	49. C	50. B
51. D	52. D	53. B	54. C	55. C	56. D	57. A	58. C	59. D	60. C
61. C	62. D	63. A	64. D	65. C	66. B	67. C			

二、多项选择题

1.下列( )属于税收的作用。
A.税收是国家组织财政收入的主要形式
B.税收是国家调控经济运行的重要手段
C.税收具有维护国家政权的作用
D.税收是国际经济交往中维护国家权益的可靠保证。
【难度系数】★★★
【专家解读】税收是国家组织财政收入的主要形式,税收是国家调控经济运行的重要手段,税收具有维护国家政权的作用,税收是国际经济交往中维护国家权益的可靠保证。

2.( )体现税收是国家组织财政收入的主要形式。
A.税收具有强制性、无偿性和固定性 B.税收高额性
C.税收源泉十分广泛   D.税收按年、季、月征收
【难度系数】★★★★
【专家解读】首先,税收具有强制性、无偿性和固定性,能够保证将财政收入建立在及时、稳定、可靠的基础上,保证财政收入的稳定。其次,税收源泉十分广泛,不仅可以对流转额征税,还可以对各种收益、资源、财产、行为征税;不仅可以对国企、集体企业征税,还可以对外资企业、私营企业、个体工商户征税等。税收收入来源的广泛性,有利于国家从多方面筹集财政收入。最后,税收按年、季、月征收,均匀入库,满足财政日常支出。

3.下列( )属于税收收入的来源。
A.流转额   B.收益
C.行为   D.个体工商户
【难度系数】★★
【专家解读】税收源泉十分广泛,不仅可以对流转额征税,还可以对各种收益、资源、财产、行为征税;不仅可以对国企、集体企业征税,还可以对外资企业、私营企业、个体工商户征税等。

4.下列( )体现了税收的强制性所包含的两层含义。
A.体现权利义务关系   B.体现国家与民众的阶层关系

C. 具有无偿性　　　　　　　　　　D. 具有强制性

【难度系数】★★★

【专家解读】税收的强制性包含两层含义：一是税收分配关系,是一种国家和社会成员必须遵守的权利义务关系,每一个社会成员有义务向国家缴纳一部分社会产品,分担一部分社会共同费用;二是税收的征收具有强制性。

5. 税收的固定性包含(　　)含义。
   A. 税收标准的固定性　　　　　　B. 税法相对稳定性
   C. 税收征收数量有限性　　　　　D. 税收征收对象的有限性

【难度系数】★★★★

【专家解读】税收的固定性包含两层含义：一是税法具有相对稳定性,一经公布实施,征纳双方都要共同遵守;二是税收征收数量具有有限性。税款不能随意征收,征税对象和税款数量之间的数量关系是有一定限度的,税收只能按照事先规定的、国家和纳税人在经济上都能接受的标准有限度地征收。税收征收对象具有广泛性,但因为数量的有限性,保证了税收的固定性。

6. 按照征税对象可将税收划分为(　　)。
   A. 流转税　　　　　　　　　　　B. 所得税
   C. 财产税　　　　　　　　　　　D. 行为税

【难度系数】★★★★

【专家解读】税收按照征税对象可分为：流转税类、所得税类、财产税类、资源税类和行为税类五种类型。

7. 按征税管理的分工体系可将税收划分为(　　)。
   A. 从价税　　　　　　　　　　　B. 从量税
   C. 工商税　　　　　　　　　　　D. 关税

【难度系数】★★★

【专家解读】按征税管理的分工体系分类,可将税收分为：工商税类、关税类。从价税、从量税都是按照计税标准的不同进行税收的划分。

8. 流转税的征收对象是(　　)。
   A. 货物　　　　　　　　　　　　B. 劳务
   C. 货物的流转额　　　　　　　　D. 劳务的流转额

【难度系数】★★★

【专家解读】流转税是以货物和劳务的流转额为征税对象的一类税收。

9. 现阶段,我国所得税主要包括(　　)等。
   A. 房产税　　　　　　　　　　　B. 印花税
   C. 企业所得税　　　　　　　　　D. 个人所得税

【难度系数】★★★★★

【专家解读】现阶段,我国所得税主要包括企业所得税、个人所得税等。其中房产税、印花税都属于地方税。

第三章 税收法律制度

10. 财产税类是以纳税人拥有的财产数量或财产价值为征税对象,税收负担与财产价值、数量关系密切,体现( )等原则。
    A. 调节财富　　　　　　　　B. 财富集聚
    C. 合理分配　　　　　　　　D. 公平公正
    【难度系数】★★★★
    【专家解读】 财产税类是以纳税人拥有的财产数量或财产价值为征税对象,税收负担与财产价值、数量关系密切,体现调节财富、合理分配等原则。合理分配并不是说公平公正,而是为了更好地调节财富分布。

11. 下列( )属于财产税类。
    A. 房产税　　　　　　　　　B. 车船税
    C. 船舶吨税　　　　　　　　D. 城镇土地税
    【难度系数】★★★★
    【专家解读】 我国现行的房产税、城市房地产税、车船税、车船使用牌照税、船舶吨税、城镇土地使用税等属于财产税类。

12. 下列属于中央税的有( )。
    A. 铁道部门营业税　　　　　B. 各银行总行城市维护建设税
    C. 各保险总公司集中缴纳的营业税　　D. 资源税
    【难度系数】★★★★
    【专家解读】 关税,海关代征的进口环节消费税和增值税,消费税,铁道部门、各银行总行、各保险总公司集中缴纳的营业税和城市维护建设税等为中央税。资源税属于中央地方共享税。

13. 中央地方共享税是指税收收入由中央和地方按比例分享的税收,下列( )属于中央地方共享税。
    A. 增值税　　　　　　　　　B. 所得税
    C. 资源税　　　　　　　　　D. 证券交易印花税
    【难度系数】★★★★
    【专家解读】 中央地方共享税是指税收收入由中央和地方按比例分享的税收。增值税、所得税、资源税、证券交易印花税等都属于中央地方共享税。

14. 下列( )不属于按照税法法律级次划分的税收种类。
    A. 税收实体法　　　　　　　B. 税收法律
    C. 税收行政法规　　　　　　D. 税收程序法
    【难度系数】★★★
    【专家解读】 按照税法的功能作用的不同,将税法分为税收实体法和税收程序法,按照主权国家形式税收管辖权的不同,可分为国内税法、国际税法、外国税法等;按照税法法律级次划分,分为税收法律、税收行政法规、税收规章和税收规范性文件。

15. 下列属于税收程序法的是( )。
    A.《中华人民共和国企业所得税法》

B.《中华人民共和国个人所得税法》
C.《中华人民共和国税收征收管理法》
D.《中华人民共和国海关法》
【难度系数】★★★
【专家解读】税收实体法是规定税收法律关系主体的实体权利、义务的法律规范的总称。《中华人民共和国企业所得税法》《中华人民共和国个人所得税法》属于税收实体法。税收程序法是税务管理方面的法律规范,如《中华人民共和国税收征收管理法》《中华人民共和国海关法》《进出口关税条例》等属于税收程序法。

16.税收实体法具体规定各税种的(　　)等。
　　A.征收对象　　　　　　　　B.征收范围
　　C.税目　　　　　　　　　　D.纳税地点
【难度系数】★★★
【专家解读】税收实体法是规定税收法律关系主体的实体权利、义务的法律规范的总称,具体规定各税种的征收对象、征收范围、税目、税率、纳税地点等。

17.征税对象也称课税对象,是指对什么征税,下列(　　)可以成为征税对象。
　　A.人　　　　　　　　　　　B.物
　　C.行为　　　　　　　　　　D.资金
【难度系数】★★★★
【专家解读】征税对象也称课税对象,是指对什么征税。征税对象包括物或行为。所征的税以资金形式上缴,人不是征税对象。

18.制定税目的基本方法有(　　)。
　　A.列举法　　　　　　　　　B.概括法
　　C.举例法　　　　　　　　　D.归纳法
【难度系数】★★★
【专家解读】制定税目的基本方法一般有两种:一是列举法,即按照每一种商品或经营项目分别设计的税目;二是概括法,即按照商品类别或行业设计的税目。

19.下列属于累进税率特点的有(　　)。
　　A.收入多者多征　　　　　　B.无收入者不征
　　C.计算简便　　　　　　　　D.横向公平
【难度系数】★★★
【专家解读】累进税率一般在所得课税中使用,可以充分体现纳税人收入多者多征、收入少者少征、无收入者不征的税收原则,从而有效地调节纳税人的收入,正确处理税收负担的纵向公平问题。其中计算简便属于比例税率的特征。

20.累进税率是指按课税对象数额的大小划分为几个等级,各定一个税率递增征税。一般可以分为(　　)。
　　A.全额累进税率　　　　　　B.差额累进税率
　　C.超额累进税率　　　　　　D.超率累进税率

【难度系数】★★★

【专家解读】累进税率是指按课税对象数额的大小划分为几个等级,各定一个税率递增征税。累进税率又分为全额累进税率、超额累进税率、超率累进税率三种。

21.计税依据可以分为( )。

A.从价计征　　　　　　　　B.从量计征

C.复合计征　　　　　　　　D.综合计征

【难度系数】★★★

【专家解读】计税依据也称"课税依据""课税基数",是计算应纳税额的根据。我们可以将计税依据分为从价计征、从量计征、复合计征三种类型。

22.纳税期限是衡量征纳双方是否按时行使征税权利和履行纳税义务的尺度,一般分为( )。

A.按次纳税　　　　　　　　B.按金额限度纳税

C.按期纳税　　　　　　　　D.按类纳税

【难度系数】★★★★

【专家解读】纳税期限是衡量征纳双方是否按时行使征税权利和履行纳税义务的尺度,一般分为按次纳税和按期纳税两种。

23.下列( )属于减税和免税的情况。

A.税法直接规定的减免税优惠

B.依法给予的一定期限内的减免税优惠,期满后仍按规定纳税

C.阶段性加纳税款

D.延长纳税期限

【难度系数】★★★★★

【专家解读】减税和免税分为两种情况:一种是税法直接规定的减免税优惠,另一种是依法给予的一定期限内的减免税优惠,期满后仍按规定纳税。

24.税法规定的法律责任形式包括( )。

A.经济责任　　　　　　　　B.行政责任

C.刑事责任　　　　　　　　D.罚款

【难度系数】★★★★

【专家解读】税法规定的法律责任形式主要有三种:一是经济责任,包括补缴税款、加收滞纳金等;二是行政责任,包括吊销税务登记证、罚款、税收保全及强制执行等;三是刑事责任,对违反税法情节严重构成犯罪的行为,要依法承担刑事责任。罚款属于具体的行政责任的具体表现。

25.下列违反《税收征收管理法》规定的行为有( )。

A.擅自销毁账簿　　　　　　B.纳税人伪造记账凭证

C.不列、少列收入　　　　　D.经税务机关通知申报而拒不申报的

【难度系数】★★★

【专家解读】《税收征收管理法》规定,纳税人伪造、变造、隐匿、擅自销毁账簿、记账凭证,

或者在账簿上多支出或者不列、少列收入,或者经税务机关通知申报而拒不申报的,不缴或少缴应纳税款的,都应当受到处罚。

26.增值税可划分为( )。
A.生产性增值税 B.消耗性增值税
C.收入型增值税 D.消费型增值税
【难度系数】★★★★
【专家解读】增值税可划分为生产性增值税、收入型增值税和消费型增值税。没有消耗性增值税这一说法。

27.增值税的纳税人包括( )。
A.销售货物的个人 B.提供加工的单位
C.进口货物的单位 D.修理修配劳务的个人
【难度系数】★★★
【专家解读】在中国境内销售货物或者提供加工、修理修配劳务,以及进口货物的单位和个人,为增值税的纳税人。

28.纳税人按其经营规模大小分为( )。
A.一般纳税人 B.普通纳税人
C.小规模纳税人 D.大规模纳税人
【难度系数】★★★
【专家解读】纳税人按其经营规模大小分为一般纳税人和小规模纳税人两种。一般纳税人是指年征增值税销售额超过小规模纳税人标准的企业和企业性单位。

29.下列纳税人不属于一般纳税人的有( )。
A.年应税销售额未超过小规模纳税人标准的企业
B.除个体经营者以外的其他个人
C.非企业性单位
D.不经常发生增值税应税行为的企业
【难度系数】★★★
【专家解读】下列纳税人不属于一般纳税人:年应税销售额未超过小规模纳税人标准的企业,除个体经营者以外的其他个人,非企业性单位,不经常发生增值税应税行为的企业。

30.( )属于非增值税应税项目。
A.提供非增值税应税劳务 B.转让无形资产
C.销售不动产 D.销售不动产在建工程
【难度系数】★★★
【专家解读】非增值税应税项目是指,提供非增值税应税劳务、转让无形资产、销售不动产和不动产在建工程。

31.消费税分为( )。
A.普通消费税 B.一般消费税
C.特别消费税 D.特殊消费税

【难度系数】★★★★

【专家解读】消费税是对从事生产、委托加工和进口应税消费品的单位和个人,就其应税消费品征收的一种流转税。消费税分为一般消费税和特别消费税。没有特殊消费税这一说法。

32.消费税采用(　　)形式,根据不同的税目或子目确定相应的税率或单位税额。
A.比例税率　　　　　　　　B.定额税率
C.定量税率　　　　　　　　D.定类税率

【难度系数】★★★★

【专家解读】消费税采用比例税率和定额税率两种形式,根据不同的税目或子目确定相应的税率或单位税额。

33.消费税计税方法主要有(　　)。
A.从价定率
B.从量定额
C.从价定率与从量定额相结合的复合计税
D.综合计税

【难度系数】★★★★

【专家解读】消费税计税方法有:从价定率、从量定额、从价定率与从量定额相结合的复合计税三种方式。

34.下列(　　)属于一般的消费税纳税期限。
A.1日　　　　　　　　　　B.3日
C.1个月　　　　　　　　　D.1个季度

【难度系数】★★★

【专家解读】消费税的纳税期限分别为1日、3日、5日、10日、15日、1个月或者1个季度。具体的纳税期限由主管税务机关根据纳税人应纳税额的大小分别核定。

35.营业税是以中国境内(　　)取得的营业额为课税对象的一种流转税。
A.提供应税劳务　　　　　　B.转让无形资产
C.销售不动产　　　　　　　D.提供进出口货物劳务

【难度系数】★★★

【专家解读】营业税是以中国境内提供应税劳务、转让无形资产或销售不动产所取得的营业额为课税对象的一种流转税。

36.下列不属于"应税劳务"的有(　　)。
A.交通运输业
B.建筑业
C.加工和修理修配劳务
D.单位或雇主聘用的员工为本单位或雇主提供的劳务

【难度系数】★★★★

【专家解读】"应税劳务"是指交通运输业、建筑业、金融保险业、邮电通信业、文化体育业、娱乐业、服务业范围的劳务。加工和修理修配劳务属于增值税征收范围,不属于营业税的应税劳务。单位或雇主聘用的员工为本单位或雇主提供的劳务,不属于营业税的应税劳务。

37.下列的纳税期限为消费税和营业税共有的为( )。
A.1日 B.3日
C.1个月 D.1个季度
【难度系数】★★★
【专家解读】消费税的纳税期限分别为1日、3日、5日、10日、15日、1个月或者1个季度。营业税纳税期限分别为5日、10日、15日、1个月或者1个季度。

38.《企业所得税法》将企业分为( )。
A.境内企业 B.境外企业
C.居民企业 D.非居民企业
【难度系数】★★★★
【专家解读】《企业所得税法》将企业分为居民企业和非居民企业。居民企业是指依法在中国境内成立,或者按照外国法律成立但实际管理机构在中国境内的企业。非居民企业是指依照外国法律成立,且实际管理机构不在中国境内,但在中国境内设立机构、场所的,或者在中国境内未设立机构、场所,但又来源于中国境内所得的企业。

39.企业所得税的征税对象是指( )。
A.生产经营所得 B.租金所得
C.接受捐赠所得 D.清算所得
【难度系数】★★★
【专家解读】企业所得税的征税对象是指企业的生产经营所得、其他所得和清算所得。

40.企业所得税实行基本税率,适用于( )。
A.在中国境内设有机构且所得与机构有关联的非居民企业
B.中国境内设有场所且所得与场所有关联的非居民企业
C.在中国境内设有机构但与机构无关联的非居民企业
D.居民企业
【难度系数】★★★
【专家解读】企业所得税实行基本税率,基本税率为25%,适用于居民企业和在中国境内设有机构、场所且所得与机构、场所有关联的非居民企业。

41.下列属于收入总额范围的有( )。
A.利息收入 B.租金收入
C.特许权使用费收入 D.接受捐赠收入
【难度系数】★★★★
【专家解读】收入总额是以货币形式和非货币形式取得的各种收入,包括:销售货物收入,提供劳务收入,转让财产收入,股息、红利等权益性投资收益,利息收入,租金收入,特许权使用费收入,接受捐赠收入,其他收入。

42.不得征收税收收入的内容包括( )。
A.财政拨款
B.依法收取并纳入财政管理的行政事业型收费
C.依法收取并纳入财政管理的政府性基金
D.国务院规定的其他不征税收入
【难度系数】★★★
【专家解读】国家为了扶持和鼓励某些特殊的纳税人和特定的项目,不得征税的内容有:财政拨款,依法收取并纳入财政管理的行政事业型收费、政府性基金,国务院规定的其他不征税收入。

43.免税收入包括( )。
A.国债利息收入
B.符合条件的居民企业之间的股息、红利收入
C.在中国境内设立机构、场所的非居民企业从居民企业取得与该机构、场所有实际联系的股息、红利收入
D.符合条件的非营利组织的收入
【难度系数】★★★
【专家解读】免税收入包括:国债利息收入,符合条件的居民企业之间的股息、红利收入,在中国境内设立机构、场所的非居民企业从居民企业取得与该机构、场所有实际联系的股息、红利收入,符合条件的非营利组织的收入。

44.准予扣除的项目是指在计算应纳税所得额时,允许扣除的与纳税人取得收入相关的正常合理的( )。
A.成本   B.费用
C.税金   D.损失支出
【难度系数】★★★★
【专家解读】准予扣除的项目是指在计算应纳税所得额时,允许扣除的与纳税人取得收入相关的正常合理的成本、费用、税金和损失支出。

45.准予扣除的成本是指( )。
A.企业在生产经营活动中发生的销售成本
B.经营商品和提供劳务所发生的销售费用
C.经营商品和提供劳务所发生的管理费用
D.经营商品和提供劳务所发生的财务费用
【难度系数】★★★★
【专家解读】准予扣除的成本是指企业在生产经营活动中发生的销售成本、经营商品和提供劳务所发生的销售费用、管理费用和财务费用。

46.下列( )属于可以扣除的损失。
A.固定资产和存货的盘盈   B.固定资产和存货毁损
C.固定资产和存货报废损失   D.固定资产和存货呆账损失

【难度系数】★★★

【专家解读】准予扣除的损失是指企业在生产经营活动中发生的固定资产和存货的盘亏、毁损、报废损失、转让财产损失、呆账损失、坏账损失、自然灾害等不可抗力因素造成的损失以及其他损失。

47.（　　）属于不可扣除的项目。
　A. 向投资者支付的股息、红利等权益性投资收益款项
　B. 企业所得税税款
　C. 税收滞纳金
　D. 公益、救济性捐赠

【难度系数】★★★★

【专家解读】下列项目不可扣除：向投资者支付的股息、红利等权益性投资收益款项，企业所得税税款，税收滞纳金，罚金、罚款、被没收财物的损失，公益、救济性捐赠以外的捐赠支出，未经核定的准备金支出，与取得收入无关的其他支出。

48. 个人所得税的征税对象包括（　　）。
　A. 企业　　　　　　　　　　　　B. 个人
　C. 具有自然人性质的企业　　　　D. 自然人

【难度系数】★★★

【专家解读】个人所得税的征税对象包括个人和具有自然人性质的企业。自然人及企业的说法不准确。

49. 个人所得税纳税义务人，以（　　）为标准分为居民纳税人和非居民纳税人。
　A. 住所　　　　　　　　　　　　B. 单位所在地
　C. 居住时间　　　　　　　　　　D. 居住环境

【难度系数】★★★

【专家解读】个人所得税纳税义务人，以住所和居住时间为标准分为居民纳税人和非居民纳税人。

50. 下列说法正确的有（　　）。
　A. 居民纳税人负有无限纳税义务
　B. 居民纳税人纳税来源于中国境内外所得
　C. 非居民纳税人承担无限纳税义务
　D. 非居民纳税人纳税来源于中国境内所得

【难度系数】★★★

【专家解读】居民纳税人负有无限纳税义务，其应纳税所得，无论来源于中国境内还是中国境外，都应当缴纳个人所得税。非居民纳税人承担有限纳税义务，只就其来源于中国境内的所得缴纳个人所得税。

51. 个人所得税实行（　　）相结合的税率体系。
　A. 高额累进税率　　　　　　　　B. 超额累进税率
　C. 比例税率　　　　　　　　　　D. 固定税率

【难度系数】★★★

【专家解读】个人所得税实行超额累进税率与比例税率相结合的税率体系。没有高额累进税率、固定税率的说法。

52. 下列( )适用5%～35%的超额累进税率。

A. 工资　　　　　　　　　　　B. 薪金
C. 个体工商户　　　　　　　　D. 个人独资企业

【难度系数】★★★★★

【专家解读】工资、薪金所得,适用5%～45%的九级超额累进税率;个体工商户、个人独资企业和合伙企业的生产、经营所得及对企事业单位的承包经营、承租经营所得,适用5%～35%的超额累进税率。

53. 个体工商户的生产经营所得,以每一纳税年度的收入总额,减除( )后的余额,为应纳税所得额。

A. 成本　　　　　　　　　　　B. 费用
C. 损失　　　　　　　　　　　D. 营业外收入

【难度系数】★★★★

【专家解读】个体工商户的生产经营所得,以每一纳税年度的收入总额,减除成本、费用以及损失后的余额,为应纳税所得额。其中营业外收入不能减除。

54. ( )为自行申报纳税义务人。

A. 年所得12万元以上的
B. 从中国境内两处或者两处以上取得工资、薪金所得的
C. 从中国境外取得所得的
D. 取得应税所得,没有扣缴业务人

【难度系数】★★★

【专家解读】自行申报纳税义务人:年所得12万元以上的,从中国境内两处或者两处以上取得工资、薪金所得的,从中国境外取得所得的,取得应税所得,没有扣缴业务人的等。

55. 税收征管是税务机关代表国家行使征税权,是对纳税人履行纳税义务采用的一种( )行为,是实现税收职能的必要手段。

A. 管理　　　　　　　　　　　B. 鉴别
C. 征收　　　　　　　　　　　D. 检查

【难度系数】★★★★

【专家解读】税收征管是税务机关代表国家行使征税权,对日常税收活动进行有计划的组织、指挥、控制和监督的活动,是对纳税人履行纳税义务采用的一种管理、征收和检查行为,是实现税收职能的必要手段。

56. 下列( )属于税收征管的环节。

A. 税务登记　　　　　　　　　B. 发票管理
C. 纳税申报　　　　　　　　　D. 法律责任

【难度系数】★★★★★

不读诗书形体陋。——吴嘉纪

【专家解读】税收征管包括税务登记、发票管理、纳税申报、税款征收、税务检查和法律责任等环节。

57.(　　)是税务机关对纳税人的生产、经营活动进行登记并据此对纳税人实施税务管理的一系列法律制度的总称。
　　A.税务注册　　　　　　　　　B.税务登记
　　C.纳税登记　　　　　　　　　D.纳税注册
【难度系数】★★★
【专家解读】税务登记又称纳税登记,是税务机关对纳税人的生产、经营活动进行登记并据此对纳税人实施税务管理的一系列法律制度的总称。无纳税注册、税务注册这样的称谓。

58.下列有关税务登记制度的说法,正确的是(　　)。
　　A.便于税务机关切实掌握税源
　　B.便于控制税源
　　C.便于对纳税人履行纳税义务的情况进行监督
　　D.便于对纳税人履行纳税义务的情况进行管理
【难度系数】★★★★
【专家解读】建立税务登记制度,便于税务机关切实掌握和控制税源以及对纳税人履行纳税义务的情况进行监督和管理。

59.税务登记包括(　　)等。
　　A.开业登记　　　　　　　　　B.变更登记
　　C.停业、复业登记　　　　　　D.税务登记证管理
【难度系数】★★★★
【专家解读】税务登记包括:开业登记,变更登记,停业、复业登记,注销登记,外出经营报验登记,税务登记证管理,扣缴税款登记等。

60.开业税务登记的要求包括(　　)。
　　A.办理开业税务登记的时间要求　　B.提出办理税务登记的书面报告
　　C.提供必需的证件或资料　　　　　D.如实填写税务登记表
【难度系数】★★★★
【专家解读】开业税务登记的要求包括:办理开业税务登记的时间要求,提出办理税务登记的书面报告,提供必需的证件或资料,如实填写税务登记表。

61.纳税人的税务登记证件和扣缴义务人领取的代扣代缴、代收代缴税款凭证,只限于本人使用,不得(　　)。
　　A.转借　　　　　　　　　　　B.涂改
　　C.毁损　　　　　　　　　　　D.买卖
【难度系数】★★★★
【专家解读】纳税人的税务登记证件和扣缴义务人领取的代扣代缴、代收代缴税款凭证,只限于本人使用,不得转借、涂改、毁损、买卖或者伪造。

62.纳税人办理下列事项时,必须持税务登记证件( )。
  A.开立银行账户   B.申请减税、免税、退税
  C.申请办理延期申报、延期缴纳税款   D.领购发票
【难度系数】★★★★
【专家解读】纳税人办理下列事项时,必须持税务登记证件:开立银行账户,申请减税、免税、退税,申请办理延期申报、延期缴纳税款,领购发票,申请开具外出经营活动税收管理证明,办理停业、歇业,其他有关税务事项。

63.变更税务登记的原因有( )。
  A.改变生产经营收入额   B.增减注册资金
  C.改变隶属关系   D.改变生产经营期限
【难度系数】★★★
【专家解读】变更税务登记的原因有:改变名称,改变法定代表人,改变经济性质或经济类型,改变住所和经营地点,改变生产经营范围或经营方式,增减注册资金,改变隶属关系,改变生产经营期限,改变或增减银行账号,改变生产经营权属以及改变其他税务登记内容的。

64.实行定期定额征收方式的纳税人在营业执照核准的经营期限内需要停业的,应当向税务机关提出停业登记,说明停业( ),如实填写申请停业登记表。
  A.理由   B.时间
  C.停业前的纳税情况   D.发票的领用、保存情况
【难度系数】★★★
【专家解读】实行定期定额征收方式的纳税人在营业执照核准的经营期限内需要停业的,应当向税务机关提出停业登记,说明停业的理由、时间、停业前的纳税情况和发票的领用、保存情况,如实填写申请停业登记表。以上情况均需向税务机关说明。

65.纳税人发生( )情形时,应当向原税务登记机关申请办理注销税务登记。
  A.解散   B.破产
  C.撤销   D.依法履行纳税义务
【难度系数】★★★★
【专家解读】纳税人发生解散、破产、撤销以及依法终止履行纳税义务的其他情形时,应当向原税务登记机关申请办理注销税务登记。

66.扣缴义务人包括( )。
  A.代扣税务义务人   B.代收税务义务人
  C.代扣代缴税款义务人   D.代收代缴税款义务人
【难度系数】★★★
【专家解读】扣缴义务人包括代扣代缴税款义务人和代收代缴税款义务人。本题考查对基本概念的把握。

67.发票的种类分为( )。
  A.增值税专用发票   B.普通发票

C.专用发票　　　　　　　　　　D.专业发票

【难度系数】★★★

【专家解读】发票可以分为:增值税专用发票,普通发票,专业发票。无专用发票的种类。

68.普通发票主要由(　　)使用。
A.经营纳税人　　　　　　　　　B.增值税小规模纳税人
C.增值税一般纳税人　　　　　　D.非增值税纳税人

【难度系数】★★★

【专家解读】普通发票主要由经营纳税人和增值税小规模纳税人使用,增值税一般纳税人在不能开具增值税专用发票的情况下也可使用普通发票。

69.普通发票的基本联次包括(　　)。
A.存根联　　　　　　　　　　　B.发票联
C.抵扣联　　　　　　　　　　　D.记账联

【难度系数】★★★

【专家解读】普通发票的基本联次为三联,存根联,开票方留存备查;发票联,收执方作为付款或收款原始凭证;记账联,开票方作为记账原始凭证。

70.专业发票从版面上可以分为(　　)。
A.手写发票　　　　　　　　　　B.电脑发票
C.定额发票　　　　　　　　　　D.定期发票

【难度系数】★★★★

【专家解读】专业发票从版面上可以分为三大类:手写发票,又称手工票,是指用手工书写形式填开的发票;电脑发票,又称机打发票,是指利用计算机填开并使用其附设的打印机打印出发票面内容的发票;定额发票,是指发票票面印有固定金额的发票。

71.下列有关发票的开具要求说法,正确的有(　　)。
A.单位和个人在发生经营业务　　B.按号码顺序开具发票
C.使用中文开具　　　　　　　　D.使用电子计算机开具

【难度系数】★★★

【专家解读】发票的开具要求包括:单位和个人在发生经营业务,按号码顺序开具发票,使用中文开具,使用电子计算机开具,发票时限、地点应符合规定等。

72.纳税申报的方式有(　　)。
A.直接申报　　　　　　　　　　B.邮寄申报
C.数据电文申报　　　　　　　　D.简易申报

【难度系数】★★★

【专家解读】纳税人办理纳税申报时,应当如实填写纳税申报表,并报送有关证件、资料。纳税申报的方式有:直接申报,邮寄申报,数据电文申报,简易申报,纳税人、扣缴义务人采用直接办理、邮寄办理、数据电文办理以外的方法向税务机关办理纳税申报或者报送代扣代缴报表等。

73.根据申报地点的不同,直接申报可以分为(　　)。

A. 邮寄申报 B. 到办税服务厅申报
C. 到巡回征收点申报 D. 到代征点申报

【难度系数】★★★★★

【专家解读】根据申报地点的不同,直接申报又可分为直接到办税服务厅申报、到巡回征收点申报和到代征点申报三种。其中邮寄申报同直接申报一样,属于纳税申报的一种方式。

74. 税款征收方式是税收机关根据各种税种的不同特点和纳税人的具体情况而确定的计算、征收税款的形式和方法。下列属于税款征收方式的有( )。

A. 查账征收 B. 查定征收
C. 查验征收 D. 定期定额征收

【难度系数】★★★★

【专家解读】税款征收方式是税收机关根据各种税种的不同特点和纳税人的具体情况而确定的计算、征收税款的形式和方法。包括:查账征收,查定征收,查验征收,定期定额征收,代扣代缴,代收代缴,委托征收,其他方式等。

75. 税务代理的特点有( )。

A. 中介性 B. 法定性
C. 自愿性 D. 公正性

【难度系数】★★★★

【专家解读】税务代理的特点包括:中介性,税务代理是一种社会中介服务;法定性,税务代理机构的设立、业务范围等由国家法律规定;自愿性,委托代理是一种合同行为,委托税务代理人代办税务事宜是纳税人、扣缴义务人双方自愿采取的一种办税方式;公正性,客观、公正是委托代理存在的保证。

76. 税收保全措施适用于( )。

A. 扣缴义务人 B. 从事生产的纳税人
C. 从事经营的纳税人 D. 纳税担保人

【难度系数】★★★★

【专家解读】税收保全措施仅适用于从事生产、经营的纳税人,不适用于扣缴义务人和纳税担保人。个人及其所扶养的家属维持生活必需的住房和用品,不在税收保全措施的范围之内。

77. 税收强制执行是税务机关对未按规定期限履行纳税义务的( )等税收管理相对人,为迫使其履行法定义务而依法采取的一种行政强制措施。

A. 纳税人 B. 税务机关
C. 扣缴义务人 D. 纳税担保人

【难度系数】★★★★

【专家解读】税收强制执行是税务机关对未按规定期限履行纳税义务的纳税人、扣缴义务人、纳税担保人等税收管理相对人,为迫使其履行法定义务而依法采取的一种行政强制措施。税务机关是税收的主体。

78. 法律责任包括( )。

A. 民政法律责任 B. 民事法律责任

C.行政法律责任　　　　　　　　D.刑事责任
【难度系数】★★★
【专家解读】法律责任,是指违反法律规定的行为应当承担的法律后果。法律责任包括民事法律责任、行政法律责任和刑事责任三大类。

79.税务违法责任,是税务法律关系主体违反税法规定的行为必须承担的法律后果,包括(　　)。
A.行政处分　　　　　　　　　　B.行政处罚
C.行政责任　　　　　　　　　　D.刑事责任
【难度系数】★★★
【专家解读】税务违法责任,是税务法律关系主体违反税法规定的行为必须承担的法律后果,包括行政责任和刑事责任两大类。其中行政责任又分为行政处罚和行政处分。

80.税务违法行政处罚的法律依据是(　　),其特点与行政处罚一样。
A.《行政处罚法》　　　　　　　B.《税收征收法》
C.《税收征收管理法》　　　　　D.《税收行政处罚法》
【难度系数】★★★
【专家解读】税务违法行政处罚的法律依据是《行政处罚法》和《税收征收管理法》,其特点与行政处罚一样。

81.税务行政处罚的种类主要有(　　)。
A.责令限期改正　　　　　　　　B.罚款
C.没收财产　　　　　　　　　　D.收缴未用发票
【难度系数】★★★
【专家解读】税务行政处罚的种类主要有:责令限期改正、罚款、没收财产、收缴未用发票和暂停供应发票、停止出口退税权等。

【参考答案】
1. ABCD　　2. ACD　　3. ABCD　　4. AD　　5. BC　　6. ABCD
7. CD　　8. CD　　9. CD　　10. AC　　11. ABCD　　12. ABC
13. ABCD　　14. AD　　15. CD　　16. ABCD　　17. BC　　18. AB
19. AB　　20. ACD　　21. ABC　　22. AC　　23. AB　　24. ABC
25. ABCD　　26. ACD　　27. ABCD　　28. AC　　29. ABCD　　30. ABCD
31. BC　　32. AB　　33. ABC　　34. ABCD　　35. ABC　　36. CD
37. CD　　38. CD　　39. ABCD　　40. ABD　　41. ABCD　　42. ABCD
43. ABCD　　44. ABCD　　45. ABCD　　46. BCD　　47. ABC　　48. BC
49. AC　　50. ABD　　51. BC　　52. CD　　53. ABC　　54. ABCD
55. ACD　　56. ABCD　　57. BC　　58. ABCD　　59. ABCD　　60. ABCD
61. ABCD　　62. ABCD　　63. BCD　　64. ABCD　　65. ABC　　66. CD
67. ABD　　68. AB　　69. ABD　　70. ABC　　71. ABCD　　72. ABC
73. BCD　　74. ABCD　　75. ABCD　　76. BC　　77. ACD　　78. BCD

学习从来无捷径,循序渐进登高峰。——高永祚

79. CD 80. AC 81. ABCD

三、判断题

1. 征税对象和税款数量之间的数量关系是没有限度的,以保证国家从税收中尽可能取得较大的财政收入。（　　）
【难度系数】★★★★

2. 税收的固定性是指国家通过法律形式,预先规定了征税对象、纳税人和征税标准等征纳行为规则,征纳双方都必须遵守,不能随意改变。（　　）
【难度系数】★★

3. 按照计税标准的不同进行划分,可分为从价税、从量税、所得税和复合税。（　　）
【难度系数】★★★

4. 流转税类以商品流转额为计税依据,而不以非商品流转额为计税依据。（　　）
【难度系数】★★★

5. 流转税类税收在生产经营及销售环节征收,收入不受成本费用以及价格变化的影响。（　　）
【难度系数】★★★★

6. 应纳税所得额受成本、费用、利润影响较大。（　　）
【难度系数】★★★★

7. 对纳税人的应纳税所得额征税,便于调节国家、企业、个人三者之间的利益分配关系。（　　）
【难度系数】★★★

8. 船舶吨税既属于财产税也属于关税类。（　　）
【难度系数】★★★

9. 划归地方管理和支配的地方税份额比较小,且税源分散,收入零星,属于中央和地方税收分配中的不公平之举。（　　）
【难度系数】★★★

10. 税收活动必须严格依照税法的规定进行,税法是税收的法律依据和法律保障。税法是经济基础,税收为上层建筑。（　　）
【难度系数】★★★★

11. 税收程序法直接影响到国家与纳税人之间权利义务的分配,是税法的核心部分。（　　）
【难度系数】★★★★

12. 外国税法是指国家间形成的税收制度,主要包括双边或多边税收协定、条约和国际惯例等。（　　）
【难度系数】★★★

13. 按照税法法律级次划分,分为税收法律、税收行政法规、税收规章和税收规范性文件,其中《中华人民共和国消费税暂行条例》为税收法律。（　　）
【难度系数】★★★

14.税收法律级次划分中,《增值税专用发票使用规定》为税收规范性文件。(   )
【难度系数】★★★

15.纳税环节、纳税期限、纳税地点属于税法的最基本的三个要素。(   )
【难度系数】★★★★

16.增值税和关税的征税人都是税务机关。(   )
【难度系数】★★★

17.征税金额是各个税种之间相互区别的根本标志,不同的征税对象构成不同的税种。(   )
【难度系数】★★★

18.根据征税对象的不同,可分为对流转额征税、对所得额征税、对财产征税、对资源征税、对特定行为征税等。(   )
【难度系数】★★★

19.凡有必要征税的项目或行业,无论是否列入税目均应征税。(   )
【难度系数】★★★

20.税率表现为税额占课税对象的比例,体现税收负担的广度。(   )
【难度系数】★★★

21.税率的高低,是国家经济政策和税收政策的体现,是发挥税收经济杠杆作用的关键。(   )
【难度系数】★★★

22.课税对象的计量单位主要有吨、升、平方米、立方米、辆等。(   )
【难度系数】★★★★

23.在我国,资源税、车船税按照定额税率的方式进行征收。(   )
【难度系数】★★

24.全额累进税率是把征收对象按数额的大小分为若干等级,每个等级规定一个税率。(   )
【难度系数】★★

25.超率累进税率是以征税对象数额的相对率划分若干级距,分别规定相应的差别税率。(   )
【难度系数】★★★★

26.不同纳税单位可以根据实际情况制定纳税依据。(   )
【难度系数】★★★

27.复合计征把不同品种、规格、质量的商品或财产按统一的货币单位确定计税依据,有利于平衡税负、简化征收手续。(   )
【难度系数】★★★★

28.纳税环节是指税法规定的征税对象在从生产到消费的流转过程中应当缴纳税款的环节。(   )
【难度系数】★★★

第三章 税收法律制度

29. 纳税时间是衡量征纳双方是否按时行使征税权利和履行纳税义务的尺度。（　　）
【难度系数】★★★

30. 为了保证国家税收收入的及时入库，我国各税种都实行统一的纳税期限。（　　）
【难度系数】★★★★

31. 企业所得税一般都按次纳税。（　　）
【难度系数】★★★★★

32. 减免税是在一定时期内给予纳税人的一种税收优惠，是税收的统一性和灵活性相结合的具体体现。（　　）
【难度系数】★★★

33. 征税对象的数额没有达到规定数额的，应对现有数额进行征收。（　　）
【难度系数】★★★

34. 税收法律责任是税收法律关系的主体因违反税法所应承担的法律后果。（　　）
【难度系数】★★★

35. 收入型增值税是指计算增值税时，不允许扣除任何外购规定资产的价款，作为课税基数的法定增值额除包括纳税人新创造的价值外，还包括当期记入成本的外购固定资产价款部分。（　　）
【难度系数】★★★★★

36. 消费型增值税是指在计算增值税时，对外购固定资产价款只允许扣除当期记入产品价值的折旧费部分。（　　）
【难度系数】★★★★

37. 2009年1月1日起，我国全面实施增值税转型，即由消费型增值税转为生产型增值税。（　　）
【难度系数】★★★★

38. 应税销售额未超过标准的一律视为小规模企业计算应纳税额。（　　）
【难度系数】★★★★

39. 增值税一般纳税人从事应税行为，除抵税、免税等以外，一律适用13%的基本税率。（　　）
【难度系数】★★★

40. 粮食、食用植物油按17%的税率征收增值税。（　　）
【难度系数】★★★

41. 图书、报纸、杂志等按照13%的税率征收增值税。（　　）
【难度系数】★★★★

42. 除国家限制出口的货物外，我国实行出口货物零税率。（　　）
【难度系数】★★

43. 一般纳税人销售货物或者应税劳务取得的含税销售额，在计算销项税额时，必须将其换算为不含税的销售额。（　　）
【难度系数】★★★★★

大抵观书须先熟读，使其言皆若出于吾之口，继以精思，使其意皆若出于吾之心，然后可以有得也。——朱熹

44.纳税人销售货物或提供劳务的价格明显偏低并无正当理由的,或者视同销售行为而无销售额的,由主管财务机关核定销售额。( )
【难度系数】★★★★

45.一般纳税人进口货物的进项税额,可从海关取得的完税凭证上注明增值税额予以抵扣。( )
【难度系数】★★★

46.一般纳税人向农业生产者购买的免税农产品,或者向小规模纳税人购买农产品,准予按照买家和13%的扣除率计算进项税额。( )
【难度系数】★★★★

47.非正常损失的购进货物及相关的应税劳务属于不准抵扣的进项税额。( )
【难度系数】★★★

48.非正常损失是指因"管理不善"造成被盗、丢失、霉烂变质的损失。( )
【难度系数】★★★★

49.从事货物批发或零售的纳税人,年应税销售额在80万元以下属于增值税小规模纳税人。( )
【难度系数】★★★★

50.小规模纳税人,由主管税务机关依照税法规定的标准认定。( )
【难度系数】★★★

51.采取直接收款形式销售货物,按照货物发出的当天计算为纳税义务发生的时间。( )
【难度系数】★★★★★

52.采取托收承付和委托银行收款方式销售货物,为发出货物并办妥托收手续的当天。( )
【难度系数】★★★★★

53.纳税人进口货物,应当自海关填发税款缴纳书之日起15日内缴纳税款。( )
【难度系数】★★★★★

54.固定业户应当向其机构所在地的主管税务机构申报纳税。( )
【难度系数】★★★

55.非固定业户销售货物或者应税劳务,应当向销售地或劳务发生地的主管税务机关申报纳税。( )
【难度系数】★★★

56.进口货物向报关地海关申报纳税。( )
【难度系数】★★★

57.根据《消费税暂行条例》规定,我国消费税税目共有14个。( )
【难度系数】★★★

58.纳税人自产自用的应税消费品,其纳税义务发生时间为生产为产成品的当天。( )

【难度系数】★★★★

59.纳税人委托加工的应税消费品,其纳税义务发生的时间为纳税人提货的当天。(　　)

【难度系数】★★★

60.娱乐业的税率为5%～20%。(　　)

【难度系数】★★

61.企业所得税,是对企业和其他组织的生产经营所得和其他所得征收的一种税。(　　)

【难度系数】★★★

62.《中华人民共和国企业所得税法》规定了不同的内外资企业税制,不同的税率,不同的税前扣除办法和标准,不同的税收优惠政策。(　　)

【难度系数】★★★★

63.居民企业是指依照外国法律成立,且实际管理机构不在中国境内,但在中国境内设立机构、场所的,或者在中国境内未设立机构、场所,但有来源于中国境内所得的企业。(　　)

【难度系数】★★★★

64.个人独资企业、合伙企业不缴纳企业所得税。(　　)

【难度系数】★★★

65.企业之间支付的管理费、企业内营业机构之间支付的租金和特许权使用费,以及非银行企业内营业机构之间支付的利息,可以根据实际选择性扣除。(　　)

【难度系数】★★★★

66.与企业取得收入无关的各项支出,不得扣除。(　　)

【难度系数】★★★★

67.纳税人逾期归还银行贷款,银行按规定加收的罚息,属于行政性处罚,不允许在税前扣除。(　　)

【难度系数】★★★

68.超过国家规定标准的公益、救济性捐赠,不得扣除。(　　)

【难度系数】★★★

69.企业所得税按年计征,分月或者分季预缴,年终汇算清缴,多退少补。(　　)

【难度系数】★★★★

70.企业所得税的纳税年度,自农历1月1日起至12月31日止。(　　)

【难度系数】★★★★

71.企业在一个纳税年度实际经营期不足12个月的,应当以一年为一个纳税年度。(　　)

【难度系数】★★★

72.个人所得税是指对个人取得的各项应税所得征收的一种税。(　　)

【难度系数】★★★

73.个人所得税是政府调节个人收入的一种手段。( )
【难度系数】★★★★

74.稿酬所得适用于20%的累进税率,并按应纳税额减征30%,故实际税率为14%。( )
【难度系数】★★★★

75.劳务报酬所得属于代扣代缴的范围内。( )
【难度系数】★★★★

76.税收征管是税务机关代表国家行使征税权,对日常税收活动进行有计划的组织、指挥、控制和监督的活动。( )
【难度系数】★★★

77.税务登记时,对于不符合规定的应进行特殊登记。( )
【难度系数】★★★★

78.申请开具外出经营活动税收管理证明时必须持税务登记证。( )
【难度系数】★★★

79.纳税人遗失税务登记证件的,应当在30日内书面报告主管税务机关,并登报声明作废,并凭报刊上刊登的遗失声明向主管税务机关申请补办税务登记证件。( )
【难度系数】★★★

80.变更登记是纳税人的一些本质性的要素发生变化,会影响纳税人的法律地位。( )
【难度系数】★★★

81.改变生产经营权属以及改变其他税务登记内容的应当进行变更税务登记。( )
【难度系数】★★★

82.改变法定代表人的企业不需要进行税务登记变更。( )
【难度系数】★★★★

83.纳税人停业期满未按期复业又不申请延长停业的,税务机关应当视为继续停业营业,不对其进行税收征收管理。( )
【难度系数】★★★

84.纳税人被工商行政管理机关吊销营业执照的,应当自营业执照被吊销之日起10日内,向原税务登记机关申报办理注销税务登记。( )
【难度系数】★★★

85.纳税人应当在到达经营地进行生产,一个经营周期内,到经营地税务机关申请报验登记。( )
【难度系数】★★★★

86.外出经营活动结束,纳税人应当向经营地税务机关填报《外出经营活动情况申报表》,并按规定结清税款、缴销未使用完的发票。( )
【难度系数】★★★★

87.纳税人在办理开业或变更税务登记的同时,应当申请税种登记,并填报《纳税人税种

登记表》、提供有关资料。（　　）

【难度系数】★★★

88.税务机关应当根据《纳税人税种登记表》所填写的项目,自受理之日起一周内进行税种登记。（　　）

【难度系数】★★★★

89.税务机关对已办理税务登记的扣缴义务人,可以只在其税务登记证件上登记扣缴税款事项,并发给扣缴税款登记证件。（　　）

【难度系数】★★★★

90.发票是确定经营收支行为发生的法定凭证,是会计核算的原始凭证,也是税务稽查的重要证据。（　　）

【难度系数】★★★★★

91.专业发票是指专门用于结算销售货物和提供加工、修理修配劳务及进口货物使用的一种发票。（　　）

【难度系数】★★★★

92.增值税小规模纳税人需要开具专用发票时,可向主管税务机关申请代开。（　　）

【难度系数】★★★

93.增值税专用发票为三联,分别为存根联、发票联、抵扣联。（　　）

【难度系数】★★★

94.存根联作为购买方核算采购成本和增值税进项税额的记账凭证。（　　）

【难度系数】★★★

95.电脑发票主要是防止开具发票时大头小尾及方便一些特殊行业或有特殊需要的企业使用。（　　）

【难度系数】★★★★

96.未经税务机关批准,不得拆本使用发票。（　　）

【难度系数】★★★★

97.任何单位和个人不得转借、转让、代开发票。（　　）

【难度系数】★★★

98.禁止倒买倒卖发票,该行为属于违法行为。（　　）

【难度系数】★★★

99.邮寄申报以寄出到达日为实际申报日期。（　　）

【难度系数】★★★

100.简易申报是指经税务机关批准的纳税人由电子手段、光学手段或者类似手段生成、储存或传递的信息。（　　）

【难度系数】★★★★

101.网上申报,是数据电文申报方式的一种形式。（　　）

【难度系数】★★★

102.采用数据电文申报,不仅方便纳税人,而且能够节省很多的人力、物力,减少税收成

本。（　　）

【难度系数】★★★★

103.查定征收适用于经营规模较大、财务会计制度健全、能够如实核算和提供生产经营情况，并能正确计算税款，如实履行纳税义务的单位和个人。（　　）

【难度系数】★★★★

104.定期定额征收一般纳税人适用于财务制度不健全，经营品种比较单一、零星分散，经营地点、时间和商品来源不固定的纳税人。（　　）

【难度系数】★★★★

105.代收代缴是指按照税法规定，负有扣缴税款义务的法定义务人，在向纳税人支付款项时，从所支付的款项中直接扣收款项的一种税款征收方式。（　　）

【难度系数】★★★

106.代扣代缴征收方式手续简单，有利于加强税源控制，减少税款流失，降低税收成本。（　　）

【难度系数】★★★★

107.代扣代缴与代收代缴的区别是：代收代缴是向纳税人支付款项时同时扣收税款，而代扣代缴是向纳税人收取款项时同时收取税款。（　　）

【难度系数】★★★

108.委托代征有利于控制税源，方便征纳双方，降低征收成本。（　　）

【难度系数】★★★★

109.任何税务代理人、任何国家机关都不能强制纳税人、扣缴义务人进行税务代理，是否委托税务代理是纳税人、扣缴义务人的权利。（　　）

【难度系数】★★★

110.税务代理人不能代理应由税务机关行使的行政职权，税务机关按照法律、行政法规规定委托其代理的除外。（　　）

【难度系数】★★★

111.个人及其所扶养的家属维持生活必需的住房和用品，属于税收保全措施的范围之内。（　　）

【难度系数】★★

112.个人及其所扶养的家属维持生活必需的住房和用品，不在强制执行措施的范围内。（　　）

【难度系数】★★★

113.非法印制发票，情节严重构成犯罪的，应当追究刑事责任。（　　）

【难度系数】★★★★

114.税务人员徇私舞弊或者玩忽职守，不征或者少征税款，致使国家税收遭受重大损失的，应依法承担刑事责任。（　　）

【难度系数】★★★★

115. 对行政复议决定不服的,申请人可以向人民法院提起刑事诉讼。（　　）

【难度系数】★★★★

116. 对省级以下各级地方税务局做出的税务具体行政行为不服的,向上一级税务机关申请复议。（　　）

【难度系数】★★★★

【参考答案】

1.×	2.√	3.×	4.×	5.×	6.√	7.√	8.√	9.×	10.×
11.×	12.×	13.×	14.√	15.√	16.×	17.×	18.√	19.×	20.×
21.√	22.√	23.√	24.×	25.√	26.×	27.×	28.√	29.×	30.×
31.×	32.√	33.√	34.×	35.×	36.×	37.×	38.√	39.×	40.×
41.√	42.√	43.√	44.×	45.√	46.√	47.√	48.√	49.√	50.√
51.×	52.√	53.×	54.×	55.×	56.×	57.√	58.×	59.×	60.×
61.√	62.×	63.×	64.√	65.×	66.×	67.×	68.×	69.√	70.×
71.×	72.√	73.√	74.×	75.√	76.√	77.×	78.×	79.√	80.×
81.√	82.×	83.×	84.√	85.√	86.√	87.×	88.×	89.×	90.√
91.×	92.√	93.×	94.×	95.×	96.×	97.×	98.√	99.×	100.×
101.√	102.×	103.×	104.×	105.×	106.√	107.×	108.√	109.√	110.√
111.×	112.√	113.√	114.√	115.×	116.√				

【专家解读】

1. 征税对象和税款数量之间的数量关系是有一定限度的,税收只能按照事先规定的、国家和纳税人在经济上都能接受的标准有限度地征收。

3. 按照计税标准的不同进行划分,可分为从价税、从量税和复合税。所得税是按照征税对象对税收进行的划分。

4. 流转税类以商品流转额或非商品流转额为计税依据。

5. 流转税类税收在生产经营及销售环节征收,收入不受成本费用变化的影响,对价格变化较为敏感。

9. 划归地方管理和支配的地方税份额比较小,且税源分散,收入零星,但对于调动地方政府组织收入的积极性和保证地方政府因地制宜地解决地方特殊问题有一定意义。

10. 税收活动必须严格依照税法的规定进行,税法是税收的法律依据和法律保障。税收是经济基础,税法为上层建筑。

11. 税收实体法直接影响到国家与纳税人之间权利义务的分配,是税法的核心部分。

12. 国家税法是指国家间形成的税收制度,主要包括双边或多边税收协定、条约和国际惯例等。外国税法是指外国各个国家制定的税收制度。

13. 按照税法法律级次划分,分为税收法律、税收行政法规、税收规章和税收规范性文件,其中《中华人民共和国税收征收管理法》为税收法律。

15. 纳税义务人、征税对象、税率是构成税法的三个最基本的要素。

16. 增值税的征税人是税务机关,关税的征税人是海关。

17. 征税对象是各个税种之间相互区别的根本标志,不同的征税对象构成不同的税种。

19. 税目是征税的具体根据,凡列入税目的即为应税项目,未列入税目的,则不属于应税项目。

20. 税率表现为税额占课税对象的比例,体现税收负担的深度。税目体现税收的广度。

24. 超额累进税率是把征收对象按数额的大小分为若干等级,每个等级规定一个税率;全额累进税率是把征税对象的数额划分为若干级,确定不同等级的税率。

26. 国家在设计税制时都规定了计税依据。

27. 从价计征把不同品种、规格、质量的商品或财产按统一的货币单位确定计税依据,有利于平衡税负、简化征收手续。

29. 纳税期限是衡量征纳双方是否按时行使征税权利和履行纳税义务的尺度。

30. 为了保证国家税收收入的及时入库,各税种根据具体情况和特点,规定了各自的纳税期限。

31. 企业所得税按期纳税。

33. 征税对象的数额没有达到规定数额的不征税,征税对象的数额达到规定数额的,就其全部税额征税。

35. 生产型增值税是指计算增值税时,不允许扣除任何外购规定资产的价款,作为课税基数的法定增值额除包括纳税人新创造的价值外,还包括当期记入成本的外购固定资产价款部分。

36. 收入型增值税是指在计算增值税时,对外购固定资产价款只允许扣除当期记入产品价值的折旧费部分。消费型增值税是指在计算增值税时,允许将当期购入的固定资产价款一次全部扣除。

37. 2009年1月1日起,我国全面实施增值税转型,即由生产型增值税转为消费型增值税。

38. 年应税销售额未超过标准的一律视为小规模企业及个体经营者小规模纳税人。会计核算健全,能够提供准确税务资料的,经主管税务机关批准,可以不视为小规模纳税人,可申请一般纳税人认定手续,依照有关规定计算应纳税额。

39. 增值税一般纳税人从事应税行为,除抵税、免税等以外,一律适用17%的基本税率。

40. 粮食、食用植物油按13%的税率征收增值税。

44. 纳税人销售货物或提供劳务的价格明显偏低并无正当理由的,或者视同销售行为而无销售额的,由主管税务机关核定销售额。

51. 采取直接收款形式销售货物,不论货物是否发出,均为收到销售款或者取得销售款凭证的当天;先开具发票的,为开具发票的当天。

58. 纳税人自产自用的应税消费品,其纳税义务发生时间为移送使用的当天。

62. 《中华人民共和国企业所得税法》规定了统一的内外资企业税制,统一的税率,统一的税前扣除办法和标准,统一的税收优惠政策,为内外资企业创造了公平的竞争环境。

63. 非居民企业是指依照外国法律成立,且实际管理机构不在中国境内,但在中国境内设立机构、场所的,或者在中国境内未设立机构、场所,但有来源于中国境内所得的企业。

第三章 税收法律制度

65. 企业之间支付的管理费、企业内营业机构之间支付的租金和特许权使用费,以及非银行企业内营业机构之间支付的利息,不得扣除。

67. 纳税人逾期归还银行贷款,银行按规定加收的罚息,不属于行政性处罚,允许在税前扣除。

70. 企业所得税的纳税年度,自公历1月1日起至12月31日止。

71. 企业在一个纳税年度实际经营期不足12个月的,应当以其实际经营期为一个纳税年度。

74. 稿酬所得适用于20%的比例税率,并按应纳税额减征30%,故实际税率为14%。

77. 税务登记时,对于不符合规定的不予登记,应当在15日内退回纳税人,要求补正。

79. 纳税人遗失税务登记证件的,应当在15日内书面报告主管税务机关,并登报声明作废,并凭报刊上刊登的遗失声明向主管税务机关申请补办税务登记证件。

80. 变更登记是纳税人的一些非本质性的要素发生变化,不影响纳税人的法律地位。

82. 改变法定代表人的企业需要进行税务登记变更。

83. 纳税人停业期满未按期复业又不申请延长停业的,税务机关应当视为已恢复营业,实施正常的税收征收管理。

84. 纳税人被工商行政管理机关吊销营业执照的,应当自营业执照被吊销之日起15日内,向原税务登记机关申报办理注销税务登记。

85. 纳税人应当在到达经营地进行生产经营前向经营地税务机关申请报验登记。

88. 税务机关应当根据《纳税人税种登记表》所填写的项目,自受理之日起3日内进行税种登记。

89. 税务机关对已办理税务登记的扣缴义务人,可以只在其税务登记证件上登记扣缴税款事项,不再发给扣缴税款登记证件。

91. 增值税专用发票是指专门用于结算销售货物和提供加工、修理修配劳务及进口货物使用的一种发票。

93. 增值税专用发票为四联,分别为存根联、发票联、抵扣联、记账联。

94. 存根联由销货方留存备查,发票联作为购买方核算采购成本和增值税进项税额的记账凭证。

95. 定额发票主要是防止开具发票时大头小尾及方便一些特殊行业或有特殊需要的企业使用。电脑发票,又称机打发票,是指利用计算机填开并使用其附设的打印机打印出发票面内容的发票。

99. 邮寄申报以寄出地邮戳日期为实际申报日期。

100. 数据电文申报是指经税务机关批准的纳税人经由电子手段、光学手段或者类似手段生成、储存或传递的信息。

102. 实行简易方式申报,不仅方便纳税人,而且能够节省很多的人力、物力,减少税收成本。

103. 查账征收适用于经营规模较大、财务会计制度健全、能够如实核算和提供生产经营情况,并能正确计算税款,如实履行纳税义务的单位和个人。

104. 查验征收一般纳税人适用于财务制度不健全,经营品种比较单一、零星分散,经营地点、时间和商品来源不固定的纳税人。定期定额征收适用于规模较小,账证不健全或者达不到有关设置账簿标准,不能提供完善的纳税资料因而难以实行查账征收的小型个体工商业户。

105. 代扣代缴是指按照税法规定,负有扣缴税款义务的法定义务人,在向纳税人支付款项时,从所支付的款项中直接扣收款项的一种税款征收方式。

107. 代扣代缴与代收代缴的区别是:代扣代缴是向纳税人支付款项时同时扣收税款,而代收代缴是向纳税人收取款项时同时收取税款。

111. 个人及其所扶养的家属维持生活必需的住房和用品,不在税收保全措施的范围之内。

115. 对行政复议决定不服的,申请人可以向人民法院提起行政诉讼。

第四章 财政法律制度

一、单项选择题

1.（　　）是我国第一部财政基本法律,是我国国家预算管理工作的根本性法律,是制定其他预算法规的基本依据。
A.《预算法实施条例》　　　　B.《预算法》
C.《预算法草案》　　　　　　D.《经济法》
【难度系数】★★★★
【专家解读】《预算法》是我国第一部财政基本法律,是我国国家预算管理工作的根本性法律,是制定其他预算法规的基本依据。其他答案均不是第一部财政基本法律。

2.（　　）是经法定程序批准的,国家在一定期间内预定的财政收支计划,是国家进行财政分配的依据和宏观经济调控的重要手段。
A.国家税收　　　　　　　　B.国家汇率承兑
C.国家预算　　　　　　　　D.国家宏观经济政策
【难度系数】★★★★
【专家解读】国家预算是经法定程序批准的,国家在一定期间内预定的财政收支计划,是国家进行财政分配的依据和宏观经济调控的重要手段。其他选项均不对,此题考查的是对基本定义的把握。

3.我国的预算收入采取(　　)等形式,是社会主义经济的内部积累。
A.税收　　　　　　　　　　B.征收货币
C.资产抵押　　　　　　　　D.资产抵扣
【难度系数】★★★★★
【专家解读】我国的预算收入采取税收等形式,是社会主义经济的内部积累;我国的预算支出,主要用于经济建设和国防、文化、教育、科学、卫生、社会福利等各项事业。

4.（　　）反映国民经济发展规模和经济效益水平。
A.预算支出　　　　　　　　B.预算收入
C.预算缴纳情况　　　　　　D.预算分配使用情况
【难度系数】★★★★
【专家解读】国家预算是国民经济的综合反映,预算收入反映国民经济发展规模和经济效益水平,预算支出反映各项建设事业的发展基本情况。

5.（　　）由各省、自治区、直辖市总预算组成,是国家预算的有机组成部分。
A.中央预算　　　　　　　　B.地方预算
C.总预算　　　　　　　　　D.部门单位预算

【难度系数】★★★

【专家解读】地方预算由各省、自治区、直辖市总预算组成,是国家预算的有机组成部分。各部门预算由本部门所属各单位的预算组成。

6.( )是指列入部门预算的国家机关、社会团体和其他单位的收支预算。
   A.单位预算   B.企业也预算
   C.国家预算   D.地方预算

【难度系数】★★★★

【专家解读】各部门预算由本部门所属各单位的预算组成。单位预算是指列入部门预算的国家机关、社会团体和其他单位的收支预算。

7.下列不属于全国人民代表大会的职权的是( )。
   A.全国人民代表大会审查中央和地方预算草案及中央和地方预算执行情况的报告
   B.批准中央预算和中央预算执行情况的报告
   C.改变或者撤销全国人民代表大会常务委员会关于预算、决算的不适当的决议
   D.审查和批准县级以上政府决算

【难度系数】★★★

【专家解读】全国人民代表大会的职权包括:全国人民代表大会审查中央和地方预算草案及中央和地方预算执行情况的报告;批准中央预算和中央预算执行情况的报告;改变或者撤销全国人民代表大会常务委员会关于预算、决算的不适当的决议。审查和批准县级以上政府决算属于县级以上地方各级人民代表大会的职权。

8.撤销国务院制定的同宪法、法律相抵触的关于预算、决算的行政法规、决定和命令属于( )的职权。
   A.全国人民代表大会常务委员会的职权
   B.中央一级代表大会的职权
   C.县级以上地方各级人民代表大会的职权
   D.乡、民族乡、镇的人民代表大会的职权

【难度系数】★★★

【专家解读】全国人民代表大会常务委员会监督中央和地方预算的执行;审查和批准中央预算的调整方案;审查和批准中央决算;撤销国务院制定的同宪法、法律相抵触的关于预算、决算的行政法规、决定和命令;撤销省、自治区、直辖市人民代表大会及其常务委员会制定的同宪法、法律和行政法规相抵触的关于预算、决算的地方性法规和决议。

9.( )是按照分税制财政管理体制,纳入中央预算、地方不参与分享的收入。
   A.中央预算收入   B.地方预算收入
   C.中央地方共有收入   D.中央和地方预算共享收入

【难度系数】★★★

【专家解读】中央预算收入是按照分税制财政管理体制,纳入中央预算、地方不参与分享的收入;地方预算收入是按照分税制财政管理体制,纳入地方预算、中央不参与分享的收入;中央和地方预算共享收入是按照分税制财政管理体制,中央预算和地方预算对同一税种的

第四章 财政法律制度

收入,按照一定划分标准或者比例分享的收入。

10.中央预算与地方预算有关收入和支出项目的划分、地方向中央上缴收入、中央对地方返还或者给予补助的具体办法,由国务院规定,报(　　)备案。

A.国家财政部　　　　　　　　　B.地方人民代表大会

C.全国人民代表大会常务委员会　D.全国人民代表大会

【难度系数】★★★

【专家解读】中央预算与地方预算有关收入和支出项目的划分、地方向中央上缴收入、中央对地方返还或者给予补助的具体办法,由国务院规定,报全国人民代表大会常务委员会备案。全国人民代表大会的说法不够准确。

11.(　　)是各级政府、各部门、各单位编制的未经法定程序审查和批准的预算收支计划。

A.预算法　　　　　　B.预算法案

C.预算规章　　　　　D.预算草案

【难度系数】★★★

【专家解读】预算草案是各级政府、各部门、各单位编制的未经法定程序审查和批准的预算收支计划。该题是对基本定义的考查,应准确加以记忆。

12.编制预算草案的具体事项由(　　)负责部署。

A.中央　　　　　　　B.部门

C.财政部　　　　　　D.税务局

【难度系数】★★★

【专家解读】编制预算草案的具体事项由财政部门负责部署。中央预算和地方各级政府预算,应当参考上一年预算执行情况和本年度收支预测进行编制。

13.国务院于每年(　　)向省、自治区、直辖市政府和中央各部门下达编制下一年度的预算草案的指示,提出编制预算草案的原则和要求。

A.1月1日前　　　　　B.3月15日前

C.11月10日前　　　　D.12月30日前

【难度系数】★★★★

【专家解读】国务院于每年11月10日前向省、自治区、直辖市政府和中央各部门下达编制下一年度的预算草案的指示,提出编制预算草案的原则和要求。本题属于基础记忆需加强,进行准确记忆。

14.省、自治区、直辖市政府应当按照国务院规定的时间,将本级预算草案报(　　)审核汇总。

A.国家财政部　　　　B.国家税务局

C.国务院　　　　　　D.人大常委会

【难度系数】★★★★

【专家解读】省、自治区、直辖市政府应当按照国务院规定的时间,将本级预算草案报国务院审核汇总。其他部门无权审核。

15.国务院财政部门每年应当在全国人民代表大会举行的( ),将中央预算草案的主要内容提交全国人民代表大会财政经济委员会进行初步审查。
  A.一周前　　　　　　　　　　　B.一个月前
  C.两个月前　　　　　　　　　　D.三个月前
  【难度系数】★★★★
  【专家解读】国务院财政部门每年应当在全国人民代表大会举行的一个月前,将中央预算草案的主要内容提交全国人民代表大会财政经济委员会进行初步审查。该时间需加以记忆。

16.县、自治县、不设区的市、市辖区政府财政部门应当在本级人民代表大会举行的一个月前,将本级预算草案的主要内容提交( )人民代表大会常务委员会进行初步审查。
  A.上级　　　　　　　　　　　　B.同级
  C.下一季　　　　　　　　　　　D.国务院
  【难度系数】★★★
  【专家解读】县、自治县、不设区的市、市辖区政府财政部门应当在本级人民代表大会举行的一个月前,将本级预算草案的主要内容提交同级人民代表大会常务委员会进行初步审查。

17.( )是在预算执行中,因特殊情况,需要通过改变预算收入来源、支出用途以及收支规模,它是预算的部分变更。
  A.预算编制　　　　　　　　　　B.预算结算
  C.预算修改　　　　　　　　　　D.预算调整
  【难度系数】★★★
  【专家解读】预算调整是在预算执行中,因特殊情况,需要通过改变预算收入来源、支出用途以及收支规模,它是预算的部分变更。虽然是改变预算但一般不说是预算修改而用预算调整。

18.中央预算的调整方案必须提请( )审查和批准。
  A.财政部　　　　　　　　　　　B.国务院
  C.全国人民代表大会常务委员会　D.税务部门
  【难度系数】★★★
  【专家解读】中央预算的调整方案必须提请全国人民代表大会常务委员会审查和批准。其他部门无此审查和批准权限。

19.县级以上地方各级政府预算的调整方案必须提请( )审查和批准。
  A.本级人民代表大会常务委员会　B.上级人民代表大会常务委员会
  C.下级人民代表大会常务委员会　D.全国人民代表大会常务委员会
  【难度系数】★★★★
  【专家解读】县级以上地方各级政府预算的调整方案必须提请本级人民代表大会常务委员会审查和批准。中央预算的调整方案必须提请全国人民代表大会常务委员会审查和批准。

第四章 财政法律制度

20. (　　)是对年度预算收支执行结果的会计报告,是预算执行的总结,是国家管理预算活动的最后一道程序。
    A. 预算　　　　　　　　　　B. 决算
    C. 审核　　　　　　　　　　D. 批准
    【难度系数】★★★
    【专家解读】决算是对年度预算收支执行结果的会计报告,是预算执行的总结,是国家管理预算活动的最后一道程序。它包括决算报表和文字说明两个部门。

21. 政府采购的主体范围不包括(　　)。
    A. 国家机关　　　　　　　　B. 国有企业
    C. 事业单位　　　　　　　　D. 团体组织
    【难度系数】★★★★
    【专家解读】政府采购是指各级国家机关、事业单位和团体组织,使用财政性资金采购依法制定的集中采购目录以内的或者采购限额标准以上的货物、工程和服务的行为。政府采购的主体范围包括:国家机关、事业单位和团体组织。

22. (　　)是确定采购行为是否属于政府采购制度规范范围的重要依据。
    A. 政府采购资金的性质　　　B. 政府采购资金的额度
    C. 政府采购资金的规模　　　D. 政府采购资金的来源
    【难度系数】★★★
    【专家解读】政府采购资金的性质是确定采购行为是否属于政府采购制度规范范围的重要依据。其他均不是判断的重要依据。

23. 政府采购实行(　　)采购方式。
    A. 集中　　　　　　　　　　B. 分散
    C. 阶段性　　　　　　　　　D. 集中和分散相结合
    【难度系数】★★
    【专家解读】政府采购实行集中和分散采购相结合。集中采购的范围由省级以上人民政府公布集中采购目录确定。

24. 政府采购限额标准,属于中央预算的政府采购项目,由(　　)确定并公布。
    A. 中央常务委员会　　　　　B. 人大常务委员会
    C. 国务院　　　　　　　　　D. 财政部
    【难度系数】★★★★
    【专家解读】政府采购限额标准,属于中央预算的政府采购项目,由国务院确定并公布;属于地方预算的政府采购项目,由省、自治区、直辖市人民政府或者其授权的机构确定并公布。

25. 政府采购的实质是(　　),必须接受社会公众监督,提高政府采购的效率,减少和消除"暗箱操作"给国家和公民利益带来的损害。
    A. 社会的集体采购　　　　　B. 社会的团体采购
    C. 社会的公共采购　　　　　D. 社会的组织化采购

【难度系数】★★★★

【专家解读】政府采购的实质是社会的公共采购,必须接受社会公众监督,提高政府采购的效率,减少和消除"暗箱操作"给国家和公民利益带来的损害。

26.( )是一种限制性招标方式,是指采购人或其委托的政府采购代理机构以投标邀请书的方式邀请三家或三家以上特定的供应商参与投标的采购方式。

A.公开招标   B.竞争性谈判
C.邀请招标   D.单一来源

【难度系数】★★★★

【专家解读】公开招标是指采购人或其委托的采购代理机构以招标公告的方式邀请不特定的供应商参加投标竞争,从中择优选择供应商的采购方式。邀请招标是一种限制性招标方式,是指采购人或其委托的政府采购代理机构以投标邀请书的方式邀请三家或三家以上特定的供应商参与投标的采购方式。

27.为了提高财政资金收付管理的规范性、安全性、有效性和透明度,加强财政管理监督,提高资金使用效益,我国自2001年开始实施( )。

A.国库分散管理制度   B.国库制衡管理制度
C.国库集中收付制度   D.国库收付共享制度

【难度系数】★★★★★

【专家解读】为了提高财政资金收付管理的规范性、安全性、有效性和透明度,加强财政管理监督,提高资金使用效益,我国自2001年开始实施国库集中收付制度。

28.采购人采购货物或者服务应当采用公开招标方式的,其具体数额标准,属于中央预算的政府采购项目,由( )规定。

A.国务院   B.省人民政府
C.自治区人民政府   D.直辖市人民政府

【难度系数】★★★★

【专家解读】采购人采购货物或者服务应当采用公开招标方式的,其具体数额标准,属于中央预算的政府采购项目,由国务院规定;属于地方预算的政府采购项目,由省、自治区、直辖市人民政府规定。

29.供应商参加政府采购活动的条件之一是,参加政府采购活动前( )内,在经营活动中没有重大违法记录。

A.一年   B.两年
C.三年   D.五年

【难度系数】★★★★

【专家解读】供应商参加政府采购活动的条件之一是,参加政府采购活动前三年内,在经营活动中没有重大违法记录。除此之外还包括具有履行合同所必需的设备和专业技术能力,依法缴纳税收和社会保障资金的良好记录等要求。

30.中央各部门应当自( )批复本部门预算之日起15日内,批复所属各单位预算。

A.财政部   B.全国人民代表大会

C.省、自治区、直辖市人民代表大会　　D.税务部

【难度系数】★★★

【专家解读】中央各部门应当自财政部批复本部门预算之日起15日内,批复所属各单位预算。由财政部批复中央各部门预算。

31.(　　)是政府采购中货物、工程和服务的直接需求者。

A.供应商　　　　　　　　B.国家企业
C.采购人　　　　　　　　D.销售人员

【难度系数】★★★

【专家解读】采购人是政府采购中货物、工程和服务的直接需求者。其他三个选项均不为直接需求者。

32.国务院和县级以上地方各级政府对下一级政府依照规定报送备案的决算,认为有同法律、行政法规相抵触或者有其他不适当之处,经审议决定撤销的,该(　　)应当责成本级政府依照本法规定重新编制决算草案,提请本级人民代表大会常务委员会审查和批准。

A.上级人民代表大会　　　　　　B.下级人民代表大会
C.上级人民代表大会常务委员会　　D.下级人民代表大会常务委员会

【难度系数】★★★

【专家解读】国务院和县级以上地方各级政府对下一级政府依照规定报送备案的决算,认为有同法律、行政法规相抵触或者有其他不适当之处,经审议决定撤销的,该下级人民代表大会常务委员会应当责成本级政府依照本法规定重新编制决算草案,提请本级人民代表大会常务委员会审查和批准。

33.下列(　　)不属于采购人的权利。

A.自行选择采购代理机构
B.要求采购代理机构遵守委托协议约定
C.审查政府采购供应商的资格
D.尊重供应商的正当合法权益

【难度系数】★★★

【专家解读】采购人的权利包括:自行选择采购代理机构,要求采购代理机构遵守委托协议约定,审查政府采购供应商的资格,依法确定中标供应商,签订采购合同并参与对供应商履约验收,特殊情况下提出特殊要求。尊重供应商的正当合法权益属于采购人的义务。

34.下列有关政府采购的说法,不正确的是(　　)。

A.使采购规模得以扩大
B.增加了采购环节
C.形成政府采购的买方市场
D.降低了采购成本,提高了财政资金使用效益

【难度系数】★★★★

【专家解读】与传统的分散采购体制相比较,实行政府采购使采购规模得以扩大。通过公开招标、公平竞争,形成政府采购的买方市场。由于减少了中间环节,降低了采购成本,提

少小而学,及壮有为,壮年而学,及老不衰,老年而学,及死不朽。——书摘

高了财政资金使用效益。

35. 财政部应当自全国人民代表大会批准中央预算之日起( )，批复中央各部门预算。
   A. 15日内	B. 30日内
   C. 45日内	D. 3个月内
   【难度系数】★★★★
   【专家解读】财政部应当自全国人民代表大会批准中央预算之日起30日内，批复中央各部门预算。该类题目属于记忆类题型，通过总结记忆效果更佳。

36. 中央预算草案经全国人民代表大会批准后，为当年( )。
   A. 地方政府预算	B. 县级政府预算
   C. 中央预算	D. 国务院预算
   【难度系数】★★★★
   【专家解读】中央预算草案经全国人民代表大会批准后，为当年中央预算。地方各级政府预算草案经同级人民代表大会批准后，为当年本级政府预算。

37. 县级以上各级政府财政部门应当自本级人民代表大会批准本级政府预算之日起( )内，批复本级各部门预算。
   A. 一周内	B. 半月内
   C. 30日内	D. 三个月内
   【难度系数】★★★★
   【专家解读】县级以上各级政府财政部门应当自本级人民代表大会批准本级政府预算之日起30日内，批复本级各部门预算。地方各部门应当自财政部门批复本部门预算之日起15日内，批复所属各单位预算。

38. 乡、民族乡、镇政府应当及时将经( )批准的本级预算报上一级政府备案。
   A. 上一级人民代表大会	B. 本级人民代表大会
   C. 下一季人民代表大会	D. 国务院人民代表大会
   【难度系数】★★★★
   【专家解读】乡、民族乡、镇政府应当及时将经本级人民代表大会批准的本级预算报上一级政府备案。县级以上地方各级政府应当及时将经本级人民代表大会批准的本级预算及下一级政府报送备案的预算汇总，报上一级政府备案。

39. ( )将省、自治区、直辖市政府依照规定报送备案的预算汇总后，报全国人民代表大会常务委员会备案。
   A. 国务院	B. 财政厅
   C. 统计局	D. 中央人民代表大会
   【难度系数】★★★
   【专家解读】国务院将省、自治区、直辖市政府依照规定报送备案的预算汇总后，报全国人民代表大会常务委员会备案。

40. 国务院和县级以上地方各级政府对下一级政府依法报送备案的预算，认为有同法律、行政法规相抵触或者其他不适当之处，需要撤销批准核算的决议的，应当提请( )

第四章 财政法律制度

人民代表大会常务委员会审议决定。
  A.上一级　　　　　　　　　B.本级
  C.下一级　　　　　　　　　D.最高级
  【难度系数】★★★★
  【专家解读】国务院和县级以上地方各级政府对下一级政府依法报送备案的预算,认为有同法律、行政法规相抵触或者有其他不适当之处,需要撤销批准核算的决议的,应当提请本级人民代表大会常务委员会审议决定。

41.决算是对年度预算收支执行结果的(　　),是预算执行的总结,是国家管理预算活动的最后一道程序。
  A.会计账簿　　　　　　　　B.会计报告
  C.会计报表　　　　　　　　D.会计凭证
  【难度系数】★★★★
  【专家解读】决算是对年度预算收支执行结果的会计报告,是预算执行的总结,是国家管理预算活动的最后一道程序。包括决算报表和文字说明两个部分。

42.各部门对所属各单位的决算草案,应当审核并汇总编制本部门的决算草案,在规定的期限内报(　　)审核。
  A.本级政府财政部门　　　　B.上级政府财政部门
  C.本级人民代表大会　　　　D.上级人民代表大会
  【难度系数】★★★
  【专家解读】各部门对所属各单位的决算草案,应当审核并汇总编制本部门的决算草案,在规定的期限内报本级政府财政部门审核。人民代表大会不属于部门决算草案的审核部门。

43.国务院和县级以上地方各级政府对下一级政府依照规定报送备案的决算,认为有同法律、行政法规相抵触或者有其他不适当之处,需要撤销批准该项决算的决议的,应当提请(　　)审议决定。
  A.上级人民代表大会常务委员会　　B.上级人民代表大会
  C.本级人民代表大会常务委员会　　D.本级人民代表大会
  【难度系数】★★★★
  【专家解读】国务院和县级以上地方各级政府对下一级政府依照规定报送备案的决算,认为有同法律、行政法规相抵触或者有其他不适当之处,需要撤销批准该项决算的决议的,应当提请本级人民代表大会常务委员会审议决定。其他答案均不符合该选项。

44.各级国家权力机关、政府及其财务审计部门,依法切实地履行法律赋予的预算决算监督职责,是国家(　　)的有力保障。
  A.依法治国　　　　　　　　B.依法理财
  C.依法安邦　　　　　　　　D.依法兴国
  【难度系数】★★★
  【专家解读】各级国家权力机关、政府及其财务审计部门,依法切实地履行法律赋予的预算决算监督职责,是国家依法理财的有力保障。本处主要考查的是国家的理财职能。

45.我国政府采购的主体,包括国家机关、事业单位和团体组织,其中"社会团体"是指依法设立的由财政供养的从事(　　)组织。
A.社会慈善事业组织　　　　　　　B.社会保障事业组织
C.社会公共活动团体组织　　　　　D.社会文艺团体组织
【难度系数】★★★★★
【专家解读】我国政府采购的主体,包括国家机关、事业单位和团体组织,其中"社会团体"是指依法设立的由财政供养的从事社会公共活动的团体组织。社会慈善事业组织、社会保障事业组织、社会文艺团体组织的说法都不完善。

46.政府通过公开招标方式形成了内在监督集中的同时,严密的(　　)机制,最大限度地增加了政府采购的透明度,有利于尽可能避免腐败现象的发生。
A.内在监控　　　　　　　　　　　B.外在监控
C.外在监督　　　　　　　　　　　D.全面监督
【难度系数】★★★★
【专家解读】政府通过公开招标方式形成了内在监督集中的同时,严密的外在的监督机制,如法律监督,政府采购主管部门的监督,各级纪检、监察、审计等部门的监督等,最大限度地增加了政府采购的透明度,有利于尽可能避免腐败现象的发生。

47.我国《政府采购法》规定,除极少数法定情形外,政府采购应当采购本国货物、工程和服务。这一规定体现了(　　)原则,有利于保护民族产业。
A.少数民族优先　　　　　　　　　B.汉族优先
C.外货优先　　　　　　　　　　　D.国货优先
【难度系数】★★★
【专家解读】我国《政府采购法》规定,除极少数法定情形外,政府采购应当采购本国货物、工程和服务。这一规定体现了国货优先原则,有利于保护民族产业。

48.(　　)是指由各预算单位使用财政性资金自行开展采购活动。
A.分散采购　　　　　　　　　　　B.集中采购
C.分散供货　　　　　　　　　　　D.集中供货
【难度系数】★★★
【专家解读】分散采购是指由各预算单位使用财政性资金自行开展采购活动。本题是对词汇基本定义的考查,需要进行准确记忆。

49.《中华人民共和国预算法》于1994年3月22日由(　　)通过。
A.第八届全国人民代表大会第一次会议
B.第七届全国人民代表大会第一次会议
C.第八届全国人民代表大会第二次会议
D.第七届全国人民代表大会第二次会议
【难度系数】★★★★
【专家解读】《中华人民共和国预算法》于1994年3月22日由第八届全国人民代表大会

三人行必有我师焉,择其善者而从之,其不善者而改之。——孔子第二次会议通过。该类题目需要准确加以记忆。

50.《中华人民共和国预算法》是我国第一部财政基本法律,自( )起实施。
A.1995年1月1日 B.1994年3月22日
C.1994年1月1日 D.1995年3月22日
【难度系数】★★★
【专家解读】《中华人民共和国预算法》是我国的第一部财政基本法律,自1995年1月1日起实施。该法律于1994年3月22日通过。

51.下列不属于国务院财政部门预算职权的是( )。
A.具体编制中央预算、决算草案   B.审查和批准中央预算的调整方案
C.具体组织中央和地方预算的执行 D.具体编制中央预算的调整方案
【难度系数】★★★
【专家解读】国务院财政部门预算职权包括:具体编制中央预算、决算草案,具体组织中央和地方预算的执行,具体编制中央预算的调整方案。

52.下列各项中,我国政府采购法律制度中效力最高的法律文件是( )。
A.《政府采购法》
B.《北京市政府采购办法》
C.《政府采购货物和服务招标投标管理办法》
D.《政府采购信息公告管理办法》
【难度系数】★★★★
【专家解读】《政府采购法》是我国政府采购法律制度中效力最高的法律文件,其他相关法律法规或规章都以此法为指导。

53.技术复杂或者性质特殊,不能确定详细规格或者具体要求的,采用的采购方式是( )。
A.公开招标方式   B.邀请招标方式
C.竞争性谈判方式 D.单一来源方式
【难度系数】★★★★
【专家解读】竞争性谈判方式适用于技术复杂或者性质特殊,不能确定详细规格或具体要求的情形。

54.为了保证原有采购项目一致性或者服务配套的要求,需要继续从原供应商处添购,且添购资金总额不超过原合同采购金额( )的,应采用单一来源方式。
A.5%   B.10%
C.15% D.20%
【难度系数】★★★
【专家解读】为了保证原有采购项目一致性或者服务配套的要求,需要继续从原供应商处添购,且添购资金总额不超过原合同采购金额10%的,应采用单一来源方式。

55.根据国库集中收入制度的规定,用于财政直接支付和与国库单一账户支出清算的账户是( )。

A. 预算单位的零余额账户　　　　　B. 财政部门的零余额账户
C. 预算外财政资金专户　　　　　　D. 特设过渡性专户

【难度系数】★★★★

【专家解读】根据国库集中收入制度的规定,财政部门的零余额账户可以用于财政直接支付和与国库单一账户支出清算的账户。

【参考答案】

1. B	2. C	3. A	4. B	5. B	6. A	7. D	8. A	9. A	10. C
11. D	12. C	13. C	14. C	15. B	16. B	17. D	18. C	19. A	20. B
21. B	22. A	23. D	24. C	25. C	26. C	27. C	28. A	29. C	30. A
31. C	32. D	33. C	34. B	35. C	36. C	37. C	38. B	39. A	40. B
41. B	42. A	43. C	44. B	45. C	46. C	47. D	48. A	49. C	50. A
51. B	52. A	53. C	54. B	55. B					

二、多项选择题

1. 我国预算法律制度主要由(　　)以及有关国家预算管理的其他法规制度构成。
A.《经济法》　　　　　　　　　　B.《企业法》
C.《预算法》　　　　　　　　　　D.《预算法实施条例》

【难度系数】★★★

【专家解读】我国预算法律制度主要由《预算法》《预算法实施条例》以及有关国家预算管理的其他法规制度构成。其中《经济法》《企业法》均不是以预算为主要目的设立的。

2. 国家预算的作用有(　　)。
A. 财力保证作用　　　　　　　　B. 全面共享作用
C. 调节制约作用　　　　　　　　D. 反映监督作用

【难度系数】★★★

【专家解读】国家预算是国家财政分配和宏观调控的主要手段,它具有分配、调控和监督职能。它的作用主要体现在:财力保证作用,调节制约作用,反映监督作用。

3. 国家预算是国家财政实行宏观控制的(　　)。
A. 主要目的　　　　　　　　　　B. 主要依据
C. 主要方向　　　　　　　　　　D. 主要手段

【难度系数】★★★

【专家解读】国家预算是国家财政实行宏观控制的主要依据和主要手段。这体现了国家预算的调节制约作用。

4. 国家预算实行一级政府一级预算,国家预算共分为(　　)以及乡镇级预算。
A. 中央预算　　　　　　　　　　B. 省级预算
C. 地市级预算　　　　　　　　　D. 县市级预算

【难度系数】★★★

【专家解读】国家预算实行一级政府一级预算,国家预算共分为五级:中央预算,省级(省、自治区、直辖市)预算,地市级(设区的市、自治州)预算,县市级(县、自治县、不设区的市、直辖市)预算,乡镇级(乡、民族乡、镇)预算。

5. 国家预算分为( )。
   A. 中央预算　　　　　　　　B. 地方预算
   C. 总预算　　　　　　　　　D. 部门单位预算
   【难度系数】★★★
   【专家解读】中央预算、地方预算、各级总预算和部门预算、单位预算属于国家预算的四大基本分类。

6. 下列有关部门预算的说法正确的有( )。
   A. 是一项综合预算
   B. 包括行政单位预算,但不包括其下属的事业单位预算
   C. 包括政府基金预算收支计划
   D. 包括专项支出预算
   【难度系数】★★★★
   【专家解读】部门预算是一项综合预算,既包括行政单位预算,也包括其下属的事业单位预算;既包括一般预算收支计划,也包括政府基金预算收支计划;既包括正常经费预算,也包括专项支出预算;既包括财政预算内拨款收支计划,也包括财政预算外核拨收支计划和部门其他收支计划。

7. 一般而言,各级人民代表大会的预算职权包括( )。
   A. 全国人民代表大会的职权
   B. 中央一级代表大会的职权
   C. 县级以上地方各级人民代表大会的职权
   D. 乡、民族乡、镇的人民代表大会的职权
   【难度系数】★★
   【专家解读】根据《预算法》的规定,各级人民代表大会的预算职权包括:全国人民代表大会的职权,县级以上地方各级人民代表大会的职权,乡、民族乡、镇的人民代表大会的职权。

8. 各级财政部门的职权包括( )。
   A. 具体编制中央预算、决算草案　　　B. 具体组织中央和地方预算的执行
   C. 提出中央预算预备费用方案　　　　D. 具体编制中央预算的调整方案
   【难度系数】★★★
   【专家解读】各级财政部门的职权包括:具体编制中央预算、决算草案,具体组织中央和地方预算的执行,提出中央预算预备费用方案,具体编制中央预算的调整方案,定期向国务院报告中央和地方预算的执行情况。

9. 与财政部门直接发生预算缴款、拨款关系的国家机关、军队、政党组织和社会团体等各部门的预算职权包括( )。
   A. 编制本部门预算、决算草案
   B. 具体编制中央预算的调整方案
   C. 组织和监督本部门预算的执行

D.定期向本级政府财政部门报告预算的执行情况

【难度系数】★★★★

【专家解读】与财政部门直接发生预算缴款、拨款关系的国家机关、军队、政党组织和社会团体等各部门的预算职权包括：编制本部门预算、决算草案，组织和监督本部门预算的执行，定期向本级政府财政部门报告预算的执行情况。

10.与财政部直接发生预算缴款、拨款关系的企业和事业单位等各单位的预算职权主要包括(　　)。

A.编制本单位预算、决算草案　　　B.按照国家规定上缴预算收入

C.安排预算支出　　　　　　　　　D.接受国家有关部门的监督

【难度系数】★★★★

【专家解读】与财政部直接发生预算缴款、拨款关系的企业和事业单位等各单位的预算职权主要包括：编制本单位预算、决算草案，按照国家规定上缴预算收入，安排预算支出，接受国家有关部门的监督。

11.预算收入分为(　　)。

A.中央预算收入　　　　　　　　　B.地方预算收入

C.财政体系收入　　　　　　　　　D.中央和地方预算共享收入

【难度系数】★★★★

【专家解读】预算收入分为中央预算收入、地方预算收入、中央和地方预算共享收入。财政体系收入不属于预算收入。

12.预算收入包括(　　)。

A.税收收入

B.专项收入

C.依照规定应当上缴的国有资产收益，即各部门和各单位占有、使用和依法处分境内外国有资产产生的收益，按照国家有关规定应当上缴预算的部分

D.其他收入

【难度系数】★★★★★

【专家解读】预算收入包括：税收收入；专项收入；依照规定应当上缴的国有资产收益，即各部门和各单位占有、使用和依法处分境内外国有资产产生的收益，按照国家有关规定应当上缴预算的部分；其他收入。

13.预算支出分为(　　)。

A.部门预算支出　　　　　　　　　B.单位预算支出

C.中央预算支出　　　　　　　　　D.地方预算支出

【难度系数】★★★

【专家解读】预算支出分为中央预算支出和地方预算支出。中央预算支出是按照分税制财政管理体制，由中央财政承担并列入中央预算的支出；地方财政支出是按照分税制财政管理体制，由地方财政承担并列入地方预算的支出。

14. 下列属于预算支出的有( )。
    A. 经济建设支出　　　　　　　B. 事业发展支出
    C. 国家管理费用支出　　　　　D. 国防支出
    【难度系数】★★
    【专家解读】预算支出包括：经济建设支出，教育、科学、文化、卫生、体育等事业发展支出，国家管理费用支出，国防支出，各项补贴支出，其他支出。

15. 教育、科学、文化、卫生、体育等事业发展支出具体包括( )。
    A. 公益性基本建设支出　　　　B. 设备购置支出
    C. 人员费用支出　　　　　　　D. 业务费用支出
    【难度系数】★★★
    【专家解读】教育、科学、文化、卫生、体育等事业发展支出具体包括：公益性基本建设支出、设备购置支出、人员费用支出、业务费用支出以及其他事业发展支出。

16. 各部门、各单位编制年度预算草案的依据包括( )。
    A. 法律、法规
    B. 本级政府的指示和要求以及本级政府财政部门的部署
    C. 本部门、本单位的职责、任务和事业发展计划
    D. 本部门、本单位的定员定额标准
    【难度系数】★★
    【专家解读】各部门、各单位编制年度预算草案的依据包括：法律、法规，本级政府的指示和要求以及本级政府财政部门的部署，本部门、本单位的职责、任务和事业发展计划，本部门、本单位的定员定额标准，本部门、本单位上一年度预算执行情况和本年度预算收入。

17. 中央预算的编制内容包括( )。
    A. 本级预算收入和支出
    B. 上一年度结余用于本年度安排的支出
    C. 返还或者补助地方的支出
    D. 地方上缴的收入
    【难度系数】★★★
    【专家解读】中央预算的编制内容包括：本级预算收入和支出，上一年度结余用于本年度安排的支出，返还或者补助地方的支出，地方上缴的收入。

18. 地方各级政府预算的编制内容包括( )。
    A. 本级预算收入和支出
    B. 上一年度结余用于本年度安排的支出
    C. 上级返还或者补助的收入
    D. 返还或者补助下级的支出
    【难度系数】★★★★
    【专家解读】地方各级政府预算的编制内容包括：本级预算收入和支出，上一年度结余用于本年度安排的收入，返还或者补助下级的支出，上缴上级的支

出,下级上缴的收入。

19. 预算审批程序包括(　　)。
A. 初审
B. 审查批准
C. 预算的执行
D. 预算的调整
【难度系数】★★★★
【专家解读】预算审批程序为:初审、审查批准、预算的执行、预算的调整。

20. 下列有关审查批准的相关说法正确的是(　　)。
A. 中央预算由全国人民代表大会审查和批准
B. 地方各级政府预算由上一级人民代表大会审查和批准
C. 乡、民族乡、镇政府应当及时将经本级人民代表大会批准的本级预算报同级政府备案
D. 国务院和县级以上地方各级政府对下一级政府依法报送备案的预算
【难度系数】★★★
【专家解读】中央预算由全国人民代表大会审查和批准,地方各级政府预算由本级人民代表大会审查和批准,乡、民族乡、镇政府应当及时将经本级人民代表大会批准的本级预算报上一级政府备案,国务院和县级以上地方各级政府对下一级政府依法报送备案的预算。

21. 我国预算执行的主体包括(　　)。
A. 各级政府
B. 各级政府财政部门
C. 预算收入征收部门
D. 国家金库
【难度系数】★★★★
【专家解读】我国预算执行的主体包括各级政府、各级政府财政部门、预算收入征收部门、国家金库、各有关部门和有关单位。

22. 决算包括(　　)部分。
A. 决算报告
B. 决算报表
C. 文字说明
D. 报表说明
【难度系数】★★★★
【专家解读】决算是对年度预算收支执行结果的会计报告,是预算执行的总结,是国家管理预算活动的最后一道程序。它包括决算报表和文字说明两个部分。

23. 预决算监督,是指对各级政府预算的编制、预算执行、预算调整以及决算等活动的(　　)实施的监督。
A. 合理性
B. 合法性
C. 全面性
D. 有效性
【难度系数】★★★★
【专家解读】预决算监督,是指对各级政府预算的编制、预算执行、预算调整以及决算等活动的合法性和有效性实施的监督。

24. 按监督时间前后划分为(　　)。
A. 对预算执行的监督
B. 事前监督
C. 日常监督
D. 事后监督

第四章 财政法律制度

【难度系数】★★★★

【专家解读】按监督时间前后划分为事前监督、日常监督和事后监督,按监督的内容划分为对预算编制的监督、对预算执行的监督、对预算调整的监督和对决算的监督。

25.按监督主体划分为( )。

A.各级国家权力机关即各级人民代表大会及其常务委员会对预算、决算进行的监督

B.各级政府对下一级政府预算执行的监督

C.各级政府财政部门对本级各部门、各单位和下一级财政部门预算执行的监督检查

D.各级政府审计部门对预算执行情况和决算实行的审计监督

【难度系数】★★★

【专家解读】按监督主体划分为各级国家权力机关即各级人民代表大会及其常务委员会对预算、决算进行的监督,各级政府对下一级政府预算执行的监督,各级政府财政部门对本级各部门、各单位和下一级财政部门预算执行的监督检查,以及各级政府审计部门对预算执行情况和决算实行的审计监督。

26.我国政府采购法律制度包括( )。

A.政府采购法　　　　　　　　B.政府采购部门规章

C.政府采购地方性法规　　　　D.政府规章

【难度系数】★★★★★

【专家解读】政府采购制度是指以公开招标、投标为主要方式选择供货商,为政府部门或所属团体购买商品或劳务的一种制度。我国政府采购法律制度包括政府采购法、政府采购部门规章、政府采购地方性法规和政府规章。

27.下列有关《中华人民共和国政府采购法》的说法正确的有( )。

A.于 2002 年 6 月 29 日施行

B.2003 年 1 月 1 日起颁布

C.该法是规范我国政府采购活动的根本性法律

D.是制定其他政府采购法规制度的基本依据

【难度系数】★★★

【专家解读】《中华人民共和国政府采购法》于 2002 年 6 月 29 日颁布,自 2003 年 1 月 1 日起施行,该法是规范我国政府采购活动的根本性法律,是制定其他政府采购法规制度的基本依据。

28.国务院各部门颁布了一系列有关政府采购的部门规章,主要包括( )等。

A.《中华人民共和国政府采购法》

B.《政府采购货物和服务招标投标管理办法》

C.《政府采购信息公告管理办法》

D.《政府采购供应商投诉处理办法》

【难度系数】★★★

【专家解读】国务院各部门颁布了一系列有关政府采购的部门规章,主要包括《政府采购货物和服务招标投标管理办法》《政府采购信息公告管理办法》《政府采购供应商投诉处理办

法》等。

29. 政府采购资金为财政性资金,包括( )的总和。
A. 预算内资金　　　　　　　　B. 预算外资金
C. 与财政资金相配套的单位自筹资金　D. 国有企业所有资金
【难度系数】★★★★
【专家解读】政府采购资金为财政性资金,包括预算内资金、预算外资金以及与财政资金相配套的单位自筹资金的总和。国有企业不属于政府采购的主体范围。

30. 政府采购的对象包括( )。
A. 货物　　　　　　　　　　　B. 工程
C. 服务　　　　　　　　　　　D. 为在中国境外使用进行的采购
【难度系数】★★★★
【专家解读】政府采购的对象包括货物、工程和服务。货物指各种形态和种类的物品。工程指建设工程,包括建筑物和建筑物的新建、改建、扩建、装修、拆除、修缮等。为在中国境外使用进行的采购不属于政府采购的对象。

31. 政府采购应当遵循( )。
A. 公开透明原则　　　　　　　B. 公平竞争原则
C. 公正原则　　　　　　　　　D. 诚实信用原则
【难度系数】★★★
【专家解读】政府采购应当遵循公开透明原则、公平竞争原则、公正原则和诚实信用原则。只有遵循这些原则才能保障国家和公民的利益。

32. 公平竞争原则包含( ),该原则要求政府采购活动在确保公平的前提下充分引入竞争机制。
A. 竞争性原则　　　　　　　　B. 公平性原则
C. 公开原则　　　　　　　　　D. 诚信原则
【难度系数】★★★
【专家解读】公平竞争原则包含竞争性原则和公平性原则,该原则要求政府采购活动在确保公平的前提下充分引入竞争机制。

33. 政府采购中公平竞争原则包含竞争性原则和公平性原则。竞争的主要方式有( )。
A. 招标　　　　　　　　　　　B. 中标
C. 投标　　　　　　　　　　　D. 采购
【难度系数】★★★★
【专家解读】竞争性原则是政府采购的重要原则,将竞争机制引入政府采购活动,优胜劣汰,有利于政府采购主体采购到优质价廉的商品和服务。竞争的主要方式是招标、投标。

34. 政府采购中公平性原则主要包括( )两方面的内容。
A. 内容相同　　　　　　　　　B. 机会均等
C. 待遇平等　　　　　　　　　D. 数量相同

第四章　财政法律制度

【难度系数】★★★

【专家解读】政府采购中公平性原则主要包括两方面的内容：一是机会均等，政府采购应允许所有希望参加投标的供应商参与竞争，而不能无故将希望参加政府采购的供应商排斥在外；二是待遇平等，对所有的参加者应该一视同仁，给予同等的待遇。

35.政府采购的功能包括(　　)。
　　A.节约财政支出,提高资金使用效益　　B.强化宏观调控
　　C.活跃市场经济　　　　　　　　　　D.推进反腐倡廉

【难度系数】★★★★

【专家解读】政府采购的功能包括：节约财政支出,提高资金使用效益；强化宏观调控；活跃市场经济；推进反腐倡廉；保护民族产业。

36.政府采购当事人是指在政府采购活动中享有权利和承担义务的各类主体,包括(　　)等。
　　A.采购人　　　　　　　　　　　　　B.供应商
　　C.采购代理机构　　　　　　　　　　D.采购使用者

【难度系数】★★★★

【专家解读】政府采购当事人是指在政府采购活动中享有权利和承担义务的各类主体,包括采购人、供应商和采购代理机构等。

37.采购代理机构具体分为(　　)。
　　A.集中采购机构　　　　　　　　　　B.小规模采购机构
　　C.一般采购代理机构　　　　　　　　D.大规模采购机构

【难度系数】★★★

【专家解读】采购代理机构是指具备一定条件,经政府有关部门批准依法拥有政府采购代理资格的社会中介机构,具体分为一般采购代理机构和集中采购机构。

38.政府采购方式有(　　)。
　　A.公开招标　　　　　　　　　　　　B.邀请招标
　　C.竞争性谈判　　　　　　　　　　　D.单一来源

【难度系数】★★★★

【专家解读】政府采购方式有：公开招标,邀请招标,竞争性谈判,单一来源,询价。

39.国库单一账户体系构成包括(　　)。
　　A.财政部门在中国人民银行开设的国库单一账户
　　B.财政部门按资金使用性质在商业银行开设的零余额账户
　　C.财政部门在商业银行为预算单位开设的零余额账户
　　D.财政部门在商业银行开设的预算外资金财政专户

【难度系数】★★★

【专家解读】国库单一账户体系构成包括：财政部门在中国人民银行开设的国库单一账户；财政部门按资金使用性质在商业银行开设的零余额账户；财政部门在商业银行为预算单位开设的零余额账户,用于财政授权支付和清算；财政部门在商业银行开设的预算外资金财

学,就像一只钻头,去开掘知识的深井。问,就像一把钥匙,去启开疑团的大门。——新格言

政专户;经国务院和省级人民政府批准或授权财政部门批准开设的特殊过渡性专户。

40.财政收入的收缴分为( )两种方式。
A.直接汇缴 B.直接缴库
C.集中缴库 D.集中汇缴
【难度系数】★★★
【专家解读】财政收入的收缴分为直接缴库和集中汇缴两种方式。其他说法均有误。

41.财政性资金的支付,按照不同的支付主体和不同类型的支出,实行( )两种支付方式。
A.财政直接支付 B.财政间接支付
C.财政授权支付 D.财政核算支付
【难度系数】★★★★★
【专家解读】财政性资金的支付,按照不同的支付主体和不同类型的支出,实行财政直接支付和财政授权支付两种支付方式。

42.实行财政直接支付的支出包括( )。
A.购买支出 B.零星支出
C.工资支出 D.中央对地方的专项转移支付
【难度系数】★★★
【专家解读】《财政国库管理制度改革试点方案》规定,财政直接支付包括:①工资支出(即预算单位的工资性支出)、购买支出(即预算单位除工资支出、零星支出之外购买服务、货物、工程项目等支出)以及中央对地方的专项转移支付,拨付企业大型工程项目或大型设备采购的资金等,直接支付到收款人;②转移支出(中央对地方专项转移支出除外),包括中央对地方的一般性转移支付中的税收返还、原体制补助、过渡期转移支付、结算补助等支出,对企业的补贴和未指明购买内容的某些专项支出等,支付到用款单位。

43.各级人民政府财政部门对采购进行监督检查的主要内容包括( )。
A.有关政府采购的法律、行政法规和规章的执行情况
B.采购范围、采购方式和采购程序的执行情况
C.政府采购人员的职业素质和专业技能
D.采购人员以往业务经验
【难度系数】★★★
【专家解读】各级人民政府财政部门对采购进行监督检查的主要内容包括:有关政府采购的法律、行政法规和规章的执行情况,采购范围、采购方式和采购程序的执行情况,政府采购人员的职业素质和专业技能。

44.( )可以采用单一来源方式采购。
A.只能从唯一供应商处采购
B.发生了不可预见的紧急情况不能从其他供应商处采购的
C.必须保证原有采购项目一致性
D.必须保证服务配套的要求

第四章 财政法律制度

【难度系数】★★★

【专家解读】符合如下情形之一的货物或服务,可以依法采用单一来源方式采购:只能从唯一供应商处采购;发生了不可预见的紧急情况不能从其他供应商处采购的;必须保证原有采购项目一致性或服务配套的要求,需要继续从原供应商处添购,且添购资金总额不超过原合同采购金额百分之十的。

45.采购人向有关供货商发出询价单,在对供应商的报价进行分析和比较的基础上确定供货商,被称为询价的采购方式,它适用于(　　)。

A.货物规格单一　　　　　　　　B.货物标准多样化
C.现货货源充足　　　　　　　　D.货物价格变动幅度比较大

【难度系数】★★★★

【专家解读】询价的采购方式是指采购人向有关供货商发出询价单,在对供应商的报价进行分析和比较的基础上确定供货商。它适用于货物规格单一、标准单一、现货货源充足而且价格变动幅度比较小的采购项目。

46.供应商参加政府采购活动的条件包括(　　)。

A.具有独立承担民事责任的能力
B.具有良好的商业信誉和健全的财务会计制度
C.具有履行合同所必需的设备和专业技术能力
D.依法缴纳税收和社会保障资金的良好记录

【难度系数】★★★★

【专家解读】供应商参加政府采购活动的条件包括:具有独立承担民事责任的能力;具有良好的商业信誉和健全的财务会计制度;具有履行合同所必需的设备和专业技术能力;依法缴纳税收和社会保障资金的良好记录;参加政府采购活动前三年内,在经营活动中没有重大违法记录;法律、行政法规规定的其他条件。

47.属于采购人义务的有(　　)。

A.遵守政府采购的各项法律法规和规章制度
B.尊重供应商的正当合法权益
C.遵守采购代理机构的工作秩序
D.自行选择采购代理机构

【难度系数】★★★★

【专家解读】采购人的义务包括:遵守政府采购的各项法律法规和规章制度,尊重供应商的正当合法权益,遵守采购代理机构的工作秩序,依法答复供应商的询问和质疑,妥善保存反映每项采购活动的文件等。自行选择采购代理机构属于采购人的权利。

48.分散采购有利于满足采购(　　)的需求,手续简单。

A.阶段性　　　　　　　　　　　B.选择性
C.及时性　　　　　　　　　　　D.多样性

【难度系数】★★★

【专家解读】分散采购有利于满足采购及时性和多样性的需求,手续简单。该类题型重在对分散采购特点或优势的把握。

49. 编制决算草案,必须符合法律、行政法规,做到( )。
   A. 报送时间自由　　　　　　　　B. 收支数额准确
   C. 内容完整　　　　　　　　　　D. 报送及时
   【难度系数】★★★
   【专家解读】编制决算草案,必须符合法律、行政法规,做到收支数额准确、内容完整、报送及时。如此才能满足相关部门的需求。

50. 我国政府采购的主体,包括国家机关、事业单位和团体组织。其中"国家机关"是指各级国家( )等。
    A. 权力机关　　　　　　　　　　B. 行政机关
    C. 司法机关　　　　　　　　　　D. 党务机关
    【难度系数】★★★★
    【专家解读】我国政府采购的主体,包括国家机关、事业单位和团体组织。其中"国家机关"是指各级国家权力机关、行政机关、司法机关、党务机关等。

51. 政府采购的强化宏观调控功能体现在,通过调整( ),以影响国民经济产业结构和产品结构及平衡地区间的经济发展。
    A. 采购品种　　　　　　　　　　B. 采购数量
    C. 采购频率　　　　　　　　　　D. 采购地
    【难度系数】★★★★
    【专家解读】政府采购的强化宏观调控功能体现在,通过调整采购品种、数量和频率等影响国民经济产业结构和产品结构;政府也可以通过对采购地区的选择平衡地区间的经济发展。

52. 政府采购,特别是其公开招标方式,使政府的各项采购活动在公开、公平、公正、透明的环境中运作,( )三者形成了内在监督集中。
    A. 消费者　　　　　　　　　　　B. 供应商
    C. 采购人　　　　　　　　　　　D. 代理机构
    【难度系数】★★★
    【专家解读】政府采购,特别是其公开招标方式,使政府的各项采购活动在公开、公平、公正、透明的环境中运作,采购人、代理机构、供应商三者形成了内在监督集中。

53. ( )对国民经济和社会发展起着直接的制约作用。
    A. 国家预算的编制　　　　　　　B. 国家预算的执行
    C. 国家财政报告的编制　　　　　D. 国家财政报告的执行
    【难度系数】★★★
    【专家解读】国家预算的编制和执行情况对国民经济和社会发展起着直接的制约作用。

54. 根据预算法的规定,下列各项中,属于县级以上地方各级人民代表大会职权的是( )。
    A. 审查本级总预算草案及本级总预算执行情况的报告

B.批准本级预算和本级预算执行情况的报告

C.改变或者撤销本级人民代表大会常务委员会关于预算、决算的不适当的决议

D.撤销本级政府关于预算、决算的不适当的决定和命令

【难度系数】★★★★

【专家解读】县级以上地方各级人民代表大会的职权包括:审查本级总预算草案及本级总预算执行情况的报告,批准本级预算和本级预算执行情况的报告,改变或者撤销本级人民代表大会常务委员会关于预算、决算的不适当的决议,撤销本级政府关于预算、决算的不适当的决定和命令。

55.下列( )属于全国人民代表大会的预算管理职权。

A.审查中央和地方预算草案及中央和地方预算执行情况的报告

B.组织中央和地方预算执行

C.批准中央预算和中央预算执行情况的报告

D.改变或者撤销全国人民代表大会常务委员会关于预算、决算的不适当的决议

【难度系数】★★★★

【专家解读】全国人民代表大会的预算管理职权包括:审查中央和地方预算草案及中央和地方预算执行情况的报告,批准中央预算和中央预算执行情况的报告,改变或者撤销全国人民代表大会常务委员会关于预算、决算的不适当的决议。其中组织中央和地方预算执行不属于全国人民代表大会的预算管理职权。

56.预决算的监督主体包括( )。

A.各级人民代表大会及其常务委员会　　B.各级人民政府

C.各级财政部门　　　　　　　　　　　D.各级审计部门

【难度系数】★★★★★

【专家解读】预决算的监督主体包括:各级人民代表大会及其常务委员会,各级人民政府,各级财政部门,各级审计部门。

57.符合( )情形之一的货物或服务,可以采用竞争性谈判方式采购。

A.必须保证原有采购项目一致性或者服务配套的要求,需要继续从原供应商处添购,且添购资金总额不超过原合同采购金额10%的

B.采用招标所需时间不能满足用户紧急需要的

C.采用公开招标方式的费用占政府采购项目总价值的比例过大的

D.不能事先计算出价格总额的

【难度系数】★★★

【专家解读】采用招标所需时间不能满足用户紧急需要的及不能事先计算出价格总额的,有此情形之一的可以采用竞争性谈判方式采购。

【参考答案】

1. CD	2. ACD	3. BD	4. ABCD	5. ABCD	6. ACD
7. ACD	8. ABCD	9. ACD	10. ABCD	11. ABD	12. ABCD
13. CD	14. ABCD	15. ABCD	16. ABCD	17. ABCD	18. ABCD

19. ABCD	20. AD	21. ABCD	22. BC	23. BD	24. BCD
25. ABCD	26. ABCD	27. CD	28. BCD	29. ABC	30. ABC
31. ABCD	32. AB	33. AC	34. BC	35. ABCD	36. ABC
37. AC	38. ABCD	39. ABCD	40. BD	41. AC	42. ACD
43. ABC	44. ABCD	45. AC	46. ABCD	47. ABC	48. CD
49. BCD	50. ABCD	51. ABCD	52. BCD	53. AB	54. ABCD
55. ACD	56. ABCD	57. BD			

三、判断题

1. 《预算法》是根据《预算法实施条例》制定的，它是《预算法实施条例》有关规定的具体和细化。（ ）
【难度系数】★★★★

2. 我国的预算支出，主要用于经济建设和国防、文化、教育、科学、卫生、社会福利等各项事业。（ ）
【难度系数】★★★★★

3. 不具备设立预算条件的乡、民族乡、镇，经省、自治区、直辖市人民政府确定，也必须设置预算。（ ）
【难度系数】★★★

4. 总预算是部门单位预算的基础，由各预算部门和单位编制。（ ）
【难度系数】★★

5. 部门预算仅仅包括财政预算内拨款收支计划，不包括财政预算外核拨收支计划和部门其他收支计划。（ ）
【难度系数】★★★★

6. 地方预算收入是按照分税制财政管理体制，地方预算对同一税种的收入，按照一定划分标准或者比例分享的收入。（ ）
【难度系数】★★★★

7. 地方财政支出是按照分税制财政管理体制，由中央财政承担并列入中央预算的支出；中央预算支出是按照分税制财政管理体制，由地方财政承担并列入地方预算的支出。（ ）
【难度系数】★★★

8. 上级政府不得在预算之外调用下级政府预算的资金，下级政府不得挤占或者截留属于上级政府预算的资金。（ ）
【难度系数】★★

9. 各预算活动的主体必须按照法律规定的时间及时编制预算，以保证国家财政税收活动的正常依法进行。（ ）
【难度系数】★★★★

10. 我国国家预算年度采取公历年制，预算年度自公历1月1日起，至12月31日止。（ ）
【难度系数】★★★★

第四章 财政法律制度

11. 中央预算和地方各级政府预算,应当参考上一年预算执行情况和本年度收支预测进行编制。( )

【难度系数】★★★

12. 审批和批准财政预算,监督预算的执行,是宪法和法律赋予各级人民代表大会及其常委会的重要职权。( )

【难度系数】★★

13. 国务院和县级以上地方各级政府对下一级政府依法报送备案的预算,认为有同法律、行政法规相抵触或者有其他不适当之处,需要撤销批准预算决议的,应当提请上一级人民代表大会常务委员会审议决定。( )

【难度系数】★★★★★

14. 预算草案经立法程序批准后,即具有法律效力,从而进入预算执行阶段。( )

【难度系数】★★★

15. 我国预算执行的不同主体享有不同权力,担负不同的职责。( )

【难度系数】★★★★

16. 各级预算由本级政府组织执行,具体工作由本级政府财政部门发展。( )

【难度系数】★★

17. 乡、民族乡、镇政府预算的调整方案必须提请本级人民代表大会审查和批准。未经批准的,可做简单的局部调整预算。( )

【难度系数】★★★★

18. 预算调整方案由政府财政部门负责具体编制。( )

【难度系数】★★★

19. 接受上级返还或者补助的地方政府,应当按照上级政府规定的用途使用款项,不得擅自改变用途。( )

【难度系数】★★★★

20. 决算草案由各级政府、各部门、各单位在每一预算年度终了后按国务院规定的时间编制,具体事项由全国人民代表大会常务委员会部署。( )

【难度系数】★★★★

21. 各级政府决算批准后,财政部门应当向本级各部门批复决算。( )

【难度系数】★★★

22. 县级以上地方各级政府应当自本级人民代表大会常务委员会批准本级政府决算之日起 30 日内,将本级政府决算及上一级政府上报备案的决算汇总,报上一级政府备案。( )

【难度系数】★★★★

23. 按监督的内容划分为对预算编制的监督、对预算执行的监督、对预算调整的监督和对决算的监督。( )

【难度系数】★★★

24. 政府采购制度是指以公开招标、投标为主要方式选择供货商,为政府部门或所属团

体购买商品或劳务的一种制度。（　　）

【难度系数】★★★

25.政府采购地方性法规和政府规章以《政府采购货物和服务招标投标管理办法》为依据,同时结合各地区的实际情况,有较强的针对性和可操作性。（　　）

【难度系数】★★★

26.政府采购是指各级国家机关、事业单位和团体组织,使用财政性资金采购依法制定的集中采购目录以内的或者采购限额标准以上的货物、工程和服务的行为。（　　）

【难度系数】★★★

27.属于地方预算的政府采购项目,由省、自治区、直辖市人民政府或者其授权的机构确定并公布。（　　）

【难度系数】★★★

28.需要采购的货物、工程或者服务在中国境内无法获取或者无法以合理的商业条件获取的,包含在政府采购对象范围内。（　　）

【难度系数】★★★★

29.政府采购制度,属于市场间接调控,国家可以通过政府采购总量,促进社会总供给和总需求的平衡,实行政府的调控目标。（　　）

【难度系数】★★★★

30.集中采购是指由政府设立的职能机构统一为其他政府机构提供采购服务的一种采购组织实施形式。集中采购可以不必委托集中采购机构代理采购。（　　）

【难度系数】★★★

31.集中采购有利于取得规模效益,降低采购成本,保证采购质量,贯彻落实政府采购有关政策取向,便于实施统一的管理和监督。（　　）

【难度系数】★★

32.列入分散采购的项目往往是一些在限额标准以上的、专业化程度较高或单位有特定需求的项目,一般具有通用性的特征。（　　）

【难度系数】★★★★

33.采购未纳入集中采购目录的政府采购项目,可以自行采购,也可以委托集中采购机构在委托范围内代理采购。（　　）

【难度系数】★★★★

34.一般采购机构是进行政府集中采购的法定代理机构,是非营利事业法人,根据采购人的委托办理采购事宜。（　　）

【难度系数】★★★

35.采购人不得将应当以公开招标方式采购的货物或者服务化整为零或者以其他任何方式规避公开招标采购。（　　）

【难度系数】★★

36.公开招标是指采购人或其委托的采购代理机构以招标公告的方式邀请不特定的供应商参加投标竞争,从中择优选择供应商的采购方式。（　　）

【难度系数】★★★

37.招标后没有供应商投标或者没有合格标的或者重新招标未能成立的可以依照法律采用公开招标采购。（　　）

【难度系数】★★★

38.为防止政府采购监督管理部门利用其职权获取不正当利益，《政府采购法》规定，政府采购监督管理部门应当设置集中采购机构，参与政府采购项目的采购活动。（　　）

【难度系数】★★★★

39.采购代理机构与行政机关不得存在隶属关系或者其他利益关系。（　　）

【难度系数】★★★★

40.经国务院和省级人民政府批准或授权财政部门批准开设的特殊过渡性专户用于财政授权支付和清算。（　　）

【难度系数】★★★★

41.财政部门在商业银行开设的预算外资金财政专户用于财政直接支付和国库单一账户支出清算。（　　）

【难度系数】★★★★

42.财政直接支付主要通过转账方式进行，也可以采取"国库支票"支付。（　　）

【难度系数】★★★★

43.预算单位在月度用款限额内，自行开具支付令，通过代理银行转由财政国库支付执行机构向收款人付款，并与国库单一账户清算。（　　）

【难度系数】★★★

44.财政直接支付程序中财政资金从国库单一账户划拨到收款人的银行账户。（　　）

【难度系数】★★★

45.拨付企业大型工程项目或大型设备采购的资金等，直接支付到收款人，属于财政直接支付。（　　）

【难度系数】★★★★

46.中央对地方的一般性转移支付中的税收返还、原体制补助等一般都采用财政授权支付方式支付。（　　）

【难度系数】★★★

47.直接缴库的税收收入，由纳税人或其税务代理人提出纳税申报，经征收机关审核无误后，由纳税人通过开户银行将税款缴入国库单一账户或预算外资金财政专户。（　　）

【难度系数】★★★★

48.直接缴库的除税收收入外的其他收入，缴入国库单一账户或预算外资金财政专户。（　　）

【难度系数】★★★★

49.小额零散税收和法律另有规定的应缴收入，由征收机关于收缴收入的当日汇总缴入预算外资金财政专户。（　　）

【难度系数】★★★

50. 非税收入中的现金缴款,缴入国库单一账户或预算外资金财政专户。(　　)

【难度系数】★★★

51. 国库单一账户体系是以预算外资金财务账户为核心的各类财政性资金账户的集合,所有财政性资金的收入、支付、存储以及资金清算活动均在该账户体系运行。(　　)

【难度系数】★★★★

52. 政府采购监督管理部门应当对政府采购项目采购活动进行检查,政府采购当事人应当如实反映情况,提供有关资料。(　　)

【难度系数】★★★★

53. 国库集中支出是通过国库单一账户体系,用直接支付和财政授权支付的方式,将财政资金支付到商品和劳务供应者或用款单位的一项国库管理制度。(　　)

【难度系数】★★★★

54. 因首创等原因,只能从唯一的供应商取得采购货物或服务的情况下,直接向该供应商协商采购的采购方式被称为因地制宜采购。(　　)

【难度系数】★★

55. 必须保证原有采购项目一致性或服务配套的要求,需要继续从原供应商处添购,且添购资金总额不超过原合同采购金额20%的,需要采用单一来源方式采购。(　　)

【难度系数】★★★★

56. 采购人向有关供货商发出询价单,在对供应商的报价进行分析和比较的基础上确定供货商,被称为邀请招标的采购方式。(　　)

【难度系数】★★★

57. 因特殊情况需要采用公开招标以外的采购方式的,应当在采购活动开始前获得设区的市、自治州同级人民政府采购监督管理部门的批准。(　　)

【难度系数】★★★★

58. 具有良好的商业信誉和健全的财务会计制度是供应商参加政府采购活动的必要条件。(　　)

【难度系数】★★★★

59. 采购人的政府采购行为,必须在《政府采购法》等法律法规的规范内进行。(　　)

【难度系数】★★★★★

60. 签订采购合同并参与对供应商履约验收属于采购人的权利。(　　)

【难度系数】★★★★★

【参考答案】

1. ×	2. √	3. ×	4. ×	5. ×	6. ×	7. ×	8. √	9. √	10. √
11. √	12. √	13. ×	14. √	15. √	16. √	17. ×	18. √	19. √	20. ×
21. √	22. ×	23. √	24. √	25. ×	26. √	27. √	28. ×	29. √	30. ×
31. √	32. ×	33. √	34. ×	35. √	36. √	37. ×	38. ×	39. √	40. ×
41. ×	42. √	43. √	44. √	45. √	46. √	47. √	48. √	49. √	50. √
51. ×	52. √	53. √	54. ×	55. √	56. ×	57. ×	58. √	59. √	60. √

第四章 财政法律制度

【专家解读】

1. 《预算法实施条例》是根据《预算法》制定的,它是《预算法》有关规定的具体和细化。

3. 不具备设立预算条件的乡、民族乡、镇,经省、自治区、直辖市人民政府确定,可以暂不设置预算。

4. 部门单位预算是总预算的基础,由各预算部门和单位编制。

5. 部门预算既包括财政预算内拨款收支计划,也包括财政预算外核拨收支计划和部门其他收支计划。

6. 地方预算收入是按照分税制财政管理体制,纳入地方预算、中央不参与分享的收入;中央和地方预算共享收入是按照分税制财政管理体制,中央预算和地方预算对同一税种的收入,按照一定划分标准或者比例分享的收入。

7. 中央预算支出是按照分税制财政管理体制,由中央财政承担并列入中央预算的支出;地方财政支出是按照分税制财政管理体制,由地方财政承担并列入地方预算的支出。

13. 国务院和县级以上地方各级政府对下一级政府依法报送备案的预算,认为有同法律、行政法规相抵触或者有其他不适当之处,需要撤销批准预算决议的,应当提请本级人民代表大会常务委员会审议决定。

17. 乡、民族乡、镇政府预算的调整方案必须提请本级人民代表大会审查和批准。未经批准的,不得调整预算。

20. 决算草案由各级政府、各部门、各单位在每一预算年度终了后按国务院规定的时间编制,具体事项由国务院财政部门部署。

22. 县级以上地方各级政府应当自本级人民代表大会常务委员会批准本级政府决算之日起30日内,将本级政府决算及下一级政府上报备案的决算汇总,报上一级政府备案。

25. 政府采购地方性法规和政府规章以《政府采购法》为依据,同时结合各地区的实际情况,有较强的针对性和可操作性。

28. 需要采购的货物、工程或者服务在中国境内无法获取或者无法以合理的商业条件获取的,不在政府采购对象范围内。

30. 集中采购是指由政府设立的职能机构统一为其他政府机构提供采购服务的一种采购组织实施形式。集中采购必须委托集中采购机构代理采购。

32. 列入分散采购的项目往往是一些在限额标准以上的、专业化程度较高或单位有特定需求的项目,一般不具有通用性的特征。

34. 一般采购代理机构的资格由国务院有关部门或者省级人民政府有关部门认定,主要负责分散采购的代理业务;集中采购机构是进行政府集中采购的法定代理机构,是非营利事业法人,根据采购人的委托办理采购事宜。

37. 招标后没有供应商投标或者没有合格标的或者重新招标未能成立的可以依照法律采用竞争性谈判方式采购。

38. 为防止政府采购监督管理部门利用其职权获取不正当利益,《政府采购法》规定,政府采购监督管理部门不得设置集中采购机构,不得参与政府采购项目的采购活动。

40. 财政部门在商业银行为预算单位开设的零余额账户,用于财政授权支付和清算。经国务院和省级人民政府批准或授权财政部门批准开设的特殊过渡性专户用于记录、核算和反映预算单位的特殊专项支出活动,并用于与国库单一账户清算。

41.财政部门按资金使用性质在商业银行开设的零余额账户用于财政直接支付和国库单一账户支出清算。财政部门在商业银行开设的预算外资金财政专户用于记录、核算和反映预算外资金的收入和支出活动,并用于预算外资金的日常收支结算。

43.预算单位在月度用款限额内,自行开具支付令,通过财政国库支付执行机构转由代理银行向收款人付款,并与国库单一账户清算。

46.中央对地方的一般性转移支付中的税收返还、原体制补助等一般都采用财政直接支付方式支付。

47.直接缴库的税收收入,由纳税人或其税务代理人提出纳税申报,经征收机关审核无误后,由纳税人通过开户银行将税款缴入国库单一账户。

49.小额零散税收和法律另有规定的应缴收入,由征收机关于收缴收入的当日汇总缴入国库单一账户。

51.国库单一账户体系是以财政国库存款账户为核心的各类财政性资金账户的集合,所有财政性资金的收入、支出、存储以及资金清算活动均在该账户体系运行。

54.因首创等原因,只能从唯一的供应商取得采购货物或服务的情况下,直接向该供应商协商采购的采购方式被称为单一来源。

55.必须保证原有采购项目一致性或服务配套的要求,需要继续从原供应商处添购,且添购资金总额不超过原合同采购金额10%的,需要采用单一来源方式采购。

56.采购人向有关供货商发出询价单,在对供应商的报价进行分析和比较的基础上确定供货商,被称为询价的采购方式。

57.因特殊情况需要采用公开招标以外的采购方式的,应当在采购活动开始前获得设区的市、自治州以上人民政府采购监督管理部门的批准。

第五章 会计职业道德

一、单项选择题

1. 会计工作的性质决定了在会计职业活动中要处理方方面面的经济关系,包括单位与单位、单位与国家、单位与投资者、单位与债权人、单位与职工、单位内部各部门之间及单位与社会公众之间等经济关系,这些经济关系的实质是( )。

　　A. 经济社会关系　　　　　　　　B. 经济人际关系
　　C. 经济利益关系　　　　　　　　D. 经济共享关系

【难度系数】★★★★

【专家解读】会计工作的性质决定了在会计职业活动中要处理方方面面的经济关系,包括单位与单位、单位与国家、单位与投资者、单位与债权人、单位与职工、单位内部各部门之间及单位与社会公众之间等经济关系,这些经济关系的实质是经济利益关系。明白了这种经济利益关系,我们才能更好地理解会计职业道德的重要意义。

2. 由于人们面对的是共同的客观经济规律,因此,会计职业道德在社会经济关系不断的变迁中,始终保持自己的( )。

　　A. 相对多样性　　　　　　　　　B. 相对专业性
　　C. 相对稳定性　　　　　　　　　D. 广泛社会性

【难度系数】★★★

【专家解读】由于人们面对的是共同的客观经济规律,因此,会计职业道德在社会经济关系不断的变迁中,始终保持自己的相对稳定性。会计本身就是一种专业技术性很强的职业,这种专业性不是相对的,而是本身客观存在的。

3. 会计职业道德的( )是由会计职业活动所生成的产品决定的。

　　A. 社会化　　　　　　　　　　　B. 社会性
　　C. 普遍性　　　　　　　　　　　D. 谨慎性

【难度系数】★★★★

【专家解读】会计职业道德的社会性是由会计职业活动所生成的产品决定的。本题考查对会计职业道德的特征的把握,其他选项均不属于会计职业道德的基本特征。

4. 在所有权和经营权分离的情况下,有关会计的说法错误的是( )。

　　A. 要为政府机构、企业管理层、金融机构等提供符合质量要求的会计信息
　　B. 为投资者、债权人提供社会公众服务
　　C. 服务对象涉及面很广
　　D. 提供的会计信息是私有产品

【难度系数】★★★

【专家解读】在所有权和经营权分离的情况下,会计不仅要为政府机构、企业管理层、金融机构等提供符合质量要求的会计信息,而且要为投资者、债权人提供社会公众服务,因其服务对象涉及面很广,提供的会计信息是公共产品,所以会计职业道德的优劣将影响国家和社会公众利益。

5.会计职业道德的这种独特的强制性,是由(　　)在市场经济活动中的特殊地位所决定的。

　　A.会计人员　　　　　　　　B.会计立法
　　C.会计工作　　　　　　　　D.会计准则
【难度系数】★★
【专家解读】会计职业道德的这种独特的强制性,是由会计工作在市场经济活动中的特殊地位所决定的。这些与会计人员、会计立法、会计准则等都无关。

6.会计职业的一个显著特征是会计职业活动与社会公众利益(　　)。

　　A.没有联系　　　　　　　　B.相互矛盾
　　C.此消彼长　　　　　　　　D.密切联系
【难度系数】★★★★
【专家解读】会计职业的一个显著特征是会计职业活动与社会公众利益密切联系。在会计工作中,会计确认、计量、记录和报告的程序、标准和方法,在选择和运用上发生任何变化,都会受与经济主体有关的各方经济利益受到直接的影响。

7.由于会计人员自身的经济利益往往与其所处的经济主体的利益一致,当经济主体利益与国家利益和社会公众利益出现矛盾时,会计人员的利益指向如果偏向经济主体,那么国家和社会公众的利益就会受损,便产生了(　　)。

　　A.会计职业危机　　　　　　B.会计职业道德危机
　　C.会计行业危机　　　　　　D.会计报告准确性危机
【难度系数】★★★★
【专家解读】由于会计人员自身的经济利益往往与其所处的经济主体的利益一致,当经济主体利益与国家利益和社会公众利益出现矛盾时,会计人员的利益指向如果偏向经济主体,那么国家和社会公众的利益就会受损,便产生了会计职业道德危机。

8.会计职业的特殊性,对会计职业道德提出了更高的要求,要求会计人员客观公正,在会计职业活动中,发生道德冲突时要坚持准则,把社会公众利益放在(　　)。

　　A.第一位　　　　　　　　　B.次要位置
　　C.和单位利益并行　　　　　D.单位利益第一位
【难度系数】★★★
【专家解读】会计职业的特殊性,对会计职业道德提出了更高的要求,要求会计人员客观公正,在会计职业活动中,发生道德冲突时要坚持准则,把社会公众利益放在第一位或首要位置上,防止会计职业道德危机的出现。

9.会计职业道德对会计的行为动机提出了相应的要求,如诚实守信、客观公正等,引导、规劝、约束会计人员树立正确的职业观念,建立良好的职业品行,从而达到(　　)的目的。

读不在三更五鼓,功只怕一曝十寒。——郭沫若

第五章 会计职业道德

A. 压制会计行为 　　　　　　　　B. 规范会计行为
C. 统一会计行为 　　　　　　　　D. 惩戒会计行为

【难度系数】★★★★

【专家解读】会计职业道德对会计的行为动机提出了相应的要求,如诚实守信、客观公正等,引导、规劝、约束会计人员树立正确的职业观念,建立良好的职业品行,从而达到规范会计行为的目的,为实现会计目标奠定了基础。

10. 从会计职业关系角度讲,(　　)就是为会计职业关系中的各个服务对象提供真实、可靠的会计信息。

A. 会计内容 　　　　　　　　　　B. 会计标准
C. 会计要求 　　　　　　　　　　D. 会计目标

【难度系数】★★

【专家解读】从会计职业关系角度讲,会计目标就是为会计职业关系中的各个服务对象提供真实、可靠的会计信息。

11. 依靠会计职业道德规范约束会计从业者的职业行为,是实现会计目标的(　　)。

A. 基本目标 　　　　　　　　　　B. 重要保证
C. 基本要求 　　　　　　　　　　D. 立法保障

【难度系数】★★★★

【专家解读】依靠会计职业道德规范约束会计从业者的职业行为,是实现会计目标的重要保证。会计目标就是为会计职业关系中的各个服务对象提供真实、可靠的会计信息。

12. 会计职业道德是对会计法律规范的(　　)。

A. 基本保证 　　　　　　　　　　B. 立法基础
C. 相互包含 　　　　　　　　　　D. 重要补充

【难度系数】★★★

【专家解读】会计职业道德是对会计法律规范的重要补充,是其他会计法律制度所不能替代的。

13. 会计职业道德规范的主要内容不包括(　　)。

A. 爱岗敬业 　　　　　　　　　　B. 诚实守信
C. 廉洁自律 　　　　　　　　　　D. 独裁管理

【难度系数】★★★★

【专家解读】会计职业道德规范的主要内容包括:爱岗敬业、诚实守信、廉洁自律、客观公正、坚持准则、提高技能、参与管理、强化服务。

14. 会计人员只有正确地认识会计本质,明确会计在经济管理工作中的地位和重要性,树立职业荣誉感,才有可能去爱岗敬业,这是做到爱岗敬业的(　　)。

A. 次要要求 　　　　　　　　　　B. 最高要求
C. 首要要求 　　　　　　　　　　D. 无关要求

【难度系数】★★★★

【专家解读】会计人员只有正确地认识会计本质,明确会计在经济管理工作中的地位和重要性,树立职业荣誉感,才有可能去爱岗敬业。这是做到爱岗敬业的前提,也是首要要求。其他答案均不正确。

15.(   )不仅要对委托人负责,更应对广大的信息使用者负责,对被审计单位的财务状况和经营成果作出客观、公允的审计报告。

A.注册会计师　　　　　　　　B.单位负责人
C.单位会计人员　　　　　　　D.单位会计部门

【难度系数】★★★

【专家解读】单位会计人员应对外提供有关服务主体真实可靠的会计信息;注册会计师不仅要对委托人负责,更应对广大的信息使用者负责,对被审计单位的财务状况和经营成果作出客观、公允的审计报告。

16.(   )是做人的基本准则,是人们在古往今来的交往中产生出的最根本的道德规范,也是会计职业道德的精髓。

A.爱岗敬业　　　　　　　　　B.诚实守信
C.廉洁自律　　　　　　　　　D.客观公正

【难度系数】★★★

【专家解读】诚实守信是做人的基本准则,是人们在古往今来的交往中产生出的最根本的道德规范,也是会计职业道德的精髓。爱岗敬业、诚实守信、廉洁自律、客观公正均为会计职业道德的内容。

17.下列(   )不属于廉洁自律的基本要求。

A.保密守信,不为利益所诱惑　　B.树立正确的人生观和价值观
C.公私分明,不贪不占　　　　　D.遵纪守法,尽职尽责

【难度系数】★★★

【专家解读】廉洁自律的基本要求包括:树立正确的人生观和价值观;公私分明,不贪不占;遵纪守法,尽职尽责。诚实守信的基本要求包括:做老实人,说老实话,办老实事,不搞虚假;保密守信,不为利益所诱惑。

18.会计职业道德检查与奖惩机制不包括(   )。

A.财政部门对会计职业道德进行监督检查
B.会计行业组织对会计职业道德进行自律管理与约束
C.依据会计法等法律法规,建立激励机制
D.单位组织的奖励或惩罚

【难度系数】★★★★

【专家解读】会计职业道德检查与奖惩机制包括:财政部门对会计职业道德进行监督检查;会计行业组织对会计职业道德进行自律管理与约束;依据会计法等法律法规,建立激励机制。

19.加强(   ),既是提高广大会计人员素质的一项基础性工作,又是一项复杂的社会系统工程,不仅是某一个单位、某一个部门的任务,也是各地区、各部门、各单位的共同责任。

A.社会法制建设　　　　　　　B.社会法治建设

C. 会计行业建设　　　　　　　　D. 会计职业道德建设

【难度系数】★★★

【专家解读】加强会计职业道德建设,既是提高广大会计人员素质的一项基础性工作,又是一项复杂的社会系统工程,不仅是某一个单位、某一个部门的任务,也是各地区、各部门、各单位的共同责任。

20. 会计职业道德激励机制应当与会计人员表彰制度相结合,对会计职业道德检查中涌现出的先进人物事迹进行表彰奖励,应注意将物质奖励和(　　)相结合。

A. 物质保障　　　　　　　　　　B. 物质享受

C. 精神奖励　　　　　　　　　　D. 精神惩罚

【难度系数】★★★

【专家解读】会计职业道德激励机制应当与会计人员表彰制度相结合,对会计职业道德检查中涌现出的先进人物事迹进行表彰奖励,应注意将物质奖励和精神奖励相结合。以起到弘扬正气、激励先进、鞭策后进的作用。

21. 实践中的大量事实表明,奖励和惩罚相结合的方法优于只奖不罚或只罚不奖。(　　)可以带来双重的激励效果。

A. 赏罚分离　　　　　　　　　　B. 只奖不罚

C. 只罚不奖　　　　　　　　　　D. 赏罚结合

【难度系数】★★★

【专家解读】实践中的大量事实表明,奖励和惩罚相结合的方法优于只奖不罚或只罚不奖。赏罚结合可以带来双重的激励效果。因此,在对违反会计职业道德的行为进行惩戒的同时,还应对自觉遵守会计职业道德的先进人物进行表彰。

22. (　　)为提高我国注册会计师职业道德水平作出了积极努力,先后发布了《中国注册会计师职业道德基本准则》《中国注册会计师职业道德规范指导意见》以及《注册会计师、注册资产评估师行业诚信建设实施纲要》等。

A. 财政部　　　　　　　　　　　B. 全国人民代表大会常务委员会

C. 全国人民代表大会　　　　　　D. 中国注册会计师协会

【难度系数】★★★

【专家解读】中国注册会计师协会作为注册会计师行业自律组织,先后发布了《中国注册会计师职业道德基本准则》《中国注册会计师职业道德规范指导意见》以及《注册会计师、注册资产评估师行业诚信建设实施纲要》等对提高我国注册会计师职业道德水平作出了积极努力。

23. 有一些会计人员按照领导的意志,放弃了客观性原则,钻准则、制度的空子,通过改变会计估计或会计方法,调节利润或亏损,从而达到隐瞒拖欠或逃避应交税利的目的。有关这些做法正确的说话是(　　)。

A. 违反了会计职业道德　　　　　B. 触犯了法律

C. 为单位不容　　　　　　　　　D. 与法律不容

【难度系数】★★★★

【专家解读】有一些会计人员按照领导的意志,放弃了客观性原则,钻准则、制度的空子,通过改变会计估计或会计方法,调节利润或亏损,从而达到隐瞒拖欠或逃避应交税利的目的。这些做法有的虽然没有触犯法律,但却违反了会计职业道德的要求。

24.我国会计职业的行业自律机制尚不健全,对违反会计职业道德的会计人员和会计师事务所惩处力度不够,必须建立健全(　　),确保会计职业的健康发展。

A.会计诚实信用机制　　　　　　B.会计守法机制
C.会计职业团体自律性监管机制　　D.会计人员职业保护机制

【难度系数】★★

【专家解读】目前,我国必须建立健全会计职业团体自律性监管机制,确保会计职业的健康发展,以克服会计职业的行业自律机制尚不健全,对违反会计职业道德的会计人员和会计师事务所惩处力度不够等发展缺陷。

25.(　　)对会计从业资格证书档案实行电子计算机管理,为建立会计人员诚信档案创造了有利条件。

A.中国注册会计师协会　　　　　B.会计师事务所
C.财政部　　　　　　　　　　　D.国务院

【难度系数】★★★★

【专家解读】财政部对会计从业资格证书档案实行电子计算机管理,为建立会计人员诚信档案创造了有利条件。其他部门或机构无此权限。

26.财政部门、业务主管部门和各单位应当(　　)会计人员遵守职业道德的情况,并作为会计人员晋升、晋级、聘任专业职务,表彰奖励的重要考核依据。

A.定期检查　　　　　　　　　　B.不定期检查
C.不定期考核　　　　　　　　　D.定期考核

【难度系数】★★★

【专家解读】《会计基础工作规范》第24条规定:"财政部门、业务主管部门和各单位应当定期检查会计人员遵守职业道德的情况,并作为会计人员晋升、晋级、聘任专业职务,表彰奖励的重要考核依据。"

27.(　　)审查的内容包括持证人员遵守财经纪律、法规和会计职业纪律情况,依法履行会计职责情况。

A.单位考核　　　　　　　　　　B.年检
C.财务部考核　　　　　　　　　D.年报审查

【难度系数】★★★★

【专家解读】年检审查的内容包括持证人员遵守财经纪律、法规和会计职业纪律情况,依法履行会计职责情况。本题目考查对基本定义的把握。

28.有违反《中华人民共和国会计法》的行为,同时也一定是违反了(　　)的行为。

A.《公司法》　　　　　　　　　B.《经济法》
C.《税务法》　　　　　　　　　D.会计职业道德要求

【难度系数】★★★

我并没有什么方法,只是对于一件事情很长时间很热心地去考虑罢了。——牛顿

第五章 会计职业道德

【专家解读】有违反《中华人民共和国会计法》的行为,同时也一定是违反了会计职业道德要求的行为。而违反了《会计法》不一定违反了《公司法》《经济法》或《税务法》。

29.《中华人民共和国注册会计师法》规定,( )对注册会计师、会计师事务所和注册会计师协会进行监督指导。

  A.企事业单位   B.国务院
  C.财政部   D.全国人民代表大会

【难度系数】★★★

【专家解读】《中华人民共和国注册会计师法》规定,财政部对注册会计师、会计师事务所和注册会计师协会进行监督指导。其他无权监督指导。

30.( )是指对将要从事会计职业的人员进行的道德教育,教育的侧重点应放在职业观念、职业情感及职业规范等方面。

  A.执业道德教育   B.上岗职业道德教育
  C.岗前培训   D.岗前职业道德教育

【难度系数】★★★★

【专家解读】岗前职业道德教育是指对将要从事会计职业的人员进行的道德教育,包括会计专业学历教育及获取会计从业资格证的职业道德教育。教育的侧重点应放在职业观念、职业情感及职业规范等方面。

31.在我国,对于要从事会计工作的从业人员来说,必须通过考试取得( )。

  A.注册会计师证   B.会计从业资格证
  C.初级会计师   D.中级会计师

【难度系数】★★★★★

【专家解读】在我国,根据财政部门的有关规定,从事会计工作必须持证上岗。对于要从事会计工作的从业人员来说,必须通过考试取得会计从业资格证。

32.会计人员( )中的会计职业道德教育目标是适应新的市场经济形势的发展变化,在不断更新、补充、拓展会计人员业务能力的同时,使其政治素质、职业道德水平不断提高。

  A.继续教育   B.岗前培训
  C.岗位培训   D.继续深造

【难度系数】★★★

【专家解读】会计人员继续教育中的会计职业道德教育目标是适应新的市场经济形势的发展变化,在不断更新、补充、拓展会计人员业务能力的同时,使其政治素质、职业道德水平不断提高,这与岗前职业道德培训不同。

【参考答案】

1.C   2.C   3.B   4.D   5.C   6.D   7.B   8.A   9.B   10.D
11.B   12.D   13.D   14.C   15.A   16.B   17.A   18.D   19.D   20.C
21.D   22.D   23.A   24.C   25.C   26.A   27.B   28.D   29.C   30.D
31.B   32.A

二、多项选择题

1. 会计职业道德是指在会计职业活动中应当遵循的、体现会计职业特征的、调整会计职业关系的职业行为准则和规范。其含义包括(　　)
   A. 会计职业道德是调整会计职业活动中各种利益关系的手段
   B. 会计职业道德具有相对稳定性
   C. 会计职业道德具有广泛的社会性
   D. 会计职业道德具有多样性

【难度系数】★★★

【专家解读】会计职业道德是指在会计职业活动中应当遵循的、体现会计职业特征的、调整会计职业关系的职业行为准则和规范。其含义包括：会计职业道德是调整会计职业活动中各种利益关系的手段，会计职业道德具有相对稳定性，会计职业道德具有广泛的社会性。

2. 在我国社会主义市场经济建设中，当各经济主体的利益与国家利益、社会公众利益发生冲突的时候，有关会计职业道德的说法正确的是(　　)。
   A. 不允许通过损害国家而获取违法利益
   B. 不允许通过损害社会公众利益而获取违法利益
   C. 不允许个人获取合法的自身利益
   D. 允许各经济主体获取合法的自身利益

【难度系数】★★★★★

【专家解读】在我国社会主义市场经济建设中，当各经济主体的利益与国家利益、社会公众利益发生冲突的时候，会计职业道德不允许通过损害国家和社会公众利益而获取违法利益，但允许个人和各经济主体获取合法的自身利益。

3. 在其对单位经济事项进行确认、计量、记录和报告中，(　　)都必须遵循其内在的客观经济规律和要求。
   A. 会计标准的设计　　　　　B. 会计人员的选定
   C. 会计政策的制定　　　　　D. 会计方法的选择

【难度系数】★★★★

【专家解读】在其对单位经济事项进行确认、计量、记录和报告中，会计标准的设计、会计政策的制定、会计方法的选择，都必须遵循其内在的客观经济规律和要求。会计人员的选择需要进行基本素质的考查和专业技能的考查。

4. 在会计职业活动中(　　)等是对会计人员的普遍要求。
   A. 灵活圆滑　　　　　　　　B. 八面玲珑
   C. 诚实守信　　　　　　　　D. 客观公正

【难度系数】★★★★

【专家解读】在会计职业活动中诚实守信、客观公正等是对会计人员的普遍要求。没有任何一个社会制度能够容忍虚假会计信息，也没有任何一个经济主体会允许会计人员私自向外界提供或者泄露单位的商业秘密。

5. 会计信息质量直接影响着(　　)，会计职业道德必然受社会关注，具有广泛的社

第五章　会计职业道德

会性。

A.社会经济的发展　　　　　　　　B.社会经济秩序的健康运行
C.社会秩序的健康运行　　　　　　D.社会的发展

【难度系数】★★★★

【专家解读】会计信息质量直接影响着社会经济的发展和社会经济秩序的健康运行,会计职业道德必然受社会关注,具有广泛的社会性。会计信息质量直接影响的是社会经济,从而间接影响社会秩序及社会的发展。

6.会计作为社会经济活动中的一种特殊职业,除了具有职业道德的一般特征外,与其他职业道德相比还具有如下特征,包括(　　)。

A.更多看重单位或个人利益　　　　B.不具有强制性
C.具有一定的强制性　　　　　　　D.较多关注公众利益

【难度系数】★★★★

【专家解读】会计作为社会经济活动中的一种特殊职业,除了具有职业道德的一般特征外,与其他职业道德相比还具有如下特征:具有一定的强制性,较多关注公众利益。

7.会计职业道德和其他道德不一样,许多内容都直接纳入了会计法律制度,(　　)等都规定了会计职业道德的内容和要求。

A.《会计基础工作规范》　　　　　B.《公司法》
C.《中华人民共和国会计法》　　　D.《员工基本道德规范》

【难度系数】★★★★

【专家解读】会计职业道德和其他道德不一样,许多内容都直接纳入了会计法律制度,《中华人民共和国会计法》《会计基础工作规范》等都规定了会计职业道德的内容和要求。

8.职业道德是一种"思想立法",它已经超出"应该怎样做"的界限,跨入"必须这样做"的范围。如果不按照"守则""准则""条例"去做,有的谈不上犯罪,职业道德也是允许的。(　　)体现了会计职业道德的非强制性。

A.提高技能　　　　　　　　　　　B.强化服务
C.参与管理　　　　　　　　　　　D.奉献社会

【难度系数】★★★

【专家解读】会计职业道德的许多非强制性内容仍然存在,而且也在发挥着作用,会计职业道德中的提高技能、强化服务、参与管理、奉献社会等内容虽然是非强制性要求,但其直接影响到专业胜任能力、会计信息质量和会计职业的声誉,也要求会计人员遵守。

9.在会计工作中,(　　)的选择和运用上发生任何变化,都会使与经济主体有关的各方经济利益受到直接的影响。

A.会计确认　　　　　　　　　　　B.会计计量
C.会计记录和报告的程序　　　　　D.会计标准和方法

【难度系数】★★

【专家解读】在会计工作中,会计确认、计量、记录和报告的程序、标准和方法的选择和运用上发生任何变化,都会使与经济主体有关的各方经济利益受到直接的影响。所以会计职

读书当将破万卷,求知不叫一疑存。——《对联集锦》

227

业的一个显著特征是会计职业活动与社会公众利益密切联系。

10.会计职业道德的作用,主要体现在( )。
A.会计法律制度是对会计职业道德的重要补充
B.会计职业道德是规范会计行为的基础
C.会计职业道德是实现会计目标的重要保证
D.会计职业道德是对会计法律制度的重要补充
【难度系数】★★★★
【专家解读】会计职业道德的作用,主要体现在:会计职业道德是规范会计行为的基础,会计职业道德是实现会计目标的重要保证,会计职业道德是对会计法律制度的重要补充。

11.会计目标能否顺利实现,取决于( )。
A.会计人员是否为注册会计师
B.会计从业者专业技能水平
C.会计从业者能否严格履行职业行为准则
D.会计单位制度是否尽善尽美
【难度系数】★★★★
【专家解读】由于会计职业活动既是技术性的处理过程,同时又涉及对多种经济利益关系的调整。会计目标能否顺利实现,既取决于会计从业者专业技能水平,也取决于会计从业者能否严格履行职业行为准则。

12.如果会计人员缺乏爱岗敬业的热情和态度,缺乏诚实守信的做人准则,没有必要的职业技能,则很难保证会计信息达到( )的法定要求。
A.准确   B.真实
C.完整   D.可靠
【难度系数】★★★
【专家解读】如果会计人员缺乏爱岗敬业的热情和态度,缺乏诚实守信的做人准则,没有必要的职业技能,则很难保证会计信息达到真实、完整的法定要求。法定要求本身就包括了合法,真实就包括了可靠,且本题属于固定用法,需要准确记忆。

13.会计职业道德的功能有( )。
A.强制的功能   B.指导的功能
C.评价的功能   D.教化的功能
【难度系数】★★★
【专家解读】会计职业道德的功能包括:指导的功能,评价的功能,教化的功能。其中强制性属于会计职业道德的基本特征,不属于功能。

14.会计职业道德与会计法律制度的关系包括( )。
A.作用上相互补充   B.内容上相互渗透、相互重叠
C.地位上相互转化、相互吸收   D.实施上相互作用、相互促进
【难度系数】★★★
【专家解读】会计职业道德与会计法律制度的关系包括:作用上相互补充,内容上相互渗

透、相互重叠,地位上相互转化、相互吸收,实施上相互作用、相互促进。

15. 爱岗敬业的基本要求包括( )。
    A. 正确认识会计职业,树立职业荣誉感
    B. 热爱会计工作,敬重会计职业
    C. 安心工作,任劳任怨
    D. 严肃认真,一丝不苟

【难度系数】★★★★★

【专家解读】爱岗敬业的基本要求包括:正确认识会计职业,树立职业荣誉感;热爱会计工作,敬重会计职业;安心工作,任劳任怨;严肃认真,一丝不苟;忠于职守,尽职尽责。

16. 尽职尽责具体表现为会计人员对自己应承担责任和义务所表现出的一种责任感和义务感,这种责任感和义务感包含两方面的内容( )。
    A. 社会或他人对会计人员规定的责任
    B. 社会或他人对会计人员所负的道义责任
    C. 会计人员对社会或他人规定的责任
    D. 会计人员对社会或他人所负的道义责任

【难度系数】★★★

【专家解读】尽职尽责具体表现为会计人员对自己应承担责任和义务所表现出的一种责任感和义务感,这种责任感和义务感包含两方面的内容:一是社会或他人对会计人员规定的责任;二是会计人员对社会或他人所负的道义责任。

17. 朱镕基同志在 2001 年视察北京国家会计学院时,为北京国家会计学院题词为( ),这是对广大会计人员和注册会计师最基本的要求。
    A. 诚信为本   B. 操守为重
    C. 坚持准则   D. 不做假账

【难度系数】★★

【专家解读】朱镕基同志在 2001 年视察北京国家会计学院时,为北京国家会计学院题词:"诚信为本,操守为重,坚持准则,不做假账。"这是对广大会计人员和注册会计师最基本的要求。同时也看出诚实守信是会计职业道德的精髓,应当引起重视。

18. 诚实守信的基本要求包括( )。
    A. 做老实人,说老实话,办老实事,不搞虚假
    B. 保密守信,不为利益所诱惑
    C. 实事求是
    D. 诚信为本

【难度系数】★★★★

【专家解读】诚实守信的基本要求包括:做老实人,说老实话,办老实事,不搞虚假,保密守信,不为利益所诱惑。尽管实事求是和诚信为本也是合理的,但不属于诚实守信的基本内容。

19. 所谓保守秘密就是指会计人员在履行自己的职责时,应树立保密观念,做到保守商

业秘密,对机密资料( )。

  A. 不外传   B. 不外泄

  C. 守口如瓶   D. 为配合工作,可与人分享

 【难度系数】★★★★

 【专家解读】所谓保守秘密就是指会计人员在履行自己的职责时,应树立保密观念,做到保守商业秘密,对机密资料不外传、不外泄,守口如瓶。

20. 财政部印发的《会计基础工作规范》第23条规定:"会计人员应当保守本单位的商业秘密。除法律规定和单位领导人同意外,不能私自向外界( )单位的会计信息。"

  A. 保守   B. 提供

  C. 泄漏   D. 保密

 【难度系数】★★★

 【专家解读】财政部印发的《会计基础工作规范》第23条规定:"会计人员应当保守本单位的商业秘密。除法律规定和单位领导人同意外,不能私自向外界提供或者泄露单位的会计信息。"这是法律的强制性规定,也是应该准确记忆的。

21. 会计人员如果泄露本单位的商业秘密,不仅会对单位的利益产生威胁,同时也将会损害会计人员自身的形象和利益。具体包括( )。

  A. 会计人员是单位里的一分子,泄露单位的商业秘密后会使单位及会计人员利益受损

  B. 泄漏商业机密可以保证信息对称,提供市场竞争

  C. 泄露商业秘密属于违法行为

  D. 会计人员泄露商业秘密将对整个会计职业的社会声誉产生负面影响

 【难度系数】★★★★

 【专家解读】会计人员如果泄露本单位的商业秘密,不仅会对单位的利益产生威胁,同时也将会损害会计人员自身的形象和利益。一是会计人员是单位里的一分子,泄露单位的商业秘密后会使单位利益受损,单位的损失最终将不同程度地反映到每位员工身上,会计人员因此也会身受其害。二是泄露商业秘密属于违法行为,一旦查出,泄露秘密的会计人员将承担法律责任。三是会计人员泄露商业秘密将对整个会计职业的社会声誉产生负面影响,使会计职业信誉"受到怀疑",整个行业的利益将会蒙受损失。

22. 对于会计职业活动而言,客观主要包括两层含义为( )。

  A. 精确性   B. 谨慎性

  C. 真实性   D. 可靠性

 【难度系数】★★★★

 【专家解读】对于会计职业活动而言,客观主要包括两层含义:一是真实性,即以实际发生的经济活动为依据,对会计事项进行确认、计量、记录和报告;二是可靠性,即会计核算要准确,记录要可靠,凭证要合法。

23. 客观公正的基本要求包括( )。

  A. 端正态度   B. 依法办事

  C. 实事求是,不偏不倚   D. 保持独立性

第五章 会计职业道德

【难度系数】★★★

【专家解读】客观公正的基本要求包括：端正态度；依法办事；实事求是，不偏不倚；保持独立性。该思想基本要求是客观公正的体现。

24.客观公正应贯穿于会计活动的整个过程，包括（　　）。
　A.在处理会计业务的过程中或进行职业判断时，应保持客观公正的态度，实事求是、不偏不倚
　B.在处理会计业务的过程中或进行职业判断时可以进行主观判断
　C.会计人员对经济业务的处理结果要满足合情性
　D.会计人员对经济业务的处理结果是公正的

【难度系数】★★★★★

【专家解读】客观公正应贯穿于会计活动的整个过程：一是在处理会计业务的过程中或进行职业判断时，应保持客观公正的态度，实事求是、不偏不倚。二是指会计人员对经济业务的处理结果是公正的。

25.保持独立性，对于注册会计师行业尤为重要。由于工作关系和经济利益等问题，决定了单位会计人员在（　　）都难以保证绝对的独立性。
　A.名称上　　　　　　　　　B.形式上
　C.实质上　　　　　　　　　D.审计对象上

【难度系数】★★★★★

【专家解读】保持独立性，对于注册会计师行业尤为重要。由于工作关系和经济利益等问题，决定了单位会计人员在形式上或实质上都难以保证绝对的独立性。所以这里所说的独立性主要是指注册会计师在执行审计业务的过程中，与相关利益当事人应保持独立。

26.会计职业道德与会计法律制度的主要区别表现在（　　）。
　A.两者的性质不同　　　　　B.两者作用范围不同
　C.两者表现形式不同　　　　D.实施保障机制不同

【难度系数】★★★

【专家解读】会计职业道德与会计法律制度的主要区别表现在：两者的性质不同，两者作用范围不同，两者表现形式不同，实施保障机制不同，两者的评价标准不同。

27.会计职业道德教育的主要形式包括（　　）。
　A.接受教育　　　　　　　　B.被动教育
　C.主动教育　　　　　　　　D.自我教育

【难度系数】★★★★

【专家解读】会计职业道德教育的主要形式包括接受教育和自我教育。接受教育即外在教育，是指通过学校或培训单位对会计从业人员进行以职业责任、职业义务为核心内容的正面灌输；自我教育是内在教育，是指从业人员自我学习、自我改造、自身道德修养的行为活动。

28.会计职业道德教育内容包括（　　）。
　A.会计职业道德观念教育　　B.会计职业道德规范教育

一日学一日功，一日不学十日空。——谚语

C. 会计职业道德警示教育　　　　　D. 其他与会计职业道德相关的教育

【难度系数】★★★★

【专家解读】会计职业道德教育内容包括：会计职业道德观念教育；会计职业道德规范教育；会计职业道德警示教育；其他与会计职业道德相关的教育，包括：形势教育、品德教育、法制教育等。

29. 年检时审查的内容其中包括持证人员遵守（　　）情况，依法履行会计职责情况。不符合有关规定的不予通过年检。

A. 财经纪律　　　　　　　　　　　B. 法规
C. 会计职业纪律　　　　　　　　　D. 负责人嘱托

【难度系数】★★★★

【专家解读】年检时审查的内容其中包括持证人员遵守财经纪律、法规和会计职业纪律情况，依法履行会计职责情况。不符合有关规定的不予通过年检。

30. 会计职业道德建设是一项复杂的系统工程，要抓好会计职业道德建设，关键在于加强和改善会计职业道德建设的组织和领导，并得到切实贯彻和实施，体现在（　　）。

A. 会计职业组织建立行业自律机制和会计职业道德惩戒制度
B. 企事业单位任用合格会计人员，开展会计人员职业道德教育，建立和完善内部控制制度
C. 社会各界各尽其责相互配合，齐抓共管
D. 社会舆论监督，形成良好的社会氛围

【难度系数】★★★★★

【专家解读】会计职业道德建设是一项复杂的系统工程，要抓好会计职业道德建设，关键在于加强和改善会计职业道德建设的组织和领导，并得到切实贯彻和实施，体现在：财政部门组织和推动会计职业道德建设，依法行政，探索会计职业道德建设的有效途径和实现形式；会计职业组织建立行业自律机制和会计职业道德惩戒制度；企事业单位任用合格会计人员，开展会计人员职业道德教育，建立和完善内部控制制度；社会各界各尽其责相互配合，齐抓共管；社会舆论监督，形成良好的社会氛围。

31. 各企事业单位必须任用具备会计从业资格的人员从事会计工作，在任用重要会计岗位的人员时，应审查其（　　），选择业务素质高、职业道德好的会计人员。

A. 职务内容　　　　　　　　　　　B. 职业记录
C. 诚信档案　　　　　　　　　　　D. 工作单位

【难度系数】★★★

【专家解读】各企事业单位必须任用具备会计从业资格的人员从事会计工作，在任用重要会计岗位的人员时，应审查其职业记录和诚信档案，选择业务素质高、职业道德好的会计人员。同时，单位负责人要做遵纪守法的表率，支持会计人员依法开展工作。

【参考答案】

| 1. ABC | 2. ABD | 3. ACD | 4. CD | 5. AB | 6. CD |
| 7. AC | 8. ABCD | 9. ABCD | 10. BCD | 11. BC | 12. BC |

读书何所求？将以通事理。——张维屏

13. BCD	14. ABCD	15. ABCD	16. AD	17. ABCD	18. AB
19. ABC	20. BC	21. ACD	22. CD	23. ABCD	24. AD
25. BC	26. ABCD	27. AD	28. ABCD	29. ABC	30. ABCD
31. BC					

三、判断题

1. 会计职业道德可以配合国家法律制度，调整职业关系中的经济利益关系，维护正常的经济秩序。（　　）

【难度系数】★★★★

2. 会计是一种专业技术性很强的职业。（　　）

【难度系数】★★★★

3. 没有任何一个社会制度能够容忍虚假会计信息，也没有任何一个经济主体会允许会计人员私自向外界提供或者泄露单位的商业秘密。（　　）

【难度系数】★★★★

4. 会计造假致使广大股东遭受了巨大的损失，严重干扰了社会经济的正常秩序。（　　）

【难度系数】★★★

5. 会计职业道德的优劣不会直接影响国家和社会公众利益。（　　）

【难度系数】★★★★

6. 法律是具有强制性的，它要求人们"必须这样或那样做"；而道德也同样具有强制性，它要求人们"应该这样或那样做"。（　　）

【难度系数】★★★★

7. 会计职业道德和其他道德一样，许多内容都直接纳入了会计法律制度。（　　）

【难度系数】★★★★★

8. 职业道德是一种"思想立法"，它已经超出"应该怎样做"的界限，跨入"必须这样做"的范围。如果不按照"守则""准则""条例"去做，有的虽谈不上犯罪，但也是违反职业纪律的，更是职业道德所不允许的。（　　）

【难度系数】★★★

9. 会计职业活动既是技术性的处理过程，又涉及对多种经济利益关系的调整。（　　）

【难度系数】★★★

10. 如果会计从业者故意或非故意地提供了不真实、不可靠的会计信息，就会导致服务对象的决策失误，甚至导致社会经济秩序混乱。（　　）

【难度系数】★★★★

11. 会计法律对会计人员不得违法的行为作出规定，也对他们如何爱岗敬业、诚实守信、提高技能等提出明文规定。（　　）

【难度系数】★★★★

12. 会计职业道德可以由其他会计法律制度替代。（　　）

【难度系数】★★★

敏而好学，不耻下问。——孔子

13.爱岗和敬业互为前提,相互支持、相辅相成。(　　)
【难度系数】★★★★

14.忠于职守,不仅要求会计人员认真地执行岗位规范,而且要求会计人员在各种复杂的情况下,能够抵制各种诱惑,忠实地履行岗位职责。(　　)
【难度系数】★★

15.在现代经济生活中,会计职业因其所处的环境具有其特殊性,不同的岗位要求承担的责任和义务是相同的。(　　)
【难度系数】★★★★

16.单位内部会计人员接受单位委托对委托者进行审计、鉴证或咨询,要维护委托人的权益,保守商业秘密,依法出具审计报告。(　　)
【难度系数】★★★

17.注册会计师不仅要尽职尽责地履行会计职能,客观真实地记录反映服务主体的经济活动状况,负责其资金的有效动作,积极参与经营和决策,而且还应抵制不当的开支,防止有人侵占单位资产,保护财产安全完整。(　　)
【难度系数】★★★

18.在对单位(或雇主)的忠诚与国家及社会公众利益发生冲突时,会计人员应该忠实于国家、忠实于社会公众,承担起维护国家和社会公众的责任。(　　)
【难度系数】★★★

19.会计人员应言行一致,实事求是,如实反映单位经济业务活动情况,不为个人和小集团利益,伪造账目,弄虚作假,损害国家和社会公众利益。(　　)
【难度系数】★★★

20.会计人员应依法保守单位秘密,这是会计人员应尽的义务,也是诚实守信的具体体现。(　　)
【难度系数】★★★

21.会计人员在没有得到法律规定批准或经单位规定程序批准,不能以任何借口或方式把单位商业秘密泄露出去。(　　)
【难度系数】★★★★

22.会计人员要做到保密守信,就要注意不在工作岗位以外的场所谈论、评价企业的经营状况和财务数据,此外,在日常生活中会计人员也应保持必要的警惕,防止无意泄密。(　　)
【难度系数】★★★

23.会计人员的廉洁是会计职业道德自律的基础,而廉洁是自律的保证。自律性不强就很难做到廉洁,不廉洁就谈不上自律。(　　)
【难度系数】★★★

24.客观公正是会计职业者的一种工作态度。它要求会计人员对会计业务的处理,对会计政策和会计方法的选择,以及对财务会计报告的编制、披露和评价,必须独立进行职业判断,做到客观、公平、理智、诚实。(　　)

不学,则不明古道,而能政治太平者未之有也。——吴兢

第五章 会计职业道德

【难度系数】★★★

25.会计职业道德检查与奖惩机制的建立是一个复杂的系统工程,需要政府部门、行业组织、有关单位的积极参与,运用经济、法律、行政、自律等综合治理手段。( )

【难度系数】★★★

26.《中华人民共和国会计法》规定,国务院财政部门主管全国的会计工作,县级以上财政部门管理本行政区域内的会计工作。( )

【难度系数】★★★

27.国务院作为《中华人民共和国会计法》的执法主体,可以依法对社会各单位执行会计法律制度情况及会计信息质量进行不同形式的检查或抽查。( )

【难度系数】★★★

28.根据《会计从业资格管理办法》的规定,会计从业资格证书实行定期年检制度。( )

【难度系数】★★★★

29.会计人员违反职业道德的,由所在单位进行处罚,情节严重的,由会计从业资格证书发证机关吊销其会计从业资格证书。( )

【难度系数】★★★

30.根据财政部、人事部联合印发的《会计专业技术资格考试暂行规定》及其实施办法规定,报考初级资格、中级资格的会计人员,应"坚持原则,具备良好的职业道德品质"等。( )

【难度系数】★★★★

31.目前,高级会计师资格实行评审方式,但有不少地方已开始试行高级会计师资格考试与评审相结合的方式。( )

【难度系数】★★★

32.由于高级会计师资格的取得是采取考试和评审相结合,因此有必要在考试和评审两个方面对其会计职业道德进行检查、考核。( )

【难度系数】★★★★

【参考答案】

1.√	2.√	3.√	4.√	5.×	6.×	7.×	8.×	9.√	10.√
11.×	12.×	13.√	14.√	15.×	16.×	17.×	18.√	19.√	20.√
21.√	22.√	23.×	24.√	25.√	26.√	27.×	28.√	29.√	30.√
31.√	32.√								

【专家解读】

5.会计职业道德的优劣将影响国家和社会公众利益。

6.法律是具有强制性的,它要求人们"必须这样或那样做";而道德不具有强制性,它要求人们"应该这样或那样做"。

7.会计职业道德和其他道德不一样,许多内容都直接纳入了会计法律制度。

8.会计职业道德是一种"思想立法",它已经超出"应该怎样做"的界限,跨入"必须这样做"的范围。如果不按照"守则""准则""条例"去做,有的虽谈不上犯罪,但也是违反职业纪律的,更是职业道德所不允许的。

11. 会计法律只能对会计人员不得违法的行为作出规定,不宜对他们如何爱岗敬业、诚实守信、提高技能等提出具体要求。

12. 会计职业道德是其他会计法律制度所不能替代的。

15. 在现代经济生活中,会计职业因其所处的环境具有其特殊性,不同的岗位要求承担的责任和义务不尽相同。

16. 注册会计师接受单位委托对委托者进行审计、鉴证或咨询,要维护委托人的权益,保守商业秘密,依法出具审计报告。

17. 单位内部会计人员不仅要尽职尽责地履行会计职能,客观真实地记录反映服务主体的经济活动状况,负责其资金的有效动作,积极参与经营和决策,而且还应抵制不当的开支,防止有人侵占单位资产,保护财产安全完整。

23. 会计人员的廉洁是会计职业道德自律的基础,而自律是廉洁的保证。自律性不强就很难做到廉洁,不廉洁就谈不上自律。

27. 财政部门作为《中华人民共和国会计法》的执法主体,可以依法对社会各单位执行会计法律制度情况及会计信息质量进行不同形式的检查或抽查。

综合题(不定项选择)题库

第一章　会计法律制度

(一)A 公司是一家国有大型企业。2002 年 12 月,公司总经理针对公司效益下滑将面临亏损的情况,电话请示正在外地出差的董事长。董事长指示把财务会计报告做得漂亮一些,总经理把这项工作交给公司总会计师,要求按董事长意见办。总会计师授意会计科科长按照董事长的要求把财务会计报告做"漂亮",会计科长对当年度的财务会计报告进行了技术处理,虚拟了若干笔无交易的销售收入,从而使公司报表由亏变盈。经 X 会计师事务所审计后,公司财务会计报告对外报出。

1.从事会计工作应当了解、掌握(　　)。
A.会计法律制度的构成　　　　B.会计核算的法律规定
C.会计监督的法律规定　　　　D.会计机构和会计人员相应法律责任
【难度系数】★★★★
【专家解读】从事会计工作应当了解、掌握会计法律制度的构成、会计核算的法律规定、会计监督的法律规定、会计机构和会计人员的法律规定及违反会计法的法律责任。

2.(　　)是指国家权力机关和行政机关制定的各种会计规范性文件的总称。
A.会计法律制度　　　　B.会计行政法规
C.会计规章制度　　　　D.会计行为规范
【难度系数】★★★
【专家解读】会计法律制度是指国家权力机关和行政机关制定的各种会计规范性文件的总称。此题属于对基本概念的把握,属于基础类题型。

3.我国会计法律制度包括(　　)。
A.会计法律　　　　B.会计行政法规
C.国家统一的会计制度　　　　D.地方性会计法规
【难度系数】★★★
【专家解读】我国会计法律制度包括会计法律、会计行政法规、国家统一的会计制度、地方性会计法规,四项缺一不可。

4.各单位应当按照国家有关规定设置总账、明细账、日记账和其他辅助性账簿,根据审核无误的会计凭证,按照记账规则登记会计账簿,并及时对账和结账,做到(　　)。
A.账证相符　　　　B.账账相符

C.账实相符 D.账表相符

【难度系数】★★★★

【专家解读】各单位应当按照国家有关规定设置总账、明细账、日记账和其他辅助性账簿,根据审核无误的会计凭证,按照记账规则登记会计账簿,并及时对账和结账,做到账证相符、账账相符、账实相符、账表相符。

5.董事长、总经理、总会计师授意、指使、强令会计机构、会计人员伪造、变造会计凭证、会计账簿,编制虚假财务会计报告的行为违反了( )的规定,应当承担相应的法律责任。

A.行政法规 B.会计法律制度

C.企业效益最大化 D.企业利润最大化

【难度系数】★★★★

【专家解读】董事长、总经理、总会计师授意、指使、强令会计机构、会计人员伪造、变造会计凭证、会计账簿,编制虚假财务会计报告的行为违反了会计法律制度的规定,应当承担相应的法律责任。

【参考答案】

1. ABCD 2. A 3. ABCD 4. ABCD 5. B

(二)B公司的林某自2007年起担任总经理。2010年,因公司业绩突出受到组织部门预备提拔的考核,准备升任该公司副总经理。在考核中,组织部门接到举报,举报人说林某在任职期间有指使和放任财务人员做假账、打击压制坚持原则的会计人员等问题。通过调查发现,该公司设置了内外两套账;且有些会计凭证未按规定报告,导致凭证丢失,会计资料不完善;任命没有会计从业资格证书的亲戚为本单位会计人员并兼出纳。

1.根据( )规定,各单位必须依法设置会计账簿,并保证其真实、完整(第3条)。

A.《经济法》 B.《注册会计师法》

C.《中华人民共和国会计法》 D.《员工基本守则》

【难度系数】★★★

【专家解读】根据《中华人民共和国会计法》规定,各单位必须依法设置会计账簿,并保证其真实、完整(第3条);任何单位或者个人不得以任何方式授意、指使、强令会计机构、会计人员伪造、变造会计凭证、会计账簿和其他会计资料,提供虚假财务会计报告(第5条)。

2.根据《中华人民共和国会计法》的规定,违反本法和国家统一的会计制度规定,( )轻者罚款,构成犯罪的,依法承担刑事法律责任。

A.不依法设置会计账簿的

B.任用会计人员不符合会计法规定的

C.向不同的会计资料使用者提供的财务会计报告编制依据不一致的

D.未按照规定保管会计资料,致使会计资料毁损、灭失的

【难度系数】★★★★

【专家解读】根据《中华人民共和国会计法》的规定,违反本法和国家统一的会计制度规定,有下列行为之一轻者进行相应的罚款;构成犯罪的,依法追究刑事责任:不依法设置会计账簿的;未按照规定填制、取得原始凭证或者填制、取得的原始凭证不符合规定的;以未经审

核的会计凭证为依据登记会计账簿或者登记会计账簿不符合规定的;向不同的会计资料使用者提供的财务会计报告编制依据不一致的;未按照规定保管会计资料,致使会计资料毁损、灭失的;未按照规定建立并实施单位内部会计监督制度,或者拒绝依法实施的监督,或者不如实提供有关会计资料及有关情况的;任用会计人员不符合会计法规定的。

3. 根据《中华人民共和国会计法》的规定,各单位对(　　)和其他会计资料应当建立档案,妥善保管。

A. 会计凭证　　　　　　　　　　B. 会计从业人员信息
C. 会计账簿　　　　　　　　　　D. 财务会计报告

【难度系数】★★★★

【专家解读】根据《中华人民共和国会计法》的规定,各单位对会计凭证、会计账簿、财务会计报告和其他会计资料应当建立档案,妥善保管。

4. 根据《中华人民共和国会计法》的规定,违反本法和国家统一的会计制度规定,不如实提供有关会计资料及有关情况的,由县级以上人民政府财政部门责令限期纠正,可以对单位处以(　　)罚款。

A. 2 000元以上3 000元以下的罚款　　B. 2 000元以上2万元以下的罚款
C. 3 000元以上5万元以下的罚款　　　D. 5万元以上

【难度系数】★★★★

【专家解读】根据《中华人民共和国会计法》的规定,违反本法和国家统一的会计制度规定,不如实提供有关会计资料及有关情况的,由县级以上人民政府财政部门责令限期纠正,可以对单位并处3 000元以上5万元以下的罚款;对直接负责的主管人员和其他直接人员,可以处2 000元以上2万元以下的罚款;属于国家工作人员的,还应当由其所在单位或者有关单位依法给予行政处分;构成犯罪的,依法追究刑事责任。

5. (　　)对违反本法和(　　)规定的行为进行了列举,根据情节轻重,规定了违法者应承担的法律责任。

A.《宪法》　　　　　　　　　　　B.《公司法》
C.《中华人民共和国会计法》　　　D. 国家统一的会计制度

【难度系数】★★

【专家解读】《中华人民共和国会计法》对违反本法和国家统一的会计制度规定的行为进行了列举,根据情节轻重,规定了违法者应承担的法律责任。其他法律并未对违反会计制度行为进行列举。

【参考答案】

1. C　2. ABCD　3. ACD　4. C　5. CD

(三)财政部门对公司C的财务收支情况进行例行检查。检查人员在审会计报表和会计账簿等会计资料时发现借贷科目金额不一致,并发现有几笔应收款金额,在记账凭证后未附任何原始凭证。在财政部门的多番询问下,C公司一会计人员不得不承认该公司私设小金库,及白条顶账情况。

1. 我国已形成了三位一体的会计监督体系,包括（　　）。
   A. 单位内部监督　　　　　　　　B. 舆论监督
   C. 社会监督　　　　　　　　　　D. 政府监督

   【难度系数】★★★

   【专家解读】目前我国已形成了三位一体的会计监督体系,包括单位内部监督、以注册会计师为主体的社会监督和以政府财政部门为主体的政府监督。

2. 单位内部会计监督,是指一个单位为了保护其资产的安全完整等目的,而在单位内部采取的一系列（　　）的制度和方法。
   A. 相互排斥　　　　　　　　　　B. 相互制约
   C. 相互联系　　　　　　　　　　D. 互不相关

   【难度系数】★★★

   【专家解读】单位内部会计监督,是指一个单位为了保护其资产的安全完整等目的,而在单位内部采取的一系列相互联系、相互制约的制度和方法。该题属于对基本定义的考查,应加以准确把握。

3. 单位内部会计监督的主体是各单位的（　　）。
   A. 会计机构　　　　　　　　　　B. 会计师事务所
   C. 会计人员　　　　　　　　　　D. 国家财政部

   【难度系数】★★★★

   【专家解读】单位内部会计监督的主体是各单位的会计机构、会计人员。

4. 内部会计监督的对象是单位的（　　）。
   A. 会计人员　　　　　　　　　　B. 单位
   C. 会计机构　　　　　　　　　　D. 经济活动

   【难度系数】★★★★★

   【专家解读】内部会计监督的对象是单位的经济活动。其中各单位的会计机构、会计人员属于单位内部会计监督的主体。会计机构诸如会计师事务所属于社会监督的主体。

5. 会计工作的政府监督,属于（　　）,它是对有关单位的会计行为、会计资料所进行的监督检查。
   A. 内部监督　　　　　　　　　　B. 多余监督
   C. 外部监督　　　　　　　　　　D. 社会监督

   【难度系数】★★★★

   【专家解读】会计工作的政府监督,是一种外部监督,主要是指政府财政部门代表国家依据法律、行政法规的规定和部门的职责权限,对有关单位的会计行为、会计资料所进行的监督检查。

   【参考答案】
   1. ACD　2. BC　3. AC　4. D　5. C

（四）商业公司会计人员小刘在审核一笔托收付款凭证时,无意中发现合同价格与实际价格有很大的差额。小刘心想,自己作为一名会计人员,必须具备基本的会计职业道德,所以发现不符后,他立刻找到业务员,并最终将其核实清楚。

1.（　　）规定："会计机构、会计人员对违反本法和国家统一的会计制度规定的会计事项,有权拒绝办理或者按照职权予以纠正。"

A.《注册会计师法》　　　　　　B.《会计师法》
C.《审计法》　　　　　　　　　D.《中华人民共和国会计法》

【难度系数】★★★★

【专家解读】《中华人民共和国会计法》规定："会计机构、会计人员对违反本法和国家统一的会计制度规定的会计事项,有权拒绝办理或者按照职权予以纠正。"其他法律没有该规定。

2.会计机构、会计人员有权（　　）办理单位内部违法会计事项。

A.协助　　　　　　　　　　　B.拒绝
C.纠正　　　　　　　　　　　D.包庇

【难度系数】★★★

【专家解读】会计机构、会计人员有权拒绝办理或纠正办理单位内部违法会计事项。其中协助、包庇纵容违法会计事项,构成犯罪的,要依法承担相应的法律责任。

3.单位内部会计监督,在许多情况下,是通过（　　）的会计机构、会计人员在处理会计业务过程中进行的。

A.单位内部　　　　　　　　　B.单位外部
C.财政部　　　　　　　　　　D.国务院

【难度系数】★★★★

【专家解读】单位内部会计监督,在许多情况下,是通过单位内部的会计机构、会计人员在处理会计业务过程中进行的。这是单位设置会计机构、会计人员作用的体现。

4.（　　）是会计工作的最终产品,会计对自己工作的结果实施有效的控制和监督,是会计机构、会计人员的基本职责。

A.会计报告　　　　　　　　　B.会计报表
C.会计凭证　　　　　　　　　D.会计资料

【难度系数】★★★

【专家解读】会计资料是会计工作的最终产品,会计对自己工作的结果实施有效的控制和监督,是会计机构、会计人员的基本职责。其他均不完善,因为包括会计账簿,因此选择会计资料。

5.《中华人民共和国会计法》规定,会计机构、会计人员对单位内部的会计资料和财产物资有权（　　）。

A.随意使用　　　　　　　　　B.实施监督
C.进行虚造　　　　　　　　　D.进行处置

【难度系数】★★★★

【专家解读】《中华人民共和国会计法》规定,会计机构、会计人员对单位内部的会计资料和财产物资有权实施监督。不可进行随意使用或任意处置。

【参考答案】

1.D　2.BC　3.A　4.D　5.B

第二章　支付结算法律制度

（一）公司D的会计相关人员在审查原始凭证时，发现一些凭证上大小写金额不一致，且有些支票上没有出票人签章，但仍被收纳。有些凭证日期为1月15日，直接写成壹月壹拾伍日。并存在出票人签发空头支票、签章与预留银行签章不符的支票。经与公司负责人沟通最后得到妥善处理。

1. 签发支票必须记载下列事项，包括（　　）。
   A. 表明"支票"的字样　　　　　　　　B. 无条件支付的委托
   C. 付款人名称　　　　　　　　　　　D. 出票人签章

【难度系数】★★★

【专家解读】 签发支票必须记载下列事项：表明"支票"的字样，无条件支付的委托，确定的金额，付款人名称，出票日期，出票人签章。

2. （　　）可以由出票人授权补记，未补记前不得背书转让。
   A. 支票的金额　　　　　　　　　　　B. 收款人名称
   C. "支票"字样　　　　　　　　　　　D. 付款人名称

【难度系数】★★★

【专家解读】 支票的金额、收款人名称，可以由出票人授权补记，未补记前不得背书转让。其中"支票"字样及付款人名称是不可补记的，这些事项缺一不可，否则支票作废。

3. 出票人签发空头支票、签章与预留银行签章不符的支票，使用支付密码地区支付密码错误的支票，但并非经常发生的，银行应（　　）。
   A. 停止其签发支票
   B. 予以退票
   C. 按票面金额处以5%但不低于1 000元的罚款
   D. 持票人有权要求出票人赔偿支票金额2%的赔偿金

【难度系数】★★★★

【专家解读】 出票人签发空头支票、签章与预留银行签章不符的支票，使用支付密码地区支付密码错误的支票，银行应予以退票，并按票面金额处以5%但不低于1 000元的罚款；持票人有权要求出票人赔偿支票金额2%的赔偿金。对屡次签发空头支票的，银行应停止其签发支票。

4. 支票的提示付款期限自出票日起（　　），超过提示付款期限提示付款的，持票人开户银行不予受理，付款人不予付款。
   A. 1周　　　　　　　　　　　　　　B. 10日
   C. 20日　　　　　　　　　　　　　　D. 3个月

【难度系数】★★★★

【专家解读】支票的提示付款期限自出票日起 10 日,超过提示付款期限提示付款的,持票人开户银行不予受理,付款人不予付款。此类题型应当加以归纳记忆,准确把握。

5. 在支票正联用大写填写出票日期时,为防止变造支票的出票日期,在填写月、日时应( )。

A. 月为壹、贰和壹拾的应在其前加"零"

B. 日为壹至玖和壹拾、贰拾和叁拾的,应在其前加"零"

C. 日为拾壹至拾玖的,应在其前加"壹"

D. 月份前面加"零"

【难度系数】★★★★

【专家解读】在支票正联用大写填写出票日期时,为防止变造支票的出票日期,在填写月、日时应注意:月为壹、贰和壹拾的,日为壹至玖和壹拾、贰拾和叁拾的,应在其前加"零";日为拾壹至拾玖的,应在其前加"壹"。

【参考答案】

1. ABCD 2. AB 3. BCD 4. B 5. ABC

(二)公司会计李某在银行填制票据时,提起笔来信手写下壹拾万柒仟元零伍角叁分整,在小写金额上写上 107 000.53,日期写为 2 月 12 日,然后就将此票据上交,最后签名为了表现其个性,李某干脆大显手笔,来个独一无二的个性签名,银行接收人员提醒签名必须工整,但最后只得摇头作罢。

1. 填写票据和结算凭证应当规范,做到( )。

A. 要素齐全   B. 数字正确

C. 不错不漏   D. 不潦草

【难度系数】★★★

【专家解读】填写票据和结算凭证应当规范,做到要素齐全、数字正确、字迹清晰、不错不漏、不潦草,防止涂改。

2. 下列有关大写金额数字书写正确的是( )。

A. 数字到"元"为止的,在"元"之后应写"整"(或"正")字

B. 到"角"为止的,在"角"之后必须写"整"(或"正")字

C. 大写金额数字有"分"的,"分"后面不写"整"(或"正")字

D. 大写金额数字有"分"的,"分"后面必须写"整"(或"正")字

【难度系数】★★★

【专家解读】中文大写金额数字到"元"为止的,在"元"之后应写"整"(或"正")字;到"角"为止的,在"角"之后可以不写"整"(或"正")字。大写金额数字有"分"的,"分"后面不写"整"(或"正")字。

3. 阿拉伯小写金额的说法错误的有( )

A. 阿拉伯数字中间有"0"时,中文大写金额要写"零"字

B. 阿拉伯数字中间连续有几个"0"时,中文大写金额中间也必须写同样个数的"零"字

C. 阿拉伯数字万位或元位是"0",中文大写金额中不得写零字

D. 阿拉伯小写金额数字前面,均应填写人民币符号"￥"

【难度系数】★★

【专家解读】阿拉伯数字中间有"0"时,中文大写金额要写"零"字,阿拉伯数字中间连续有几个"0"时,中文大写金额中间可以只写一个"零"字;阿拉伯数字万位或元位是"0",中文大写金额中可以只写一个"零"字,也可以不写零字;阿拉伯小写金额数字前面,均应填写人民币符号"￥"。

4. 中文大写金额数字前应标明（　　）字样,大写金额数字应紧接人民币字样填写,不得留有空白。

A. ￥　　　　　　　　　　　　　B. 人民币

C. 货币　　　　　　　　　　　　D. 美元

【难度系数】★★★★

【专家解读】中文大写金额数字前应标明"人民币"字样,大写金额数字应紧接"人民币"字样填写,不得留有空白。大写金额数字前未印"人民币"字样的,应加填"人民币"三字。阿拉伯小写金额数字前面,均应填写人民币符号"￥"。阿拉伯小写金额数字要认真填写,不得连写分辨不清。

5. 票据的出票日期必须使用（　　）。

A. 英文填写　　　　　　　　　　B. 中文大写

C. 数字书写　　　　　　　　　　D. 无统一规定

【难度系数】★★★

【专家解读】票据的出票日期必须使用中文大写。在填写月、日时,月为壹、贰和壹拾的,日为壹至玖和壹拾、贰拾和叁拾的,应在其前加"零";日为拾壹至拾玖的,应在其前面加"壹"。

【参考答案】

1. ABCD　2. AC　3. BC　4. B　5. B

（三）甲向乙签发了一张两万元的支票,支票日期为2010年10月1号,乙因为出差,因此在签发后12日,才想起这张支票,于是立马去开户银行要求付款,银行指出:一是签发支票所用蓝色签字笔签写,不符合要求;二是支票的提示付款期限自出票日起10日,超过提示付款期限提示付款的,持票人开户银行不予受理,付款人不予付款等一系列问题,此时甲才意识到问题的严重性。

1. （　　）是出票人签发的、委托办理支票存款业务的银行在见票时无条件支付确定的金额给收款人或者持票人的票据。

A. 汇票　　　　　　　　　　　　B. 支票

C. 转账凭证　　　　　　　　　　D. 记账凭证

【难度系数】★★★★

【专家解读】支票是出票人签发的、委托办理支票存款业务的银行在见票时无条件支付确定的金额给收款人或者持票人的票据。

2. 中国人民银行于（　　）日宣布,支票可以实现全国范围内互通使用。

A. 2007年7月8日　　　　　　　　B. 2008年7月8日

C. 2009年7月8日   D. 2010年7月8日

【难度系数】★★

【专家解读】2007年7月8日,中国人民银行宣布,支票可以实现全国范围内互通使用。其他日期均不对。

3. 支票分为(　　)。

A. 现金支票   B. 转账支票
C. 普通支票   D. 银行支票

【难度系数】★★★★

【专家解读】支票分为现金支票、转账支票和普通支票。现金支票只能用于支取现金,转账支票只能用于转账;普通支票可以用于支取现金,也可用于转账。在普通支票左上角划两条平行线的,为划线支票,划线支票只能用于转账,不能支取现金。

4. 支票的提示付款期限自出票日起(　　)日,超过提示付款期限提示付款的,持票人开户银行不予受理,付款人不予付款。

A. 3 天   B. 7 天
C. 10 天   D. 30 天

【难度系数】★★★★★

【专家解读】支票的提示付款期限自出票日起10日,超过提示付款期限提示付款的,持票人开户银行不予受理,付款人不予付款。该题属于基本记忆类题型,应进行归纳记忆效果更佳。

5. 下列不符合支票签发的规定的是(　　)。

A. 签发支票应使用碳素墨水或墨汁或蓝色签字笔填写
B. 签发现金支票和用于支取现金的普通支票必须符合国家现金管理的规定
C. 支票的出票人签发支票的金额不得超过付款时在付款人处实有的金额
D. 禁止签发空头支票

【难度系数】★★★★

【专家解读】签发支票应使用碳素墨水或墨汁填写,签发现金支票和用于支取现金的普通支票必须符合国家现金管理的规定,支票的出票人签发支票的金额不得超过付款时在付款人处实有的金额。

【参考答案】

1. B 2. A 3. ABC 4. C 5. A

(四)A公司财务科被盗,有关人员在清点财务时发现除现金、财务印章外,还有9张票据被盗,包括付款方签发的尚未送交银行的现金支票5张,商业汇票1张,未填明"现金"字样的银行汇票3张以及单位信用卡一张。公司立刻对丢失支票进行挂失及采取相关补救措施。

1. (　　)是出票银行签发的,由其在见票时按照实际结算金额无条件支付给收款人或者持票人的票据。

A. 银行本票   B. 银行汇票
C. 商业本票   D. 商业汇票

读书应自己思索,自己做主。——鲁迅

【难度系数】★★★★★

【专家解读】银行汇票是出票银行签发的,由其在见票时按照实际结算金额无条件支付给收款人或者持票人的票据。商业汇票是指出票人签发的、委托付款人在指定日期无条件支付确定金额给收款人或者持票人的票据。本题属于对基本定义的考查,应加以准确记忆。

2.商业汇票按承兑人不同,分为( )。
A.商业承兑汇票   B.银行承兑汇票
C.企业承兑汇票   D.国家承兑汇票

【难度系数】★★★★

【专家解读】商业汇票按承兑人不同,分为商业承兑汇票和银行承兑汇票。商业承兑汇票由银行以外的付款人承兑,银行承兑汇票由银行承兑。商业汇票的付款人为承兑人。

3.在银行开立存款账户的法人以及其他组织之间,必须有( ),才能使用商业汇票。
A.名义上的交易   B.真实的交易
C.真实的债权债务关系   D.经济业务往来

【难度系数】★★★★

【专家解读】在银行开立存款账户的法人以及其他组织之间,必须有真实的交易关系或债权债务关系,才能使用商业汇票。只有经济业务上的往来并非商业汇票的使用条件。

4.信用卡的发卡银行可根据申请人的资信程度,要求其提供担保,具体可采取( )方式。
A.保障   B.保证
C.抵押   D.质押

【难度系数】★★★

【专家解读】单位或个人领用信用卡,应按照规定填写申请表,连同有关资料一并送交发卡银行。信用卡的发卡银行可根据申请人的资信程度,要求其提供担保,具体可采取保证、抵押或质押等方式。

5.申领的单位卡可申领( )张,持卡人资格由申领单位法定代表人或其委托的代理人书面制定和注销。
A.一张   B.两张
C.三张   D.若干张

【难度系数】★★★

【专家解读】凡在中国境内金融机构开立基本存款账户的单位,可凭中国人民银行核发的开户许可证申领单位卡。单位卡可申领若干张,持卡人资格由申领单位法定代表人或其委托的代理人书面制定和注销。

【参考答案】
1.B 2.AB 3.BC 4.BCD 5.D

第三章 税收法律制度

（一）辖区税务部门在实施税务检查中发现，饭店C自今年5月10日办理工商营业执照以来，一直没有办理税务登记证，也没有申报纳税。根据检查情况，该饭店应纳未纳税款1 500元，税务部门于5月18日作出如下处理决定：第一，责令该饭店8月20日前申报办理税务登记并处以500元罚款；第二，补缴税款、加收滞纳金，并处补缴税款1倍，即1 500元的罚款。

1.（　　）是指税收征收管理机关为了贯彻、执行国家税收法律制度，加强税收工作，协调征税关系而开展的一项有目的的活动。
   A.税务登记　　　　　　　　B.税收缴纳
   C.税务管理　　　　　　　　D.税务注册
   【难度系数】★★★★
   【专家解读】税务管理是指税收征收管理机关为了贯彻、执行国家税收法律制度，加强税收工作，协调征税关系而开展的一项有目的的活动。它是税收征收管理的重要内容，是税款征收的前提和基础性工作。

2.税务管理主要包括（　　）等方面的管理。
   A.税务登记　　　　　　　　B.账簿管理
   C.纳税申报　　　　　　　　D.凭证管理
   【难度系数】★★
   【专家解读】税务管理主要包括税务登记、账簿和凭证管理、纳税申报等方面的管理，以此协调征税关系。

3.（　　）规定，凡有法律、法规规定的应税收入、应税财产或应税行为的各类纳税人，均应当依照该规定及其相关规定办理税务登记。
   A.《税务法》　　　　　　　B.《经济法》
   C.《公司法》　　　　　　　D.《税务登记管理办法》
   【难度系数】★★★★
   【专家解读】《税务登记管理办法》规定，凡有法律、法规规定的应税收入、应税财产或应税行为的各类纳税人，均应当依照《税务登记管理办法》的相关规定办理税务登记。

4.税务登记种类包括（　　）。
   A.设立（开业）税务登记　　B.变更税务登记
   C.停业、复业登记　　　　　D.外出经营报验登记
   【难度系数】★★★
   【专家解读】税务登记种类包括：设立（开业）税务登记，变更税务登记，停业、复业登记，

外出经营报验登记,注销登记。

5.从事生产、经营的纳税人领取工商营业执照(含临时工商营业执照)的,应当自领取工商营业执照之日起(　　)内申报办理税务登记,税务机关核发税务登记证及副本。

A.10日　　　　　　　　　　　　　　B.20日
C.30日　　　　　　　　　　　　　　D.60日

【难度系数】★★★

【专家解读】从事生产、经营的纳税人领取工商营业执照(含临时工商营业执照)的,应当自领取工商营业执照之日起30日内申报办理税务登记,税务机关核发税务登记证及副本(纳税人领取临时工商营业执照的,税务机关核发临时税务登记证及副本)。

【参考答案】

1.C　2.ABCD　3.D　4.ABCD　5.C

(二)某酒店在当地税务部门办理了税务登记,并实行定期定额征收方式,核定月应纳税额5 000元。2012年7月7日,该酒店因包厢装修,向税务部门提出自7月8日至8月15日申请停业的报告,经税务部门审核后,批准了其停业申请,下达了《核准停业通知书》,并在办税服务厅予以公示。7月15日,当地税务部门在日常检查中发现该酒店一直在营业,就于7月16日送达《复业通知书》,并告知其需按原定额申报纳税。8月12日,该税务单位发现该酒店仍未申报纳税,即下达了《限期改正通知书》,责令限期申报并缴纳税款。

1.申报办理税务登记需提供证件和资料。纳税人在申报办理税务登记时,一般需要提交的证件和资料包括(　　)。

A.工商营业执照或其他核准执业证件
B.有关合同、章程、协议书
C.组织机构统一代码证书
D.法定代表人或负责人或业主的居民身份证、护照或者其他合法证件

【难度系数】★★★★

【专家解读】申报办理税务登记需提供证件和资料。纳税人在申报办理税务登记时,应当根据不同情况向税务机关如实提供以下证件和资料:①工商营业执照或其他核准执业证件;②有关合同、章程、协议书;③组织机构统一代码证书;④法定代表人或负责人或业主的居民身份证、护照或者其他合法证件。

2.在营业执照核准的经营期限内需要停业的,应当在停业前向税务机关申报办理停业登记。纳税人的停业期限不得超过(　　)。

A.一个月　　　　　　　　　　　　　B.三个月
C.六个月　　　　　　　　　　　　　D.十二个月

【难度系数】★★★

【专家解读】从事生产经营的纳税人,经确定实行定期定额征收方式的,其在营业执照核准的经营期限内需要停业的,应当在停业前向税务机关申报办理停业登记。纳税人的停业期限不得超过一年。

3.纳税人在申报办理停业登记时,应如实填写相关资料,税务机关应收存其(　　)和其

他税务证件。

A. 税务登记证件及副本　　　　B. 发票领购簿
C. 未使用完的发票　　　　　　D. 单位营业执照

【难度系数】★★★★

【专家解读】纳税人在申报办理停业登记时,应如实填写停业申请登记表,说明停业理由、停业期限、停业前的纳税情况和发票的领、用、存情况,并结清应纳税款、滞纳金、罚款。税务机关应收存其税务登记证件及副本、发票领购簿、未使用完的发票和其他税务证件。

4. 纳税人应当于( ),向税务机关申报办理复业登记,如实填写《停、复业报告书》,领回并启用税务登记证件、发票领购簿及其停业前领购的发票。

A. 恢复之前 10 日内　　　　　B. 恢复之后 10 日内
C. 恢复生产经营之前　　　　　D. 恢复生产经营之后

【难度系数】★★★

【专家解读】纳税人应当于恢复生产经营之前,向税务机关申报办理复业登记,如实填写《停、复业报告书》,领回并启用税务登记证件、发票领购簿及其停业前领购的发票。恢复之后才办理复业登记属于不合法行为。

5. 纳税人停业期满不能及时恢复生产经营的,应当在停业期满前向税务机关( )。

A. 强行实施延长停业　　　　　B. 提出延长停业登记申请
C. 如实填写《停、复业报告书》 D. 同税务部门负责人商议

【难度系数】★★

【专家解读】纳税人停业期满不能及时恢复生产经营的,应当在停业期满前向税务机关提出延长停业登记申请,并如实填写《停、复业报告书》。整个过程都应按照相关法律规定实施,避免不合法行为或暗箱操作。

【参考答案】

1. ABCD　2. D　3. ABC　4. C　5. BC

(三)个体工商户王某自领取营业执照,已开始从事生产经营活动。在本年度税务部门的漏征漏管户清理工作中,发现王某未向地税机关申请办理税务登记,也未申报纳税。于是该县地税局对李某未按规定期限办理税务登记的行为,责令其限期改正,依照法定程序作出罚款 1 000 元的决定;对未申报纳税的行为,责令其限期改正,同时依照法定程序作出追缴税款及加收滞纳金、并处以未缴税款 3 倍罚款的决定。

1. ( )是指纳税人、扣缴义务人按照法律、行政法规的规定,在申报期限内就纳税事项向税务机关书面申报的一种法定手续。

A. 纳税　　　　　　　　　　　B. 纳税管理
C. 纳税义务　　　　　　　　　D. 纳税申报

【难度系数】★★★

【专家解读】纳税申报是指纳税人、扣缴义务人按照法律、行政法规的规定,在申报期限内就纳税事项向税务机关书面申报的一种法定手续。其他选项均不符合定义。

2. 纳税人、扣缴义务人的纳税申报或者代扣代缴、代收代缴税款报告表的主要内容包

括( )。

A. 税种、税目

B. 应纳税项目或者应代扣代缴、代收代缴税款项目

C. 计税依据

D. 适用税率或者单位税额

【难度系数】★★★

【专家解读】纳税人、扣缴义务人的纳税申报或者代扣代缴、代收代缴税款报告表的主要内容包括：税种，税目，应纳税项目或者应代扣代缴、代收代缴税款项目，计税依据，扣除项目及标准，适用税率或者单位税额，应退税项目及税额，应减免项目及税额，应纳税额或者应代扣代缴、代收代缴税额，税款所属期限，延期缴纳税款、欠税、滞纳金等。

3. 纳税人应依照法律、法规规定的申报期限、申报内容如实填写纳税申报表，办理纳税申报手续。纳税申报方式包括( )。

A. 自行申报　　　　　　　　B. 邮寄申报

C. 数据电文申报　　　　　　D. 简易申报

【难度系数】★★

【专家解读】纳税人应依照法律、法规规定的申报期限、申报内容如实填写纳税申报表，办理纳税申报手续。纳税申报方式包括：自行申报、邮寄申报、数据电文申报、其他方式申报，其中其他方式申报包括：简易申报、简并征期等申报纳税方式。

4. ( )是将实行定期定额征收方式的个体工商户(或个人独资企业)若干纳税期的应纳税额集中在一个纳税期限内缴纳。

A. 固定申报　　　　　　　　B. 简易申报

C. 简并征期申报　　　　　　D. 定额申报

【难度系数】★★

【专家解读】简易申报，就是由实行定期定额征收方式的个体工商户(或个人独资企业)在税务机关规定的期限内按照法律、行政法规规定缴清应纳税款，当期(纳税期)可以不办理申报手续。简并征期申报是将实行定期定额征收方式的个体工商户(或个人独资企业)若干纳税期的应纳税额集中在一个纳税期限内缴纳。

5. ( )规定，实行定期定额缴纳税款的纳税人可以实行简易申报、简并征期等申报纳税方式。

A.《中华人民共和国税收征收管理法》

B.《中华人民共和国税收征收管理法实施细则》

C.《公司法》

D.《经济法》

【难度系数】★★★

【专家解读】《中华人民共和国税收征收管理法》及《中华人民共和国税收征收管理法实施细则》规定，实行定期定额缴纳税款的纳税人可以实行简易申报、简并征期等申报纳税方式。

【参考答案】
1. D 2. ABCD 3. ABCD 4. C 5. AB

(四)当地税务部门在实施税务检查中发现,辖区内某饭店(系私营企业)自今年办理工商营业执照以来,一直没有办理税务登记证,也没有申报纳税。并且税务部门在检查过程中发现该企业会计账簿不完善,因此对该单位进行核对,并要求该小型私营企业按照定期定额征收方式,参照当地同类行业或者类似行业中经营规模和收入水平相近的纳税人的收入额和利润率核定该单位的应纳税额,予以征收。

1. 税款征收方式是指税务机关根据各税种的不同特点和纳税人的具体情况而确定的计算、征收税款的形式和方法,其中税款的确定方式包括(　　)。
   A. 查账征收　　　　　　　　B. 查定征收
   C. 查验征收　　　　　　　　D. 定期定额征收
   【难度系数】★★★★
   【专家解读】税款的确定方式包括:查账征收、查定征收、查验征收、定期定额征收等。四种方式适用对象略有不同。

2. 税款的缴纳方式包括(　　)。
   A. 纳税人直接向国库经收处缴纳　　B. 税务机关自收税款并办理入库手续
   C. 代扣代缴　　　　　　　　　　　D. 代收代缴
   【难度系数】★★★
   【专家解读】税款的缴纳方式包括:纳税人直接向国库经收处缴纳,税务机关自收税款并办理入库手续,代扣代缴,代收代缴,委托代征。不同的纳税方式受理的程序不同,办理主体也略有差异。

3. 查定征收适用于(　　)。
   A. 生产经营规模小　　　　　B. 生产经营不固定
   C. 纳税人账务制度不健全　　D. 会计账册健全
   【难度系数】★★
   【专家解读】查定征收适用于生产经营规模较小、产品零星、税源分散、会计账册不健全的小型厂矿和作坊。查账征收适用于已建立会计账册并且会计记录完整的单位采用。查验征收方式适用于纳税人财务制度不健全,生产经营不固定,零星分散,流动性大的税源。

4. (　　)是指税务机关对纳税人的应税商品、产品,通过查验数量,按市场一般销售单价计算其销售收入,并据以计算应纳税款的一种征收方式。
   A. 查证征收　　　　　　　　B. 查验征收
   C. 盘点征收　　　　　　　　D. 查账征收
   【难度系数】★★
   【专家解读】查验征收是指税务机关对纳税人的应税商品、产品,通过查验数量,按市场一般销售单价计算其销售收入,并据以计算应纳税款的一种征收方式。查账征收是指由纳税人依据账簿记载,先自行计算缴纳,事后经税务机关查账核实,如有不符合税法规定的,则多退少补。其中没有查证征收和盘点征收这一说法。

5.在（　　）情况下,税务部门有权核定应纳税额。

A. 依照法律、行政法规的规定可以不设置账簿的

B. 依照法律、行政法规的规定应当设置账簿但未设置的

C. 擅自销毁账簿或者拒不提供纳税资料的

D. 虽设置账簿,但账目混乱或者成本资料、收入凭证、费用凭证残缺不全难以查账的

【难度系数】★★★

【专家解读】根据《中华人民共和国税收征收管理法》的规定,有下列情形之一的纳税人,税务机关有权核定其应纳税额:依照法律、行政法规的规定可以不设置账簿的;依照法律、行政法规的规定应当设置账簿但未设置的;擅自销毁账簿或者拒不提供纳税资料的;虽设置账簿,但账目混乱或者成本资料、收入凭证、费用凭证残缺不全难以查账的;发生纳税义务,未按照规定的期限办理纳税申报,经税务机关责令限期申报,逾期仍未申报的;纳税人申报的计税依据明显偏低,又无正当理由的;未按照规定办理税务登记的从事生产、经营的纳税人以及临时经营的纳税人。

【参考答案】

1. ABCD　2. ABCD　3. A　4. B　5. ABCD

第四章　财政法律制度

（一）第十一届全国人大第二次会议审查批准了《关于2008年中央和地方预算执行情况与2009年中央和地方预算草案的报告》。现在，2008年中央决算已经汇编完成。根据《预算法》等法律规定和全国人大常委会的安排，受国务院的委托，向本次常委会提出2008年中央决算报告和中央决算草案。汇总中央和地方决算，全国财政收入61 330.35亿元，比2007年增加10 008.57亿元，增长19.5%，完成预算的104.9%。全国财政支出62 592.66亿元，增加12 811.31亿元，增长25.7%，完成预算的102%。

1.《中华人民共和国预算法》于（　　）由第八届全国人民代表大会第二次会议通过。
A.1994年3月22日　　　　　　　B.1995年1月1日
C.2002年6月29日　　　　　　　D.2003年1月1日
【难度系数】★★★★
【专家解读】《中华人民共和国预算法》于1994年3月22日由第八届全国人民代表大会第二次会议通过，自1995年1月1日起执行。《中华人民共和国采购法》于2002年6月29日颁布，于2003年1月1日起执行。

2.下列有关《中华人民共和国预算法实施条例》的说法错误的有（　　）。
A.国务院于1995年11月22日颁布的
B.财政部于1995年11月22日颁布的
C.是《预算法》的制定依据
D.是《预算法》的具体化和细化
【难度系数】★★★
【专家解读】《中华人民共和国预算法实施条例》是国务院于1995年11月22日颁布的，并自颁布之日起执行，该条例的制定依据是《预算法》，它是《预算法》有关规定的细化和具体化。

3.国家预算是国家财政分配和宏观调控的主要手段，其作用体现在（　　）。
A.财力保证作用　　　　　　　B.调节制约作用
C.经济制约作用　　　　　　　D.反映监督作用
【难度系数】★★★
【专家解读】国家预算是国家财政分配和宏观调控的主要手段，其作用体现在：财力保证作用，调节制约作用，反映监督作用。因此具有分配、调控和监督的职能。

4.（　　）是保障国家机器运转的物质条件，是政府实施各项社会经济政策的有效保证。
A.国家法律　　　　　　　B.国家行政机构
C.国家司法部门　　　　　D.国家预算
【难度系数】★★★★

【专家解读】国家预算是保障国家机器运转的物质条件,是政府实施各项社会经济政策的有效保证。司法部门是立法部门,国家各项法律制度是国家机器运转的法律保证。

5.下列有关全国人民代表大会的预算职权说法错误的有(　　)。
A.审查中央和地方预算草案及中央和地方预算执行情况的报告
B.批准地方预算和地方预算执行情况的报告
C.批准中央预算和中央预算执行情况的报告
D.改变或撤销全国人民代表大会常务委员会关于预算、决算的不适当的决议
【难度系数】★★★★
【专家解读】全国人民代表大会审查中央和地方预算草案及中央和地方预算执行情况的报告,批准中央预算和中央预算执行情况的报告,改变或撤销全国人民代表大会常务委员会关于预算、决算的不适当的决议。

【参考答案】
1. A　2. BC　3. ABD　4. D　5. B

(二)审计署2009年9月1日发布2009年第十二号审计结果公告,以近10万字的篇幅一一列举了54个部门单位2008年度预算执行情况和其他财政收支情况审计结果。从审计情况看,54个部门单位2008年预算执行情况总体较好,但也存在一些共性问题。归纳起来主要有四个方面:(1)挤占挪用转移资金;(2)虚报多领财政资金;(3)巧立名目违规收费;(4)公费出国管理不严。

1.(　　)依法切实地履行法律赋予的预算决算监督职责,是国家依法理财的有力保障。
A.各级国家权力机关　　　　　　B.各级政府
C.各级财政审计部门　　　　　　D.社会团体或组织
【难度系数】★★
【专家解读】各级国家权力机关、政府及其财政审计部门,依法切实地履行法律赋予的预算决算监督职责,是国家依法理财的有力保障。

2.预决算的监督按照监督的内容划分为(　　)。
A.对预算编制的监督　　　　　　B.对预算执行的监督
C.对预算调整的监督　　　　　　D.对决算的监督
【难度系数】★★★★★
【专家解读】预决算的监督按照监督的内容划分为:对预算编制的监督、对预算执行的监督、对预算调整的监督和对决算的监督。

3.决算草案由各级政府、各部门、各单位在每一预算年度终了后按国务院规定的时间编制,具体事项由(　　)部署。
A.国务院财政部门　　　　　　　B.各级财政部
C.全国人民代表大会　　　　　　D.全国人民代表大会常务委员会
【难度系数】★★★★
【专家解读】决算草案由各级政府、各部门、各单位在每一预算年度终了后按国务院规定的时间编制,具体事项由国务院财政部门部署。

纸上得来终觉浅,绝知此事要躬行。——陆游

4.中央预算的调整方案必须提请(　　)审查和批准。
A.全国人民代表大会　　　　　　　B.全国人民代表大会常务委员会
C.财政部门　　　　　　　　　　　D.国税部门
【难度系数】★★★★★
【专家解读】预算调整是在预算执行中,因特殊情况,需要通过改变预算收入来源支出用途以及收支规模,使预算的部分变更。中央预算的调整方案必须提请全国人民代表大会常务委员会审查和批准。

5.下列有关财政、税务、海关等部门征收预算收入的说法正确的有(　　)。
A.依法征收　　　　　　　　　　　B.及时征收
C.足额征收　　　　　　　　　　　D.只多不少的原则征收
【难度系数】★★
【专家解读】财政、税务、海关等部门征收预算收入,必须依法、及时、足额征收应征的预算收入。有预算收入上缴任务的部门和单位,必须依照法律、行政法规和国务院财政部门的规定,将应当上缴的预算资金及时、足额上缴国库。

【参考答案】
1.ABC　2.ABCD　3.A　4.B　5.ABC

(三)国家某政府机关,预采购办公用品,其资金为财政性资金。采购负责人A说:"采购人纳入集中采购目录的政府采购项目,应当采用集中采购的方式。未纳入集中采购目录的政府采购项目,也应当采用集中采购的方式。"采购人B辩驳说:"政府采购实行的是集中采购和分散采购相结合的方式,纳入集中采购目录的政府采购项目,应当采用集中采购的方式。未纳入集中采购目录的政府采购项目,应当采用分散采购的方式。"请回顾有关政府采购相关知识,回答下列问题。

1.(　　)于2002年6月29日颁布,该法是规范我国政府采购活动的根本性法律,是制定其他政府采购法规制度的基本依据。
A.《税法》　　　　　　　　　　　B.《经济法》
C.《中华人民共和国公司法》　　　D.《中华人民共和国采购法》
【难度系数】★★★
【专家解读】《中华人民共和国采购法》于2002年6月29日颁布,该法是规范我国政府采购活动的根本性法律,是制定其他政府采购法规制度的基本依据。

2.《中华人民共和国采购法》于(　　)起执行。
A.2002年6月29日　　　　　　　　B.2003年1月1日
C.1997年7月1日　　　　　　　　　D.2000年12月20日
【难度系数】★★★★★
【专家解读】《中华人民共和国采购法》于2002年6月29日颁布,于2003年1月1日起执行。

3.我国政府的采购主体不包括(　　)。
A.国家机关　　　　　　　　　　　B.企业单位

C. 事业单位　　　　　　　　　　D. 团体组织

【难度系数】★★★★★

【专家解读】我国政府的采购主体包括：国家机关、事业单位和团体组织。其中不包括企业单位。

4.(　　)是确定采购行为是否属于政府采购制度规范范围的重要依据。

A. 政府采购项目内容　　　　　　B. 政府采购资金额

C. 政府采购规模　　　　　　　　D. 政府采购资金性质

【难度系数】★★★★

【专家解读】政府采购资金的性质是确定采购行为是否属于政府采购制度规范范围的重要依据。

5. 政府采购实行集中采购和分散采购相结合。集中采购的范围由(　　)公布集中采购目录确定。

A. 国务院　　　　　　　　　　　B. 省级人民政府

C. 自治区人民政府　　　　　　　D. 省级以上人民政府

【难度系数】★★★

【专家解读】政府采购实行集中采购和分散采购相结合。集中采购的范围由省级以上人民政府公布集中采购目录确定。属于中央预算的政府采购项目，其目录由国务院确定并公布；属于地方预算的政府采购项目，目录由省、自治区、直辖市人民政府或者授权的机构确定并公布。

【参考答案】

1. D　2. B　3. B　4. D　5. D

(四)某地方政府列出了需要采购的货物单，交给私设的采购机构，采购机构又委派采购人小郑去采购。为了从政府采购中获得个人私利，小郑要求采购商以高于实际采购价的价格开出采购发票，并给出该采购商高于同行竞争价格进行采购。该级人民政府财政部门在监督管理中发现了其中的端倪，并强调了相关法律法规对该种做法的明确要求。

1. 政府采购应当遵循的原则不包括(　　)。

A. 公开透明原则　　　　　　　　B. 公平竞争原则

C. 合规原则　　　　　　　　　　D. 诚实信用原则

【难度系数】★★★★

【专家解读】政府采购应当遵循公开透明原则、公平竞争原则、公正原则和诚实信用原则，以保证政府采购公正的顺利进行，杜绝贪污腐败现象的发生。

2. 将(　　)引入政府采购活动，优胜劣汰，有利于政府采购主体采购到质优价廉的商品和服务。

A. 合作机制　　　　　　　　　　B. 保密机制

C. 竞争机制　　　　　　　　　　D. 公正机制

【难度系数】★★★★★

【专家解读】竞争性原则是政府采购的重要原则，将竞争机制引入政府采购活动，优胜劣汰，有利于政府采购主体采购到质优价廉的商品和服务。

3. 公平性采购原则不包括( )。
   A. 每次采购量相同　　　　　　B. 每次采购额相同
   C. 机会均等　　　　　　　　　D. 待遇公平
   【难度系数】★★
   【专家解读】公平性采购原则主要有两方面的内容：一是机会均等，政府采购应允许所有希望参加投标的供应商参与竞争，而不能无故将一些希望参加政府采购的供应商排斥在外；二是待遇公平，对所有的参加者应该一视同仁，给予同等的待遇。

4. 从强化宏观调控的角度来看，政府采购制度属于( )。
   A. 市场直接调控　　　　　　　B. 市场间接调控
   C. 政府直接控制　　　　　　　D. 政府直接调控
   【难度系数】★★★
   【专家解读】政府采购制度属于市场间接调控，国家可以通过政府采购总量，促进社会总供给和总需求的平衡，实现政府的调控目标。

5. 下列有关人民政府集中采购的说法正确的有( )。
   A. 自行采购　　　　　　　　　B. 必须委托集中采购机构代理采购
   C. 有利于取得规模效益　　　　D. 能够保证采购质量
   【难度系数】★★★★★
   【专家解读】集中采购必须委托集中采购机构代理采购。设区的市、自治州以上人民政府根据本级政府采购项目组织采购的需要设立集中采购机构。集中采购有利于取得规模效益，降低采购成本，保证采购质量。

【参考答案】
1. C　2. C　3. AB　4. B　5. BCD

(五)财政部调研组到广西调研国库集中收付制度也要求把建立国库集中收付制度作为反腐倡廉的治本性措施来抓。2001年11月5日，尉健行同志在听取财政部纪检组关于《深化财政改革，加大从源头上治理腐败的力度》的汇报后指示："今后的中心就是要围绕财政部提出的实行部门预算、国库集中收付制度目标来改革，来加强。"2003年2月，中纪委在第二次全会上进一步提出，要继续扩大国库集中收付改革试点范围。

1. 建立( )体系，所有财政性资金都纳入该账户管理，收入直接缴入国库或财政专户，支出通过该国库单一账户体系。
   A. 国库单一账户　　　　　　　B. 国库多样化账户
   C. 国库一元化账户　　　　　　D. 国库多元化账户
   【难度系数】★★★★★
   【专家解读】建立国库单一账户体系，所有财政性资金都纳入国库单一账户管理，收入直接缴入国库或财政专户，支出通过国库单一账户体系，按照不同支付类型，采用财政直接支付与授权支付的方法，支付到商品或货物供应者或用款单位。

2. 国库集中收付制度的特征包括( )。
   A. 财政统一开设国库单一账户

B.所有财政收入直接缴入国库
C.财政统一开设国库多样化账户
D.建立高效的预算执行机构,科学的信息管理系统和完善的监督检查机制
【难度系数】★★★★
【专家解读】国库集中收付制度的特征包括:一是财政统一开设国库单一账户;二是所有财政收入直接缴入国库,主要财政支出由财政部门直接支付到商品或劳务供应者;三是建立高效的预算执行机构,科学的信息管理系统和完善的监督检查机制。建立以国库单一账户体系为基础、资金缴拨以国库集中收付为主要形式的现代财政国库管理制度。

3.国库集中收付制度一般也称为国库单一账户制度,包括(   )。
A.国库集中记账制度   B.国库集中审核制度
C.国库集中支付制度   D.国库收入收缴管理制度
【难度系数】★★★
【专家解读】国库集中收付制度一般也称为国库单一账户制度,包括国库集中支付制度和收入收缴管理制度,是指由财政部门代表政府设置国库单一账户体系,所有的财政性资金均纳入国库单一账户体系收缴、支付和管理的制度。

4.根据党中央、国务院的部署,财政部要求各级财政部门按照总体规划、分步实施的原则,在不改变预算单位(   )的前提下,采取有效措施,认真做好各项基础性工作。
A.资金使用权   B.自行审核权
C.财务管理权   D.会计核算权
【难度系数】★★★★
【专家解读】根据党中央、国务院的部署,财政部要求各级财政部门按照总体规划、分步实施的原则,在不改变预算单位资金使用权、财务管理权和会计核算权的前提下,采取有效措施,认真做好各项基础性工作,不断总结和积累改革经验,加快改革的实施步伐。

5.下列有关实行国库集中收付制度的说法错误的是(   )。
A.是加强财政监督,防范腐败的治本措施
B.能从机制上减少或杜绝资金在预算单位滞留时间
C.可以对每个基层预算单位、每一笔支出进行查询和监督
D.只能做到事后检查、秋后算账
【难度系数】★★★★
【专家解读】实行国库集中收付制度是加强财政监督,防范腐败的治本措施。实行国库集中收付制度后,能从机制上减少或杜绝资金在预算单位滞留时间。同时,通过新的支出程序及与预算单位零余额账户的联网,可以对每个基层预算单位、每一笔支出进行查询和监督,实现了财政监督由事后检查、秋后算账转变为事前审核监督、事中实时监控、事后绩效评价的全过程监督,有利于从源头上防止腐败现象发生。

【参考答案】
1. A   2. ABD   3. CD   4. ACD   5. D

第五章　会计职业道德

（一）某私营服装厂历经五年的发展,呈现出一种新的面貌。为了给人一种崭新的形象,该厂厂长的侄子、身为会计的小王要求该厂档案科同会计科销毁了一批保管期限已满的会计档案,未报经厂领导批准,也未编制会计档案销毁清册,销毁后未履行任何手续。为了减轻自己的工作负担,小王还将自己的妹妹小红招入企业,因为没有会计从业资格证,所以小王安排她进行相关培训。小红工作漫不经心,几乎每个月都会弄丢几张会计凭证。为了避免哥哥的责骂,因此并未将此事告诉他人。最后出差回来的总经理因小王聘请没有会计从业资格证的人担任会计而责骂了小王,并开除了小红,小王很是郁闷。

1.会计职业道德是指在会计职业活动中应当遵循的、体现会计职业特征的、调整会计职业关系的职业行为准则和规范。其含义包括以下几个方面（　　）。

　　A.会计职业道德具有很强的专业性
　　B.会计职业道德是调整会计职业活动中各种利益关系的手段
　　C.会计职业道德具有相对稳定性
　　D.会计职业道德具有广泛的社会性
【难度系数】★★★★
【专家解读】会计职业道德是指在会计职业活动中应当遵循的、体现会计职业特征的、调整会计职业关系的职业行为准则和规范。其含义包括以下几个方面:会计职业道德是调整会计职业活动中各种利益关系的手段,会计职业道德具有相对稳定性,会计职业道德具有广泛的社会性。

2.会计作为社会经济活动中的一种特殊职业,除了具有职业道德的一般特征外,与其他职业道德相比还具有（　　）特征。

　　A.专业性　　　　　　　　　　B.职业性
　　C.具有一定的强制性　　　　　D.较多关注公众利益
【难度系数】★★★★
【专家解读】会计作为社会经济活动中的一种特殊职业,除了具有职业道德的一般特征外,与其他职业道德相比还具有如下特征:具有一定的强制性,较多关注公众利益。

3.会计职业道德的作用,主要体现在（　　）几个方面。

　　A.会计职业道德是规范会计行为的基础
　　B.会计法律制度是对会计职业道德的重要补充
　　C.会计职业道德是实现会计目标的重要保证
　　D.会计职业道德是对会计法律制度的重要补充
【难度系数】★★★★

喜欢读书,就等于把生活中寂寞的辰光换成巨大享受的时刻。——孟德斯鸠

【专家解读】会计职业道德的作用，主要体现在以下几个方面：会计职业道德是规范会计行为的基础，会计职业道德是实现会计目标的重要保证，会计职业道德是对会计法律制度的重要补充。

4.爱岗敬业的基本要求包括（　　）。

A.正确认识会计职业，树立职业荣誉感

B.热爱会计工作，敬重会计职业

C.安心工作，任劳任怨

D.严肃认真，一丝不苟

【难度系数】★★★★

【专家解读】爱岗敬业的基本要求包括：正确认识会计职业，树立职业荣誉感；热爱会计工作，敬重会计职业；安心工作，任劳任怨；严肃认真，一丝不苟；忠于职守，尽职尽责。

5.廉洁自律的基本要求不包括（　　）。

A.树立正确的人生观和价值观　　B.公私分明，不贪不占

C.遵纪守法，尽职尽责　　D.诚实守信

【难度系数】★★★★

【专家解读】廉洁自律的基本要求包括：树立正确的人生观和价值观；公私分明，不贪不占；遵纪守法，尽职尽责。其中诚实守信不属于廉洁自律的要求。

【参考答案】

1.BCD　2.CD　3.ACD　4.ABCD　5.D

（二）公司经理小李非常重视单位会计职业道德的建设，不仅牢把会计从业人员关，要求招聘单位会计人员一律要求有会计从业资格证，并适当添加入职前有关职业道德的选拔，凡是不合格者，均不录用。且对入职新会计人员统一要求进行岗前职业道德教育，每年对老员工进行岗位职业道德继续教育，并鼓励单位会计人员进行自我教育。这一系列的做法得到公司高层的普遍认同，无论是税务部门还是财务部门审查该公司时，均未发现账目上的问题，该公司对企业负责对社会负责的态度，在业界内广受好评。

1.岗前职业道德教育是指对将要从事会计职业的人员进行的道德教育。包括（　　）教育。

A.会计专业学历教育

B.获取会计从业资格中的职业道德教育

C.继续教育

D.深化教育

【难度系数】★★★

【专家解读】岗前职业道德教育是指对将要从事会计职业的人员进行的道德教育。包括会计专业学历教育及获取会计从业资格中的职业道德教育。继续教育属于岗位职业教育中的一种。

2.岗前职业道德教育的侧重点应放在（　　）等方面。

A.职业技能　　B.职业观念

C. 职业情感　　　　　　　　　D. 职业规范

【难度系数】★★★

【专家解读】岗前职业道德教育的侧重点应放在职业观念、职业情感及职业规范等方面。会计人员继续教育中的会计职业道德教育目标是适应新的市场经济形势的发展变化,在不断更新、补充、拓展会计人员业务能力的同时,使其政治素质、职业道德水平不断提高。

3. 会计人员继续教育具体包括(　　)。

A. 品德教育　　　　　　　　　B. 法制教育
C. 形式教育　　　　　　　　　D. 形势教育

【难度系数】★★★★

【专家解读】会计人员继续教育中的会计职业道德教育目标是适应新的市场经济形势的发展变化,在不断更新、补充、拓展会计人员业务能力的同时,使其政治素质、职业道德水平不断提高。具体包括形势教育、品德教育、法制教育。

4. 自我教育是会计职业道德教育的一种重要形式,是会计职业道德的作用得以顺利实现的重要环节,其内容不包括(　　)。

A. 职业义务教育　　　　　　　B. 会计职业道德修养教育
C. 职业荣誉教育　　　　　　　D. 职业节操教育

【难度系数】★★★

【专家解读】自我教育是会计职业道德教育的一种重要形式,是会计职业道德的作用得以顺利实现的重要环节。教育内容包括:职业义务教育,职业荣誉教育,职业节操教育。其中会计职业道德修养教育和会计自我教育并列为会计职业道德教育内容。

5. 要达到会计人员职业道德自我教育的目的,需要借助正确的自我教育方法。自我教育的方法有(　　)。

A. 自我解剖法　　　　　　　　B. 自重自省法
C. 自警自励法　　　　　　　　D. 自律慎独法

【难度系数】★★★

【专家解读】要达到会计人员职业道德自我教育的目的,需要借助正确的自我教育方法,包括:自我解剖法,自重自省法,自警自励法,自律慎独法。通过这些自我教育方法提升会计人员的职业道德和职业素养。

【参考答案】

1. AB　2. BCD　3. ABD　4. B　5. ABCD

(三)某钢笔生产企业C被员工称颂为像家一般的企业,因其可靠的生产质量和以人为本的生产理念都给了员工很高的归属感。为了表彰单位先进员工,单位组织了颁奖典礼和庆祝仪式,大家都沉浸在喜庆的气氛中,唯有会计小王,因为工作一时粗心而导致会计凭证缺漏,导致单位年检不合格,在大会上小王受到最严厉的批评。因为这是小王工作以来第一次失误,小王觉得自己第一次犯错没有得到谅解,觉得很委屈。

1. 开展会计职业道德检查与奖惩是道德规范付诸实施的必要方式,也是促使道德力量发挥作用的必要手段,有着很重要的现实意义,其中不包括(　　)。

A. 促使会计人员遵守职业道德规范的作用

B. 对各种会计行为进行裁决,对会计人员具有深刻的教育作用

C. 有利于形成抑恶扬善的社会环境

D. 有利于避免会计人员尽责尽职

【难度系数】★★★

【专家解读】开展会计职业道德检查与奖惩是道德规范付诸实施的必要方式,也是促使道德力量发挥作用的必要手段,有着很重要的现实意义,包括:会计职业道德的检查与奖惩,具有促使会计人员遵守职业道德规范的作用;会计职业道德的检查与奖惩,可以对各种会计行为进行裁决,对会计人员具有深刻的教育作用;会计职业道德的检查与奖惩,有利于形成抑恶扬善的社会环境。

2.就道德规范自身特点而言,它主要是依靠( )来维系。

A. 传统习俗 B. 社会舆论

C. 内心信念 D. 行政监管

【难度系数】★★★★

【专家解读】就道德规范自身特点而言,它主要是依靠传统习俗、社会舆论和内心信念来维系的。这种非刚性的特征也就决定了它的落实、实施还必须同时借助政府部门的行政监管、职业团体自律性监管和企事业单位内部纪律等外在的硬性他律机制。只有这样才能有效地发挥道德规范潜在的裁判和激励效力。

3.会计职业道德检查与奖惩机制的建立是一个复杂的系统工程,需要政府部门、行业组织、有关单位的积极参与,运用( )等综合治理手段。

A. 经济 B. 法律

C. 行政 D. 自律

【难度系数】★★★

【专家解读】会计职业道德检查与奖惩机制的建立是一个复杂的系统工程,需要政府部门、行业组织、有关单位的积极参与,运用经济、法律、行政、自律等综合治理手段,从而真正保障会计职业道德建设的落实。

4.( )作为《中华人民共和国会计法》的执法主体,可以依法对社会各单位执行会计法律制度情况及会计信息质量进行不同形式的检查或抽查。

A. 国务院 B. 财政部

C. 税务部门 D. 企事业单位

【难度系数】★★★

【专家解读】财政部作为《中华人民共和国会计法》的执法主体,可以依法对社会各单位执行会计法律制度情况及会计信息质量进行不同形式的检查或抽查。通过检查,一方面督促各单位严格执行会计法律法规,另一方面也是对各单位会计人员执行会计职业道德情况进行检查和检验。

5.将( )三者结合起来,有利于强化对会计人员行为的约束,强制引导会计人员遵守会计职业道德。

A. 会计从业资格证书注册登记　　　　B. 年检制度
C. 会计基本技能检查　　　　　　　　D. 会计职业道德检查

【难度系数】★★★

【专家解读】根据《会计从业资格管理办法》的规定，会计从业资格证书实行定期年检制度。将会计从业资格证书注册登记和年检制度与会计职业道德检查结合起来，有利于强化对会计人员行为的约束，强制引导会计人员遵守会计职业道德。

【参考答案】
1. D　2. ABC　3. ABCD　4. B　5. ABD

(四)某生产型公司 A 经理，为了逃避会计事务所的审计，而特意交代会计小韩，把账目做得乱些，以让审计工作不能顺利进行的同时再找机会从中调和，从而蒙混过关，但该办法屡试不爽。每年对会计从业人员的考核，该单位总有道德考核不合格的人，但事后单位并不做任何处理，只是走走形式。公司新招聘的会计小刘多次跟会计部门负责人商量加强单位会计人员的职业素养教育及培训，但每次都因培训费用问题而遭拒绝。

1. 根据财政部、人事部联合印发的(　　)及其实施办法规定，报考初级资格、中级资格的会计人员，应"坚持原则，具备良好的职业道德品质"等。

A.《会计专业技术资格考试暂行规定》
B.《会计法》
C.《经济法》
D.《公司基本行为规范》

【难度系数】★★★

【专家解读】根据财政部、人事部联合印发的《会计专业技术资格考试暂行规定》及其实施办法规定，报考初级资格、中级资格的会计人员，应"坚持原则，具备良好的职业道德品质"等。其他法律均未作出此类规定。

2. 高级会计师资格的取得是采取考试和评审相结合，因此有必要在(　　)两个方面对其会计职业道德进行检查、考核。

A. 考试　　　　　　　　　　　　　　B. 监督
C. 检查　　　　　　　　　　　　　　D. 评审

【难度系数】★★★

【专家解读】高级会计师资格的取得是采取考试和评审相结合，因此有必要在考试和评审两个方面对其会计职业道德进行检查、考核。一是在考试方面。考虑到职业道德对高级会计师的重要性，有必要增设职业道德的内容，从理论上加深其对会计职业道德的理解和认识。二是在评审方面要对申报人的会计职业道德情况进行严格审查。

3. (　　)是一个群体概念，是会计职业组织对整个会计职业的会计行为进行自我约束、自我控制的过程。

A. 会计道德建设　　　　　　　　　　B. 会计道德审核
C. 会计行业自律　　　　　　　　　　D. 会计职业道德教育

【难度系数】★★★

【专家解读】对会计职业道德情况的检查,除了依靠政府监管外,行业自律也是一种重要手段。会计行业自律是一个群体概念,是会计职业组织对整个会计职业的会计行为进行自我约束、自我控制的过程。

4.对会计职业道德检查中涌现出的先进人物事迹进行表彰奖励,应注意将(　　)相结合。

A.奖励和惩罚相结合　　　　　　B.只奖励不惩罚
C.物质奖励　　　　　　　　　　D.精神奖励

【难度系数】★★★

【专家解读】对会计职业道德检查中涌现出的先进人物事迹进行表彰奖励,应注意将物质奖励和精神奖励相结合。本题是对表彰奖励概念的考查,不涉及惩罚。

5.各企事业单位必须任用具备会计从业资格的人员从事会计工作,在任用重要会计岗位的人员时,应审查其(　　),选择业务素质高、职业道德好的会计人员。

A.职业记录　　　　　　　　　　B.单位诚信状况
C.单位诚信档案　　　　　　　　D.诚信档案

【难度系数】★★★★

【专家解读】各企事业单位必须任用具备会计从业资格的人员从事会计工作,在任用重要会计岗位的人员时,应审查其职业记录和诚信档案,选择业务素质高、职业道德好的会计人员。在任用工作中应考查的是个人诚信档案和职业记录。

【参考答案】

1. A　2. AD　3. C　4. CD　5. AD

(五)前些年,适逢我国经济结构调整之际,银行紧缩银根,许多乡镇和地方企业步履维艰。此时,不少地方和企业纷纷刮起了借改制为名逃避金融债务之风。某县委、县政府则要求企业不能借改制逃废金融债务。对那些濒临关停倒闭的企业,从全县信用环境的大局出发,由县政府出面,让一些效益好的大企业先把其债务全部承担落实下来,由政府部门想办法逐步消化。连续5年,该县金融机构家家赢利。良好的信用环境,使银行敢于向企业贷款,这为该县的经济发展提供了强大的金融后盾。

1.(　　)起着联系会员与政府的桥梁作用,应充分发挥协会等会计职业组织的作用,改革和完善会计职业组织自律机制,有效发挥自律机制在会计职业道德建设中的促进作用。

A.会计职业道德教育　　　　　　B.注册会计师协会
C.会计师事务所　　　　　　　　D.会计职业组织

【难度系数】★★★★★

【专家解读】会计职业组织起着联系会员与政府的桥梁作用,应充分发挥协会等会计职业组织的作用,改革和完善会计职业组织自律机制,有效发挥自律机制在会计职业道德建设中的促进作用。其他答案均不符合条件,且不完善。

2.中国注册会计师协会作为注册会计师行业自律组织,为提高我国注册会计师职业道德水平作出了积极努力,先后发布了(　　)等。

A.《中国注册会计师职业道德基本准则》

B.《中国注册会计师职业道德规范指导意见》
C.《注册会计师、注册资产评估师行业诚信建设实施纲要》
D.《会计专业技术资格考试暂行规定》

【难度系数】★★★★

【专家解读】 中国注册会计师协会作为注册会计师行业自律组织,为提高我国注册会计师职业道德水平作出了积极努力,先后发布了《中国注册会计师职业道德基本准则》《中国注册会计师职业道德规范指导意见》以及《注册会计师、注册资产评估师行业诚信建设实施纲要》等。其中《会计专业技术资格考试暂行规定》是财政部、人事部联合印发的。

3.企事业单位在制度建设上要加强单位(　　)的建立和完善,形成内部约束机制,依法开展会计工作,为会计人员遵守职业道德提供良好的执业环境,从而可以有效地防范舞弊和经营风险。

　　A.外部监督机制　　　　　　　　B.内部控制制度
　　C.社会监督机制　　　　　　　　D.内部精简机制

【难度系数】★★★★

【专家解读】 企事业单位在制度建设上要加强单位内部控制制度的建立和完善,形成内部约束机制,依法开展会计工作,为会计人员遵守职业道德提供良好的执业环境,从而可以有效地防范舞弊和经营风险,规避道德失范。

4.要在全社会会计人员中倡导(　　)的职业道德意识,引导会计人员加强职业修养。通过会计职业道德建设中正反典型的宣传,弘扬正气,打击歪风。

　　A.单位利益至上　　　　　　　　B.失信为耻
　　C.利益最大化　　　　　　　　　D.诚信为荣

【难度系数】★★★

【专家解读】 要在全社会会计人员中倡导诚信为荣、失信为耻的职业道德意识,引导会计人员加强职业修养。通过会计职业道德建设中正反典型的宣传,弘扬正气,打击歪风。在单位利益与社会利益冲突时,应坚持社会利益首位的职业道德意识。

5.下列有关会计职业道德建设的说法错误的有(　　)。

　　A.与各级党组织无关　　　　　　B.与各级机关有关
　　C.与群众组织无关　　　　　　　D.与社会利益有关

【难度系数】★★

【专家解读】 加强会计职业道德建设,不仅各级党组织要管,各级机关、群众组织等也要管。只有重视和加强各级组织、广大群众和新闻媒体的监督作用,齐抓共管,形成合力,才能有效地搞好会计职业道德建设,更好地提高广大会计人员的思想道德素质。

【参考答案】
1.D　2.ABC　3.B　4.BD　5.AC

标准命题预测试卷及参考答案

题 号	一	二	三	四	总 分	核分人签字
得 分						

一、单项选择题(本大题共20小题,每小题1分,共计20分。每小题只有一个正确答案,请将正确答案的大写字母填入题后括号内,不选、错选、多选均不得分)

1.《企业所得税法》规定,非居民企业在中国境内未设立机构、场所的,或者虽设立机构、场所但取得的所得与其所设机构、场所没有实际联系的,来源于中国境内的所得,以(　　)为纳税地点。
　　A.扣缴义务人所在地　　　　　　B.纳税人义务所在地
　　C.纳税人义务注册地　　　　　　D.常设机构所在地

2.收取公用事业费适宜采取(　　)结算方式。
　　A.委托付款　　　　　　　　　　B.托收承付
　　C.商业汇票　　　　　　　　　　D.委托收款

3.营业税的纳税期限分别为5日、10日、15日、1个月或者1个季度。其中保险业的纳税期限为(　　)。
　　A.5日　　　　　　　　　　　　B.10日
　　C.15日　　　　　　　　　　　 D.1个月

4.A公司在香港登记注册,在深圳建立了一家全资子公司B,A公司的出纳兼任B公司的出纳,以下可以不要求具有会计从业资格证书的人员是(　　)。
　　A.兼任的B公司出纳人员　　　　B.稽核人员
　　C.生产成本统计人员　　　　　　D.会计档案管理人员

5.会计工作的政府监督主要是指(　　)代表国家对单位和单位中相关人员的会计行为实施的监督检查,以及对发现的违法会计行为实施的行政处罚。
　　A.财政部门　　　　　　　　　　B.审计部门
　　C.税务部门　　　　　　　　　　D.证券监管部门

6.票据是以支付一定金额为目的的(　　),当票据上记载的金额得以全部支付时,票据上的权利和义务也就消灭了。
　　A.交易证券　　　　　　　　　　B.资金证券
　　C.有价证券　　　　　　　　　　D.流通证券

7.以下税务登记时间不正确的是(　　)。
　　A.开业登记,自领取营业执照之日起30日内

B. 变更登记,自工商行政管理机关办理变更登记之日起 30 日内

C. 注销登记,应当向工商行政机关办理注销登记后 30 日内

D. 境外企业在中国境内承包建筑工程,应当在项目完工、离开中国之前 15 日内

8. 2010 年 4 月 10 日会计人员在登记账簿前发现本月 9 日收到甲客户支付 8 000 元包装物押金,编制了如下记账凭证:

借:银行存款　　　　　　　　　80 000
　　贷:应收账款——甲　　　　　　　　　80 000

对此错误应采用的更正方法是(　　)。

A. 采用划线更正法将原错误凭证中"应收账款——甲"科目更正为"其他应付款——甲",金额更正为"8 000"

B. 先填制一张与原凭证内容相同的红字冲销凭证,再填制一张正确的蓝字更正凭证

C. 填制一张与原凭证科目相同,金额为多记的 72 000 元的红字调整凭证

D. 重新填制一张正确的蓝字凭证,替换原错误凭证

9. 在整个税收征管中处于核心环节和关键地位的是(　　)。

A. 税款征收　　　　　　　　　B. 纳税申报
C. 税务登记　　　　　　　　　D. 凭证管理

10. 企业对交易或者事项进行确认、计量和报告时,不应高估资产或者收益,低估负债或者费用,这是(　　)原则的要求。

A. 真实性　　　　　　　　　　B. 谨慎性
C. 重要性　　　　　　　　　　D. 实质重于形式

11. 根据《会计法》的规定,会计人员对财务收支进行监督时,对记载不准确的原始凭证,应当(　　)。

A. 向上级主管单位报告

B. 向单位负责人提出书面处理意见

C. 予以退回,要求更正、补充

D. 向财政、审计、税务机关报告

12. 某汽车有限公司于 2010 年 3 月 22 日向奔腾股份有限公司购买了一批汽车轮胎,于是委托其开户银行于当日签发了一张价值 20 万元的银行汇票,奔腾股份有限公司收到汇票后应在(　　)前提示付款。

A. 2010 年 3 月 22 日　　　　　B. 2010 年 5 月 22 日
C. 2010 年 4 月 22 日　　　　　D. 2010 年 9 月 22 日

13. 下列对编制财务会计报告基本表述不正确的是(　　)。

A. 财务会计报告应当依据会计账簿记录和有关会计资料编制

B. 财务会计报告的编制要求、提供对象、提供期限应当符合法定要求

C. 向不同的会计资料使用者提供的财务会计报告,其编制依据应当一致

D. 单位的财务会计报告在上报有关部门前必须经注册会计师审核签字

14. 甲公司开具了一张收款人为乙公司的支票,乙公司的业务人员利用私刻的乙公司印

章将该支票背书转让给丙公司,甲公司开户银行对该支票进行审查后并未发现异常,遂办理了款项划转,后乙公司的业务人员伙同丙公司相关人员侵吞了该款项。根据相关法规,甲公司的开户银行就上述事件(　　)。

　　A.不承担责任

　　B.承担对甲公司的赔偿责任

　　C.承担对乙公司的赔偿责任

　　D.承担向乙公司业务人员追讨付款的责任

15.甲公司为上海市一上市公司,委托已建账且会计记录完整的乙公司加工一批应缴消费税的消费品,对于该消费品的应纳消费税应(　　)。

　　A.由甲公司查账征收　　　　　　　　B.由甲公司代扣代缴

　　C.由乙公司代收代缴　　　　　　　　D.委托乙公司代征

16.某研发公司会计小张的妻子在另一家研发企业任总经理,小张将在工作中接触到的公司新产品研究计划及相关的会计资料复印件提供给其妻子,给公司带来一定的损失。小张的行为违反了(　　)的会计职业道德。

　　A.爱岗敬业、参与管理　　　　　　　B.诚实守信、廉洁自律

　　C.客观公正、提高技能、坚持准则　　D.参与管理、强化服务、坚持准则

17.《企业内部控制基本规范》是由(　　)根据《中华人民共和国公司法》《中华人民共和国证券法》《中华人民共和国会计法》和其他相关法律法规制定的。

　　A.财政部

　　B.财政部会同审计署

　　C.财政部会同审计署、证监会、银监会、保监会

　　D.财政部会同税务局、审计署、证监会、银监会、保监会

18.票据的债务相抵功能,又称为(　　)。

　　A.支付功能　　　　　　　　　　　　B.汇兑功能

　　C.结算功能　　　　　　　　　　　　D.融资功能

19.新华书店系统每笔托收承付的起点是(　　)元。

　　A.10 000　　　　　　　　　　　　　B.5 000

　　C.3 000　　　　　　　　　　　　　　D.1 000

20.根据《刑法》的规定,以假报出口或者其他欺骗手段,骗取国家出口退税款的行为适用的最高刑罚为(　　)。

　　A.罚金　　　　　　　　　　　　　　B.有期徒刑

　　C.无期徒刑　　　　　　　　　　　　D.死刑

二、多项选择题(本大题共20小题,每小题2分,共计40分。每小题只有两个或两个以上正确答案,请将正确答案的大写字母填入题后括号内,不选、错选、多选均不得分)

1.下列各项中,不符合会计法律制度规定的有(　　)。

　　A.某县财政局对本行政区域的单位执行国家统一的会计制度的情况进行检查

　　B.某学校在学校办公室配备了专职的会计人员

C. 某乡财政所对一名违法会计人员作出了吊销会计从业资格证书的决定
D. 某国有中型企业同时设置总会计师和分管会计工作的副总经理

2. 填写票据结算凭证金额 109 000.62 元,可以写成人民币(　　)。
   A. 壹拾万玖仟元零陆角贰分
   B. 壹拾万玖仟元陆角贰分
   C. 壹拾万零玖仟元陆角贰分
   D. 壹拾万玖仟元陆角贰分正

3. (　　),税务机关有权核定纳税人的应纳税额。
   A. 依照法律、行政法规的规定可以不设账簿
   B. 依照法律、行政法规的规定应当设置账簿,但未设置的
   C. 虽设置账簿,但账目混乱,难以查账的
   D. 纳税人未按照规定办理税务登记而从事生产、经营的

4. (　　)情况下,存款人可以申请开立临时存款账户。
   A. 注册验资
   B. 缴纳住房基金
   C. 异地临时经营活动
   D. 清算证券交易结算资金

5. 一般存款账户的使用范围包括办理存款人的(　　)。
   A. 借款归还
   B. 党、团、工会经费等的现金支取
   C. 借款转存
   D. 现金支取

6. 坚持准则的基本要求是(　　)。
   A. 熟悉准则
   B. 执行准则
   C. 执业谨慎
   D. 依法监督

7. 下列有关会计职业道德"廉洁自律"的表述中,正确的有(　　)。
   A. 自律的核心就是自觉抵制自己的不良欲望
   B. 廉洁自律是会计职业道德的内在要求
   C. 只有自身廉洁自律,才能抑制他人的不法行为
   D. 不能做到廉洁自律,也就很难做到客观公正和坚持准则

8. 以下属于对流转额课税的有(　　)。
   A. 增值税
   B. 关税
   C. 消费税
   D. 印花税

9. 下列存款人中,可以在异地开立有关银行结算账户的是(　　)。
   A. 营业执照注册地与经营地不在同一行政区域需要开立专用存款账户的
   B. 异地临时经营活动需要开立专用存款账户的
   C. 自然人根据需要在异地开立个人银行结算账户的
   D. 办理异地借款和其他结算需要开立一般存款账户的

10. 根据有关规定,有下列(　　)情形的,存款人应向开户银行提出撤销银行结算账户的申请。
    A. 被撤并、解散、宣告破产或关闭
    B. 改变单位名称
    C. 因迁址需要变更开户银行
    D. 注销、被吊销营业执照的

11. 银行本票的重要特征包括(　　)。
    A. 银行本票的出票人资格有限制
    B. 银行以外的法人单位可以签发银行本票

C. 银行本票仅限于见票即付 D. 银行本票是一种信用证券

12. 会计职业道德教育的内容包括(   )。
A. 会计职业道德观念教育 B. 会计职业道德规范教育
C. 会计职业道德警示教育 D. 其他与会计职业道德相关的教育

13. 会计规章的效力低于(   )。
A. 宪法 B. 法律
C. 会计行政法规 D. 会计分析报告

14. 设置会计工作岗位,一般可以(   )。
A. 一人多岗 B. 一岗多人
C. 多岗多人 D. 一人一岗

15. 关于支票的办理和使用要求,下列表述正确的有(   )。
A. 出票人不得签发与其预留银行签章不符的支票
B. 出票人签发空头支票,银行应予以退票,并按票面金额处以5%但不高于1 000元的罚款
C. 持票人可以委托开户银行收款或直接向付款人提示付款
D. 签发支票应使用碳素墨水或墨汁填写,中国人民银行另有规定的除外

16. 关于人民币银行结算账户管理,下列表述正确的有(   )。
A. 不得多头开户
B. 银行可以自愿选择存款人
C. 可以通过银行结算账户合理避税
D. 本单位可以随时查询银行结算账户的余额

17. 国家统一的会计制度是指由国务院财政部门根据《会计法》制定的关于(   )的制度。
A. 会计核算 B. 会计监督
C. 会计机构管理 D. 会计人员管理

18. 会计人员继续教育中的会计职业道德教育,具体应包括(   )。
A. 法制教育 B. 荣誉教育
C. 品德教育 D. 形势教育

19. 廉洁自律的基本要求可以概述为(   )。
A. 保持会计人员从业的独立性 B. 公私分明,不贪不占
C. 树立正确的人生观和价值观 D. 执业谨慎,信誉至上

20. 会计职业道德与会计法律制度的联系主要体现在(   )。
A. 两者在实施过程中相互作用、相互促进
B. 两者有着共同目标、相同的调整对象
C. 两者在作用上互相补充
D. 两者在内容上相互渗透、相互重叠

三、判断题(本大题共20小题,每小题1分,共计20分。请在每小题后面的括号内填入判断结果,表述正确的打"√",表述错误的打"×"。全部打"√"或全部打"×"均以零分处理)

1. 储蓄账户仅限于办理现金存取业务,不得办理转账结算。( )
2. 不存在非基本当事人的票据无效。( )
3. 支票超过提示付款期限的,付款人可不予付款,出票人对此不承担责任。( )
4. 纳税人逃避、拒绝或者以其他方式阻挠税务机关检查,情节严重的,可以处以2 000元以上5 000元以下的罚款。( )
5. 会计职业道德规范中的"坚持准则"就是要求会计人员在处理业务过程中,严格按照会计准则办事。( )
6. 某人为某单位的财务经理,他将自己的女儿安排在本部门担任存货会计,他的这一行为违背了会计人员回避制度。( )
7. 记账凭证可以根据每一张原始凭证填制,也可以将不同内容和类别的原始凭证汇总编制在一张记账凭证上。( )
8. 单位、个人和银行办理支付结算,必须使用按税务机关规定统一印制的票据凭证和统一规定的结算凭证。( )
9. 外商投资企业和外国企业可以选择使用中文或外国文字开具发票。( )
10. 享受减免税的纳税人,在享受减免期内,无须办理纳税申报。( )
11. 从事会计工作必备的知识也是会计职业道德的一部分。( )
12. 在国家机关、社会团体、公司、企业、事业单位和其他组织从事会计工作的机构负责人(会计主管人员)、出纳等人员,不包括我国香港特别行政区、澳门特别行政区、台湾地区人员以及外籍人员在中国内地从事会计工作的人员,必须取得会计从业资格,持有会计从业资格证书。( )
13. 使用支票、信用卡等信用支付工具,办理汇兑、定期借记、定期贷记、借记卡等结算业务的,可以申请开立个人银行结算账户。其中,"定期借记"是指银行按照付款凭证,定期将款项划付给收款人的资金转账业务。( )
14. 税收强制执行措施包括加收滞纳金、扣押、查封、依法拍卖、阻止出境等。( )
15. 各税种的立法权属于中央政府。( )
16. 预算单位零余额账户在行政单位和事业单位会计中被使用。( )
17. 根据国库集中收入制度的规定,用于财政直接支付和与国库单一账户支出清算的账户是预算外财政资金账户。( )
18. 乡(民族乡、镇)预算属于地方预算。( )
19. 加强理论学习是会计职业道德修养的重要途径。( )
20. 会计职业道德与会计法律制度有着共同的目标、相同的调整对象并担负着同样的使命。( )

四、案例分析题(根据案例进行相应分析,并选择正确答案。本类题共2题,共计20分)

(一)2009年某国有低压电器厂的财会机构负责人于某由于工作调动,该厂厂长刘某任命他的好友,刚取得会计从业资格证书的行政科李某为新的财会机构负责人,按照规定办理交接后于某调离该厂。李某为报答厂长刘某的知遇之恩,将刘某中专财会毕业没有会计从业资格证书的女儿招聘到厂里担任出纳工作,并负责往来款项账簿的登记工作。

同年,该厂出租闲置厂房一处,取得租赁收入150万元,厂长刘某暗示李某,此笔收入可以不入账,留作厂领导交际应酬和年终发放奖金。随即,李某指派会计人员张某办理此事,张某提出反对意见,坚持将此笔收入入账,并按规定缴纳各项税金。厂长刘某为了达到目的,坚持将会计人员张某调离财会机构。

2010年年末,该厂年终预计亏损80万元。为了完成上级主管部门下达的利润指标,厂长刘某授意李某将应记入2010年度的部分费用挂在长期待摊费用科目,待以后企业经营形势好转再记入成本费用。经过调整,该厂对外报出的2010年度会计报告反映的利润额为180万元,超额完成利润指标。

2011年年初,审计部门接到举报信后对该厂进行审计。厂长刘某为了防止小金库等问题败露,指使李某销毁有关小金库的会计资料。经过审计部门的严格审计,发现了该厂的上述问题且加以证实,并给予相关人员处分。

要求:根据上述资料,回答下列问题。

1. 聘用该厂厂长刘某的女儿作为出纳人员,这种行为违反了( )。
A.《会计法》关于从事会计工作的人员,必须取得会计从业资格证书的规定
B.《会计法》关于出纳人员不得兼任债权、债务账目登记工作的规定
C.《会计专业职务试行条例》关于会计专业职务基本条件的规定
D.《会计基础工作规范》关于会计人员回避制度的规定

2. 对受到打击报复的会计人员张某,该企业应该根据《会计法》的规定( )。
A. 另行安排　　　　　　　　B. 恢复其名誉
C. 恢复其原职务　　　　　　D. 恢复其原级别

3. 根据《会计法》的规定,授意、指使、强令会计人员编制虚假的财务会计报告,故意销毁依法应当保存的会计资料的行为,构成犯罪的,依法追究刑事责任;尚不构成犯罪的,可处以不同程度的罚款和行政处分。因此,财政部门对该厂厂长刘某( )。
A. 可处以3 000元以上5万元以下的罚款
B. 可处以4 000元以上5万元以下的罚款
C. 可处以5 000元以上5万元以下的罚款
D. 可依法给予撤职直至开除的行政处分

4. 对该企业财会机构负责人李某( )的行为,财政部门可以根据《会计法》的规定给予行政处罚。
A. 租赁收入不入账,私设小金库
B. 聘用未持有会计从业资格证书人员从事会计工作
C. 编制虚假的财务会计报告
D. 销毁会计资料

5. 根据《会计法》的规定,对"随意变更会计处理方法"的行为,应当承担的法律责任有( )。

A. 由县级以上人民政府财政部门责令限期改正

B. 对单位处以3 000元以上5万元以下的罚款

C. 对其直接负责的主管人员可以处以2 000元以上2万元以下的罚款

D. 构成犯罪的,依法追究刑事责任

(二)滨海水产加工厂原是一家大型国有企业,2011年年内,发生了以下事项:

(1)新的领导班子上任,决定精简内设机构,将会计部撤并到厂部办公室,同时任命办公室主任吴某兼任会计负责人。撤并以后,会计主要工作重新设置如下:原会计部主办会计继续留任会计工作,吴某的女儿王某调任出纳工作,兼任会计档案的保管。吴某自从参加工作以来一直从事办公室文秘。为了使其尽快胜任会计负责人岗位,领导要求吴某半脱产参加会计知识培训班,并参加当年全市会计从业资格的统一考试。

(2)办理会计交接手续,由厂部纪检、监察部门严格监交。

(3)某司法单位因工作需要暂时借用滨海水产加工厂上一年的会计档案,对有关原始凭证做了摘录或复制。吴某积极配合,并办理了详细的外借登记手续。

要求:根据上述资料,回答下列问题。

1. 下列说法中,错误的有( )。

A. 王某可以兼任会计档案保管　　B. 企业会计档案可以外借、查阅

C. 可以任命吴某为会计主管人员　　D. 王某不可以兼任会计档案保管

2. 作为大中型企业应该( )。

A. 单独设置会计机构　　B. 不设置会计机构

C. 委托中介机构代理记账　　D. 在有关机构中配备专职会计人员

3. 吴某兼任会计工作负责人不符合( )条件。

A. 不具备会计从业资格证　　B. 不具备会计师专业技术职务

C. 从事会计工作三年以上经历　　D. 会计专业大专以上学历

4. 该厂进行会计交接工作,负责监交的应该是( )。

A. 组织科科长　　B. 纪检书记

C. 厂长　　D. 总会计师

5.《会计法》规定,各单位应当根据会计业务的需要来决定是否设置会计机构。下列说法中正确的有( )。

A. 各单位都应设置会计机构和会计人员

B. 不设置会计机构的单位,不需在有关机构中设置会计人员

C. 不设置会计机构的单位,应当在有关机构中设置会计人员并指定会计主管人员

D. 对于不具备设置会计机构和会计人员条件的,应当委托经批准设立的从事代理记账业务的中介机构后进行代理记账

参考答案及解析

一、单项选择题

1. A【解析】根据源泉扣税的原理,纳税地点应为扣缴义务人所在地。

2. D【解析】A 不存在,B 只适用于异地,C 只适用于商品交易以及由商品交易产生的劳务供应。

3. D【解析】营业税的纳税期限分别为 5 日、10 日、15 日、1 个月或者 1 个季度。其中保险业的纳税期限为 1 个月。

4. C【解析】从事会计工作必须取得会计从业资格,凡是会计工作岗位的工作人员(会计人员)都需要具备上岗的资格。B 公司属于国内企业,当然应该按照《会计法》和《会计从业资格管理办法》的规定来执行。生产成本统计人员不属于会计岗位,所以不需要会计从业资格证书。

5. A【解析】会计工作的政府监督主要是指财政部门代表国家对单位和单位中相关人员的会计行为实施的监督检查,以及对发现的违法会计行为实施的行政处罚。

6. C【解析】票据是以支付一定金额为目的的有价证券,当票据上记载的金额得以全部支付时,票据上的权利和义务也就消灭了。

7. C【解析】注销登记除了跨区变更地址而引起的原地点注销是 30 天之外,其他的都是 15 天内办理。

8. B【解析】凭证涉及银行存款日记账的问题,只能按照 B 选项的方法进行更正。

9. A【解析】税款征收在整个税收征管中处于核心环节和关键地位。

10. B【解析】谨慎性原则要求企业对交易或者事项进行会计确认、计量和报告时应当保持应有的谨慎,不应高估资产或者收益,不应低估负债或者费用。

11. C【解析】原始凭证不准确、不完整的,予以退回,要求更正、补充。

12. C【解析】银行汇票的提示付款时间为出票日起 1 个月。

13. D【解析】目前法律并没有规定所有企业的财务会计报告必须经过注册会计师审核签字。

14. A【解析】银行在付款时应当履行审查的责任,而对被伪造的票据如果进行审查后未发现问题,银行不承担责任,而应当由伪造人承担。

15. C【解析】在委托加工业务中,如果委托加工的商品为消费税的应纳税商品,应当由受托方(乙公司)代收代缴消费税。

16. B【解析】诚实守信要求会计人员在职业活动中讲求信用,保守秘密,不为利益所诱惑。廉洁自律要求会计人员公私分明,不贪不占。身为会计人员的小张明显违反了诚实守信、廉洁自律的会计职业道德。

17. C【解析】《企业内部控制基本规范》是由财政部会同审计署、证监会、银监会、保监会,根据《中华人民共和国公司法》《中华人民共和国证券法》《中华人民共和国会计法》和其他相关法律法规制定的。

18. C【解析】票据的债务相抵功能,又称为结算功能。

19. D【解析】托收承付是唯一有结算起点的结算方式,在没有特别说明的情况下,结算起点为10 000元,新华书店系统的是1 000元。

20. C【解析】以假报出口或者其他欺骗手段,骗取国家出口退税款的行为构成犯罪的可以追究刑事责任,具体刑罚为有期徒刑或无期徒刑,所以最高刑罚为无期徒刑。

二、多项选择题

1. CD【解析】C应是县级以上财政部门,D设置总会计师的不得设置与总会计师职务重叠的领导职务。

2. ABC【解析】中文大写金额数字到"元"为止的,在"元"之后,应写"整"(或"正"字),在"角"之后可以不写"整"(或"正"字)。大写金额数字有"分"的,"分"后面不写"整"(或"正"字)。

3. ABCD【解析】根据《税收征管法》的规定,有下列情形的纳税人,税务机关有权核定应纳税额:①依照法律、行政法规的规定可以不设账簿的;②依照法律、行政法规的规定应当设置账簿,但未设置的;③擅自销毁账簿或者拒不提供纳税资料的;④虽设置账簿,但账目混乱,难以查账的;⑤纳税人申报的计税依据明显偏低,又无正当理由的;⑥纳税人未按照规定办理税务登记而从事生产、经营的。

4. BD【解析】缴纳住房基金和清算证券交易结算基金需申请开立专用存款账户。

5. AC【解析】一般存款账户一般只收不付,只有选项A、C符合一般存款账户使用的要求。

6. ABD【解析】坚持准则的要求包括熟悉准则、执行准则、依法监督。

7. ABCD【解析】廉洁自律是会计职业道德的前提,也是会计职业道德的内在要求,这是由会计工作的特点决定的。自律的核心就是用道德观念自觉地抵制自己的不良欲望。会计人员的廉洁是会计职业道德自律的基础,而自律是廉洁的保证。会计人员只有自身廉洁自律,才能抑制他人的不法行为;不能做到廉洁自律,也就很难做到客观公正和坚持准则。

8. ABC【解析】流转额课税包括增值税、消费税、营业税、关税。

9. ABCD【解析】题目中A、B、C、D四个选项均可以在异地开立有关银行结算账户。

10. ACD【解析】B属于变更,A、C、D属于撤销。

11. AC【解析】银行本票的重要特征包括:银行以外的法人不可签发银行本票;银行以外的法人单位不可以签发银行本票;本票不可能空头,所以是支付证券,不是信用证券,支票才是信用证券。

12. ABCD【解析】会计职业道德教育的内容包括会计职业道德观念教育、会计职业道德规范教育、会计职业道德警示教育、其他与会计职业道德相关的教育。

13. ABC【解析】会计规章属于会计规章制度,其效力低于根本法——宪法、法律,以及会计行政法规。会计分析报告不属于会计规章制度。

14. ABD【解析】多岗多人不符合会计岗位的要求。

15. ABCD【解析】根据《支付结算办法》的规定,题目中A、B、C、D四项均符合签发和使用支票遵循的规定。

16.ABD【解析】银行结算账户不可以用来避税。

17.ABCD【解析】题目中 A、B、C、D 四个选项均符合题意。

18.ACD【解析】荣誉教育是职业道德教育的内容,不是继续教育中职业道德教育的内容。

19.BC【解析】廉洁自律的基本要求包括树立正确的人生观和价值观;公私分明,不贪不占。

20.ABCD【解析】题目中 A、B、C、D 四个选项均符合题意。

三、判断题

1. √

2. ×【解析】非基本当事人是指因发生出票以外的票据行为而加入到票据法律关系中的当事人,如果没有发生出票以外的票据行为(背书、保证、承兑)则不会有非基本当事人,但票据在出票行为合法的情况下当然有效。

3. ×【解析】支票超过提示付款期限的,付款人可予不付款,但是即使支票过期,出票人在一定的期间内仍然承担票据责任。

4. ×【解析】纳税人、扣缴义务人逃避、拒绝或者以其他方式阻挠税务机关检查的,由税务机关责令改正,可以处 1 万元以下的罚款,情节严重的,处 1 万元以上 5 万元以下的罚款。

5. ×【解析】会计职业道德规范中的"坚持准则"就是要求会计人员在处理业务过程中,严格按照会计法律制度办事。

6. ×【解析】回避制度中的规定是经理的限制对象岗位为出纳岗位,而存货会计岗位不在限制或禁止范围。

7. ×【解析】汇总编制凭证的前提是所汇总的对象内容和类别相同。

8. ×【解析】支付结算中所使用的票据和结算凭证的样式由中国人民银行规定,不是税务机关。

9. ×【解析】必须是在使用中文的基础上使用一种外国文字开具而不是选择使用。

10. ×【解析】纳税人即使享受减免税,在享受减免期内,必须按照规定办理纳税申报。

11. √

12. ×【解析】只要在中国境内从事会计工作均需要取得从业资格证书,包括港澳台和外籍人员。

13. ×【解析】银行按照付款凭证,定期将款项划付给收款人的资金转账业务属于定期贷记的内容。

14. ×【解析】阻止出境是单独的税款征收措施之一。

15. ×【解析】个别小税种地方有立法权,不能说所有的税种都是由中央政府来立法。

16. √

17. ×【解析】根据国库集中收入制度的规定,用于财政直接支付和与国库单一账户支出清算的账户是财政部门的零余额账户。

18. √

19. √

20. √

四、案例分析题

(一)1. AB【解析】《会计法》规定从事会计工作的人员,必须取得会计从业资格证书。《会计法》第37条第2款规定,出纳人员不得兼任稽核、会计档案保管和收入、支出、费用、债权债务账目的登记工作。

2. BCD【解析】对受到打击报复的会计人员采取的补救措施为:恢复其名誉,恢复原有职务、级别。

3. C【解析】《会计法》第45条规定:"授意、指使、强令会计机构、会计人员及其他人员伪造、变造会计凭证、会计账簿,编制虚假财务会计报告或者隐匿、故意销毁依法应当保存的会计凭证、会计账簿、财务会计报告,构成犯罪的,依法追究刑事责任;尚不构成犯罪的,可以处5 000元以上5万元以下的罚款;属于国家工作人员的,还应当由其所在单位或者有关单位依法给予降级、撤职、开除的行政处分。"

4. ABCD【解析】财政部门可以根据《会计法》的规定对该企业财会机构负责人李某的下列行为,给予行政处罚:租赁收入不入账,私设小金库;聘用未持有会计从业资格证书人员从事会计工作;编制虚假的财务会计报告;销毁会计资料。

5. ABCD【解析】根据《会计法》第42条的规定,对"随意变更会计处理方法"的行为,由县级以上人民政府财政部门责令限期改正,可以对单位并处3 000元以上5万元以下的罚款;对其直接负责的主管人员和其他直接责任人员,可以处以2 000元以上2万元以下的罚款;属于国家工作人员的,还应当由其所在单位或者有关单位依法予以行政处分;构成犯罪的,依法追究刑事责任。

(二)1. ABC【解析】《会计法》第37条第2款规定:"出纳人员不得兼任稽核、会计档案保管和收入、支出、费用、债权债务账目的登记工作。"根据《会计法》的规定,担任单位会计机构负责人(会计主管人员)的,除取得会计从业资格证书外,还应当具备会计师以上专业技术职务资格或者从事会计工作三年以上经历。王某不具备法定资格,既无会计师专业技术职务资格,以往从事的又是文秘工作,不能做会计主管人员。会计档案不得借出,如有特殊需要,经本单位负责人批准,可以提供查阅或者复制,并办理登记手续。

2. A【解析】《会计法》第21条和《会计基础工作规范》第6条都规定:"大中型企业和具有一定规模的事业行政单位,以及财政收支数额较大、会计业务较多的社会团体和其他经济组织,都应单独设置会计机构。"

3. ABC【解析】《会计法》38条第2款对会计机构负责人的任职资格作了明确规定:"担任单位会计机构负责人(会计主管人员)的,除取得会计从业人员资格证书外,还应当具备会计师以上专业技术职务资格或者从事会计工作三年以上经历。"

4. C【解析】一般会计人员办理交接手续,由会计机构负责人(会计主管人员)监交。会计机构负责人(会计主管人员)办理交接手续,由单位负责人监交,必要时主管单位可以派人会同监交。

5. CD【解析】各单位应当根据会计业务的需要,设置会计机构,或者在有关机构中设置会计人员并指定会计主管人员;不具备设置条件的,应当委托经批准设立从事会计代理记账业务的中介机构代理记账。

附 录

《财经法规与会计职业道德》最新考试大纲

第一章 会计法律制度

第一节 会计法律制度的构成

一、会计法律

由全国人民代表大会及其常务委员会经过一定立法程序制定的有关会计工作的法律。我国目前有两部会计法律,分别是《会计法》和《注册会计师法》。

二、会计行政法规

由国务院制定并发布,或者由国务院有关部门拟定并经国务院批准发布,调整经济生活中某些方面会计关系的法律规范。如国务院发布的《企业财务会计报告条例》《总会计师条例》。

三、国家统一的会计制度

国务院财政部门根据《会计法》制定的关于会计核算、会计监督、会计机构和会计人员以及会计工作管理的制度,包括会计部门规章和会计规范性文件。

第二节 会计工作管理体制

一、会计工作的行政管理

国务院财政部门主管全国的会计工作,县级以上地方各级人民政府财政部门管理本行政区域内的会计工作。财政部门履行的会计行政管理职能主要有:

(一)会计准则制度及相关标准规范的制定和组织实施

(二)会计市场管理

(三)会计专业人才评价

(四)会计监督检查

二、会计工作的自律管理

(一)中国注册会计师协会

(二)中国会计学会

三、单位会计工作的管理

(一)单位负责人要组织、管理好本单位的会计工作

(二)会计人员的选拔任用由所在单位具体负责

第三节 会计核算

一、总体要求

(一)会计核算依据

(二)对会计资料的基本要求

二、会计凭证

三、会计账簿

四、财务会计报告

五、会计档案

六、其他

我国会计法律制度还对会计年度、记账本位币、会计处理方法等作了明确规定。

第四节 会计监督

一、单位内部会计监督

(一)单位内部会计监督主体和对象

1.单位内部会计监督的主体是各单位的会计机构和会计人员

2.单位内部会计监督的对象是单位的经济活动

(二)单位内部会计监督制度的基本要求

1.记账人员与经济业务事项或会计事项的审批人员、经办人员、财物保管人员的职责权限应当明确,并相互分离、相互制约

2.重大对外投资、资产处置、资金调度和其他重要经济业务事项的决策和执行的相互监督、相互制约的程序应当明确

3.财产清查的范围、期限和组织程序应当明确

4.对会计资料定期进行内部审计的办法和程序应当明确

(三)会计机构和会计人员在单位内部会计监督中的职责

1.依法开展会计核算和监督,对违反《会计法》和国家统一的会计制度规定的会计事项,有权拒绝办理或者按照职权予以纠正

2.对单位内部的会计资料和财产物资实施监督

二、会计工作的政府监督

(一)会计工作的政府监督的概念

(二)财政部门会计监督检查的主要内容

1.对单位依法设置会计账簿的检查

2.对单位会计资料真实性、完整性的检查

3.对单位会计核算情况的检查

4.对单位会计人员从业资格和任职资格的检查

5.对会计师事务所出具的审计报告的程序和内容的检查

三、会计工作的社会监督

(一)会计工作的社会监督的概念

(二)注册会计师审计与内部审计的关系

(三)会计师事务所业务范围

1.依据《注册会计师法》承办的审计业务

2.会计咨询、会计服务业务

第五节 会计机构和会计人员

一、会计机构的设置
(一)单位会计机构的设置
(二)会计机构负责人(会计主管人员)的任职资格
(三)会计人员回避制度
二、代理记账
(一)代理记账的业务范围
(二)委托代理记账的委托人的义务
(三)代理记账机构及其从业人员的义务
(四)法律责任
三、会计从业资格
(一)会计从业资格证书的适用范围
(二)会计从业资格证书的取得
(三)会计从业资格证书的管理
(四)会计人员继续教育
1.会计人员继续教育的对象和特点
2.会计人员继续教育的内容
3.会计人员继续教育的形式和学时要求
四、会计专业职务与会计专业技术资格
(一)会计专业职务
(二)会计专业技术资格
五、会计工作岗位设置
(一)设置会计工作岗位的基本原则
(二)主要会计工作岗位
六、会计人员的工作交接
(一)交接的范围
(二)交接的程序
(三)交接人员的责任

第六节 法律责任

一、法律责任的概念
二、不依法设置会计账簿等会计违法行为的法律责任
三、其他会计违法行为的法律责任

第二章 支付结算法律制度

第一节 概 述

一、支付结算的概念和特征
(一)支付结算的概念

(二)支付结算的特征

1. 支付结算必须由中国人民银行批准的金融机构进行,未经中国人民银行批准的非银行金融机构和其他单位不得作为中介机构经营支付结算业务

2. 支付结算是一种要式行为

3. 支付结算的发生取决于委托人的意志

4. 支付结算实行统一管理和分级管理相结合的管理体制

5. 支付结算必须依法进行

二、支付结算的基本原则

(一)恪守信用,履约付款

(二)谁的钱进谁的账,由谁支配

(三)银行不垫款

三、支付结算的主要支付工具

(一)汇票

(二)本票

(三)支票

(四)信用卡

(五)汇兑

(六)托收承付

(七)委托收款

四、支付结算的主要法律依据

五、办理支付结算的具体要求

(一)单位、个人和银行应当按照《人民币银行结算账户管理办法》的规定开立、使用账户

(二)单位、个人和银行办理支付结算,必须使用按中国人民银行统一规定印制的票据和结算凭证

(三)填写票据和结算凭证的基本要求

(四)填写票据和结算凭证应当规范,做到要素齐全,数字正确,字迹清晰,不错不漏,不潦草,防止涂改

(五)票据和结算凭证上的签章和其他记载事项应当真实,不得伪造、变造

第二节 现金管理

一、开户单位使用现金的范围

二、现金使用的限额

三、现金收支的基本要求

四、建立健全现金核算与内部控制

第三节 银行结算账户

一、银行结算账户的概念

二、银行结算账户的分类

三、银行结算账户管理应当遵守的基本原则

(一)一个基本账户原则

(二)自主选择银行开立银行结算账户原则

(三)守法合规原则

(四)存款信息保密原则

四、银行结算账户的开立、变更和撤销
(一)银行结算账户的开立
(二)银行结算账户的变更
(三)银行结算账户的撤销

五、基本存款账户
(一)基本存款账户的使用范围
(二)基本存款账户的开户要求
(三)基本存款账户的开立程序

六、一般存款账户
(一)一般存款账户的使用范围
(二)一般存款账户的开户要求
(三)一般存款账户的开立程序

七、专用存款账户
(一)专用存款账户的使用范围
(二)专用存款账户的开户要求
(三)专用存款账户的开立程序

八、临时存款账户
(一)临时存款账户的使用范围
(二)临时存款账户的开户要求
(三)临时存款账户的开立程序
(四)临时存款账户使用中应注意的问题

九、个人银行结算账户
(一)个人银行结算账户的使用范围
(二)个人银行结算账户的开户要求
(三)个人银行结算账户的开立程序
(四)个人银行结算账户使用中应注意的问题

十、异地银行结算账户
(一)异地银行结算账户的使用范围
(二)异地银行结算账户的开户要求
(三)异地银行结算账户的开立程序

十一、银行结算账户的管理
(一)中国人民银行的管理
(二)银行的管理
(三)存款人的管理

十二、违反银行账户结算管理制度的罚则
(一)存款人违反账户管理制度的处罚
(二)银行及其有关人员违反账户管理制度的处罚

第四节 票据结算方式

一、票据的概念和种类
(一)票据的概念

(二)票据的种类

二、支票

(一)支票的概念

(二)支票的种类

(三)支票的出票

(四)支票的付款

(五)支票的办理要求

三、商业汇票

(一)商业汇票的概念和种类

(二)商业汇票的出票

(三)商业汇票的承兑

(四)商业汇票的付款

(五)商业汇票的背书

(六)商业汇票的保证

四、信用卡

(一)信用卡的概念和种类

(二)信用卡的申领与销户

(三)信用卡的资金来源

(四)信用卡使用的主要规定

五、汇兑

(一)汇兑的概念和分类

(二)办理汇兑的程序

(三)汇兑的撤销和退汇

第三章 税收法律制度

第一节 税收概述

一、税收的概念与分类

(一)税收的概念与作用

1.税收的概念

2.税收的作用

(1)税收是国家组织财政收入的主要形式

(2)税收是国家调控经济运行的重要手段

(3)税收具有维护国家政权的作用

(4)税收是国际经济交往中维护国家利益的可靠保证

(二)税收的特征

1.强制性

2.无偿性

3.固定性

(三)税收的分类

1.按征税对象分类。可分为流转税类、所得税类、财产税类、资源税类和行为税类五种类型

2.按征收管理的分工体系分类。可分为工商税类、关税类

3.按税收征收权限和收入支配权限分类。可分为中央税、地方税和中央地方共享税

4.按计税标准不同进行分类。可分为从价税、从量税和复合税

二、税法及其构成要素

(一)税收与税法的关系

1.税法的概念

2.税收与税法的关系

(二)税法的分类

1.按照税法的功能作用的不同,可分为税收实体法和税收程序法

2.按照主权国家行使税收管辖权的不同,可分为国内税法、国际税法、外国税法

3.按照税法法律级次划分,可分为税收法律、税收行政法规、税收规章和税收规范性文件

(三)税法的构成要素

1.征税人

2.纳税义务人

3.征税对象

4.税目

5.税率

(1)比例税率

(2)定额税率

(3)累进税率

6.计税依据

(1)从价计征

(2)从量计征

(3)复合计征

7.纳税环节

8.纳税期限

9.纳税地点

10.减免税

(1)减税和免税

(2)起征点

(3)免征额

11.法律责任

第二节 主要税种

一、增值税

(一)增值税的概念与分类

1.增值税的概念

2.增值税的分类

(1)生产型增值税

(2)收入型增值税

(3)消费型增值税

(二)增值税一般纳税人

(三)增值税税率

(四)增值税应纳税额

1.销项税额

2.销售额

3.进项税额

(五)增值税小规模纳税人

(六)增值税征收管理

1.纳税义务发生的时间

2.纳税期限

3.纳税地点

二、消费税

(一)消费税的概念与计税方法

1.消费税的概念

2.消费税的计税方法

(二)消费税纳税人

(三)消费税税目与税率

1.消费税税目

2.消费税税率

(四)消费税应纳税额

1.销售额的确认

2.销售量的确认

3.从价从量复合计征

4.应税消费品已纳税款扣除

(五)消费税征收管理

1.纳税义务发生时间

2.纳税期限

3.纳税地点

三、营业税

(一)营业税的概念

(二)营业税纳税人

(三)营业税的税目、税率

1.营业税税目

2.营业税税率

(四)营业税应纳税额

(五)营业税征收管理

1.纳税义务发生时间

2.纳税期限

3.纳税地点

四、企业所得税

(一)企业所得税的概念

(二)企业所得税征税对象

(三)企业所得税税率

(四)企业所得税应纳税所得额

1.收入总额

2.不征税收入

3.免税收入

4.准予扣除的项目

(1)成本

(2)费用

(3)税金

(4)损失

5.不得扣除的项目

6.亏损弥补

(五)企业所得税征收管理

1.纳税地点

2.纳税期限

3.纳税申报

五、个人所得税

(一)个人所得税的概念

(二)个人所得税纳税义务人

(三)个人所得税的应税项目和税率

1.个人所得税应税项目

2.个人所得税率

(四)个人所得税应纳税所得额

1.工资、薪金所得

2.个体工商户的生产经营所得

3.对企事业单位的承包经营、承租经营所得

4.劳务报酬所得

5.稿酬所得

6.利息、股息、红利所得

(五)个人所得税征收管理

1.自行申报纳税义务人

2.代扣代缴

第三节 税收征管

一、税务登记

(一)开业登记

(二)变更登记

(三)停业、复业登记

(四)注销登记

(五)外出经营报验登记

(六)纳税人税种登记

(七)扣缴义务人扣缴税款登记

二、发票开具与管理

(一)发票的种类

1. 增值税专用发票

2. 普通发票

3. 专业发票

(二)发票的开具要求

1. 单位和个人应在发生经营业务、确认营业收入时,才能开具发票

2. 开具发票时应按号码顺序填开,填写项目齐全、内容真实、字迹清楚、全部联次一次性复写或打印,内容完全一致,并在发票联和抵扣联加盖单位财务印章或者发票专用章

3. 填写发票应当使用中文。民族自治地区可以同时使用当地通用的一种民族文字,外商投资企业和外资企业可以同时使用一种外国文字

4. 使用电子计算机开具发票必须报主管税务机关批准,并使用税务机关统一监制的机打发票

5. 开具发票时限、地点应符合规定

6. 任何单位和个人不得转借、转让、代开发票

三、纳税申报

(一)直接申报

(二)邮寄申报

(三)数据电文申报

(四)简易申报

(五)其他方式

四、税款征收

(一)查账征收

(二)查定征收

(三)查验征收

(四)定期定额征收

(五)代扣代缴

(六)代收代缴

(七)委托征收

(八)其他方式

五、税务代理

(一)税务代理的概念

(二)税务代理的特点

1. 中介性

2. 法定性

3. 自愿性

4. 公正性

(三)税务代理的法定业务范围

六、税收检查及法律责任
(一)税收检查
1.税收保全措施
2.税收强制执行
(二)法律责任
1.税务违法行政处罚
(1)责令限期改正
(2)罚款
(3)没收财产
(4)收缴未用发票和暂停供应发票
(5)停止出口退税权
2.税务违法刑事处罚
3.税务行政复议

第四章 财政法规制度

第一节 预算法律制度

一、预算法律制度的构成
(一)《预算法》
(二)《预算法实施条例》
二、国家预算
(一)国家预算的概念
(二)国家预算的作用
1.财力保证作用
2.调节制约作用
3.反映监督作用
(三)国家预算的级次划分
(四)国家预算的构成
1.中央预算
2.地方预算
3.总预算
4.部门单位预算
三、预算管理的职权
(一)各级人民代表大会的职权
1.全国人民代表大会的职权
2.县级以上地方各级人民代表大会的职权
3.乡、民族乡、镇的人民代表大会的职权
(二)各级财政部门的职权
1.国务院财政部门的职权
2.地方各级政府财政部门的职权

(三)各部门、各单位的职权
1.各部门的职权
2.各单位的职权
四、预算收入与预算支出
(一)预算收入
(二)预算支出
五、预算组织程序
(一)预算的编制
1.预算年度
2.预算草案的编制依据
3.预算草案的编制内容
(二)预算的审批
(三)预算的执行
(四)预算的调整
六、决算
七、预决算的监督

第二节 政府采购法律制度

一、政府采购法律制度的构成
(一)《政府采购法》
(二)政府采购部门规章
(三)政府采购地方性法规和政府规章
二、政府采购的概念
(一)政府采购的主体范围
(二)政府采购的资金范围
(三)政府集中采购目录和政府采购限额标准
(四)政府采购的对象范围
三、政府采购的原则
(一)公开透明原则
(二)公平竞争原则
(三)公正原则
(四)诚实信用原则
四、政府采购的功能
(一)节约财政支出,提高采购资金的使用效益
(二)强化宏观调控
(三)活跃市场经济
(四)推进反腐倡廉
(五)保护民族产业
五、政府采购的执行模式
(一)集中采购
(二)分散采购

六、政府采购当事人
(一)采购人
(二)供应商
(三)采购代理机构
七、政府采购方式
(一)公开招标
(二)邀请招标
(三)竞争性谈判
(四)单一来源采购
(五)询价
八、政府采购的监督检查

第三节　国库集中收付制度

一、国库集中收付制度
二、国库单一账户体系
(一)国库单一账户体系的概念
(二)国库单一账户体系的构成
三、财政收入收缴方式和程序
(一)收缴方式
1.直接缴库
2.集中汇缴
(二)收缴程序
1.直接缴库程序
2.集中汇缴程序
四、财政支出支付方式和程序
(一)支付方式
1.财政直接支付
2.财政授权支付
(二)支付程序
1.财政直接支付程序
2.财政授权支付程序

第五章　会计职业道德

第一节　会计职业道德概述

一、会计职业道德的概念
二、会计职业道德的功能
(一)指导功能
(二)评价功能
(三)教化功能
三、会计职业道德与会计法律制度
(一)会计职业道德与会计法律制度的关系

(二)会计职业道德与会计法律制度的主要区别

1. 性质不同
2. 作用范围不同
3. 表现形式不同
4. 实施保障机制不同

(三)会计行为的法治与德治

第二节 会计职业道德规范的主要内容

一、爱岗敬业

(一)爱岗敬业的含义
(二)爱岗敬业的基本要求
1. 热爱会计工作,敬重会计职业
2. 严肃认真,一丝不苟
3. 忠于职守,尽职尽责

二、诚实守信

(一)诚实守信的含义
(二)诚实守信的基本要求
1. 做老实人,说老实话,办老实事,不搞虚假
2. 实事求是,如实反映
3. 保守秘密,不为利益所诱惑
4. 执业谨慎,信誉至上

三、廉洁自律

(一)廉洁自律的含义
(二)廉洁自律的基本要求
1. 树立正确的人生观和价值观
2. 公私分明,不贪不占

四、客观公正

(一)客观公正的含义
(二)客观公正的基本要求
1. 依法办事
2. 实事求是,不偏不倚
3. 保持独立性

五、坚持准则

(一)坚持准则的含义
(二)坚持准则的基本要求
1. 熟悉准则
2. 遵循准则
3. 坚持准则

六、提高技能

(一)提高技能的含义
(二)提高技能的基本要求

1. 要有不断提高会计专业技能的意识和愿望
2. 要有勤学苦练的精神和科学的学习方法

七、参与管理
(一)参与管理的含义
(二)参与管理的基本要求
1. 努力钻研业务,熟悉财经法规和相关制度,提高业务技能,为参与管理打下基础
2. 熟悉服务对象的经营活动和业务流程,使参与管理的决策更具针对性和有效性

八、强化服务
(一)强化服务的含义
(二)强化服务的基本要求
1. 强化服务意识
2. 提高服务质量

第三节 会计职业道德教育与修养

一、会计职业道德教育
(一)会计职业道德教育的含义
(二)会计职业道德教育的内容
1. 职业道德观念教育
2. 职业道德规范教育
3. 职业道德警示教育
(三)会计职业道德教育途径
1. 岗前职业道德教育
2. 岗位职业道德继续教育

二、会计职业道德修养
(一)会计职业道德修养的含义
(二)会计职业道德修养的环节
1. 形成正确的会计职业道德认知
2. 培养高尚的会计职业道德情感
3. 树立坚定的会计职业道德信念
4. 养成良好的会计职业道德行为
(三)会计职业道德修养的方法
1. 不断地进行"内省"
2. 要提倡"慎独"精神
3. 虚心向先进人物学习

第四节 会计职业道德建设

一、财政部门的组织推动
(一)采用多种形式开展会计职业道德宣传教育
(二)会计职业道德建设与会计从业资格证书注册登记管理相结合
(三)会计职业道德建设与会计专业技术资格考评、聘用相结合
(四)会计职业道德建设与会计法执法检查相结合

(五)会计职业道德建设与会计人员表彰奖励制度相结合
二、会计职业组织的行业自律
三、社会各界齐抓共管